Informatik aktuell

Herausgeber: W. Brauer
im Auftrag der Gesellschaft für Informatik (GI)

Hans-Werner Meuer (Hrsg.)

SUPERCOMPUTER '93

Anwendungen, Architekturen, Trends

Seminar, Mannheim, 24.-26. Juni 1993

Springer-Verlag
Berlin Heidelberg New York
London Paris Tokyo
Hong Kong Barcelona
Budapest

Herausgeber

Hans-Werner Meuer
Universität Mannheim, Rechenzentrum
L15, 16, D-68161 Mannheim

Seminar SUPERCOMPUTER '93

Veranstalter

Leitung

H.-W. Meuer, Mannheim
H.-M. Wacker, Köln

CR Subject Classification (1993): C.1.2, C.2.1, C.5.1, C.5.3, C.5.5, D.1.3, D.3.4, D.4.4, J.2, J.3, K.1, K.6.2, K.6.4

ISBN-13:978-3-540-56948-0   e-ISBN-13:978-3-642-78348-7
DOI: 10.1007/978-3-642-78348-7

Satz: Reproduktionsfertige Vorlage vom Autor/Herausgeber

33/3140-543210 – Gedruckt auf säurefreiem Papier

Vorwort

Das Mannheimer Seminar "Supercomputer — Anwendungen, Architekturen, Trends" findet im Juni 1993 zum achtenmal in Folge statt und hat sich als führende Fachveranstaltung im deutschsprachigen Raum auf dem Gebiet der Höchstleistungsrechner etabliert. Knapp zwei Monate vor Beginn des Seminars läßt sich die Situation auf dem Gebiet der Vektor- und Parallelrechner sowie der RISC-basierten Höchstleistungsworkstations und Workstation Cluster wie folgt charakterisieren:

- **Vektorrechner** haben ihre Position als Working Horses im praktischen Einsatz bei technisch/wissenschaftlichen Problemen halten können. Allerdings bringen alle etablierten Hersteller eher ihre kleineren und mittleren Modelle an den Mann, beim Vertrieb ihrer Spitzenmodelle tun sie sich, insbesondere in Deutschland, derzeit äußerst schwer. Dabei ist die gebremste Investitionsfreudigkeit bei MP-Vektorrechnern im obersten Leistungsbereich nicht auf ein mangelndes Angebot zurückzuführen, sondern in erster Linie durch das Warten auf Wunder im Bereich der MPP (Massively Parallel Processing)-Systeme bedingt, die wirtschaftliche Rezession tut natürlich ihr übriges. Ein Opfer dieser wirtschaftlichen Rezession wurde Steve Chen überraschend mit seiner SSI Company zu Beginn dieses Jahres.

- **MPP-Systeme** mit typischerweise 16 bis (theoretisch) einigen Tausend, z.T. handelsüblichen Prozessoren, wie sie auch in Workstations Verwendung finden, versprechen derzeit das größte Entwicklungspotential bei Supercomputern. Allerdings haben die Frühschüsse Ende 1991 von Intel (Paragon), Thinking Machines (CM5) und Parsytec (GC-Serie) gezeigt, daß – aus unterschiedlichen Gründen – der Weg nach Teraflops doch sehr weit ist. Neben diesen reinrassigen Parallelrechnerherstellern – hierzu sind noch nCube, MasPar, Meiko und neuerdings auch Kendall Square Research zu zählen – unternehmen aber gerade die Hersteller klassischer Vektorrechner immense Anstrengungen, um im Laufe der nächsten beiden Jahre bei MPP mitmischen zu können: Cray Research, Convex, IBM, Fujitsu/SNI.

- **MPP-Architekturen** sind heutzutage noch sehr diversifiziert. Teils werden proprietäre, teils Standard-Prozessoren verwendet; es gibt starke Abweichungen bei unterschiedlichen Charakteristika. Aber trotzdem scheinen sich derzeit zwei Hauptentwicklungslinien zu etablieren: MIMD-Systeme mit verteiltem Speicher und 'Message Passing'-Programmiermodell sowie MIMD-Systeme mit verteiltem Speicher und 'Shared Memory'-Programmiermodell. Während der verteilte Speicher Voraussetzung für die Skalierbarkeit beider Rechnerkategorien ist, sind die Anforderungen an den Programmierer unterschiedlich: Zugunsten einer einfacheren und wirtschaftlicheren Herstellungsweise müssen beim 'Message Passing'–System die auf die einzelnen lokalen Speicher der Prozessoren verteilten Daten bei Bedarf ausgetauscht werden, dieses muß der Programmierer selbst veranlassen. Bei der zweiten Kategorie von Parallelrechnern wird dem Programmierer die Sicht eines scheinbar gemeinsamen Speichers (Virtual Shared Memory – VSM) geboten. Ein solches VSM erlaubt, relativ einfach Programme auf den Parallelrechner zu portieren. In die vielversprechende VSM–Richtung wollen neben der seit Mitte 1992 im Markt etablierten US–Firma Kendall Square Research (KSR), die einen Kooperationsvertrag mit Siemens Nixdorf hat, auch u.a. Convex und Cray Research mit ihren MPP–Systemen gehen.

- **RISC–Chips basierte Workstations** dürfen bei der Betrachtung von Höchstleistungsrechnern nicht außer acht gelassen werden. Sie sind in der Lage – schneller und direkter noch als die auf diesen Chips basierten Parallelrechner – die Verdoppelung der Leistungsfähigkeit in jeweils 18 Monaten bei diesen RISC Chips in kundenspezifische Produkte umzusetzen. Bis 1994/95 werden hier Produkte auf dem Markt sein, die leicht eine Leistung von 300 – 500 MFLOPS aufweisen werden.

- **Workstation Cluster** sind in vielen Wissenschaftseinrichtungen, aber auch in der Industrie, derzeit von überaus großem Interesse. Zum einen werden homogene Cluster als Ersatz für die um ein bis zwei Größenordnungen teureren Mainframes verwendet, zum anderen heterogene Cluster als sehr kostengünstiger Einstieg in die Parallelverarbeitung. Bei vielen Anwendungen setzt man bereits verstärkt Workstation Cluster ein. Wo sind die Grenzen dieser Technologie, wann sollten diese Cluster, wann Parallelrechner eingesetzt werden?

Das diesjährige Seminar befaßt sich intensiv mit diesen Entwicklungen und versammelt wiederum Supercomputer–Anwender, –Betreiber, –Hersteller und –Planer/Entscheidungsträger zu einem fruchtbaren Dialog und Erfahrungsaustausch.

Neben den traditionellen "Aktuellen Informationen und Firmenpräsentationen" sowie der zum zweitenmal stattfindenden Preisverleihung des "Mannheim SuParCup" sind die Schwerpunkte des diesjährigen Seminars:

- Designkriterien von MPP– Systemen

- Innovative Anwendungen aus Medizin, Hochenergiephysik und Flugmechanik

- Architekturen aktueller MPP–Systeme

- Erfahrungen mit Parallelrechnern und Workstation Clustern

- Streitgespräch: Parallelrechner versus Workstation Cluster

Dieser Band enthält alle Hauptreferate des Seminars, die Positionspapiere der beiden Teilnehmer am Streitgespräch sowie drei herausgehobene Beiträge der Firmen IBM, NEC und Siemens Nixdorf aus den "Aktuellen Firmenpräsentationen", die auf das Interesse einer breiteren Leserschaft treffen dürften.

Abschließend möchte ich mich bei allen Referenten dieses Seminars bedanken, insbesondere für die rechtzeitige Bereitstellung der Manuskripte. Daß der Band wieder in gewohnter Weise vor Seminarbeginn fertiggestellt werden konnte, verdanke ich meinen Mitarbeitern Dirk Wenzel, Thomas Vogel und Homer Amestu.

Mannheim, im Mai 1993   Hans–Werner Meuer

Inhaltsverzeichnis

X

Designing MPP Systems to Optimize
Time-To-Solution Performance

Steve Nelson

Cray Research Inc.
900 Lowater Road
Chippewa Falls, WI 54729

Abstract: The primary purpose of Cray Research computer systems is the timely solution of complex problems in science and engineering. A few examples illustrate that the CRAY Y-MP/C90 is currently the world's most powerful tool for computational science. To complement the vector-parallel architecture of the CRAY Y-MP/C90, Cray Research is developing a massively parallel processor, the CRAY T3D. The salient characteristics of this machine will be described.

1 Introduction

Massively parallel systems offer exciting potential performance on highly parallel problems, but experience to date has yielded less than spectacular sustained-peak performance ratios. Clearly, realizing the true potential of MPP requires more than just connecting large numbers of microprocessors; it requires a balanced approach using true supercomputing technology.

Today's RISC processors lack the communication, memory, and synchronization features necessary to build efficient MPP systems. Cray Research circumvents these shortcomings by surrounding the RISC chips with supercomputer-class communication and synchronization hardware. At the same time, our MPP systems take advantage of our proven supercomputer packaging and cooling techniques.

2 Heterogenous architecture for real workloads

MPP systems are designed to run highly parallel programs. However, most real-world applications typically comprise a mix of scalar, vector, parallel, and highly parallel codes. To provide the highest levels of applications performance, Cray Research MPP systems will be coupled closely to the parallel-vector-scalar architecture of the industry-leading CRAY Y-MP/C90 supercomputers.

A key advantage of the Cray Research heterogenous architecture is that it provides flexibility to meet the needs of individual user workloads. Customers can choose from a wide variety of system solutions with different mixes of parallel-vector and MPP computational capabilities.

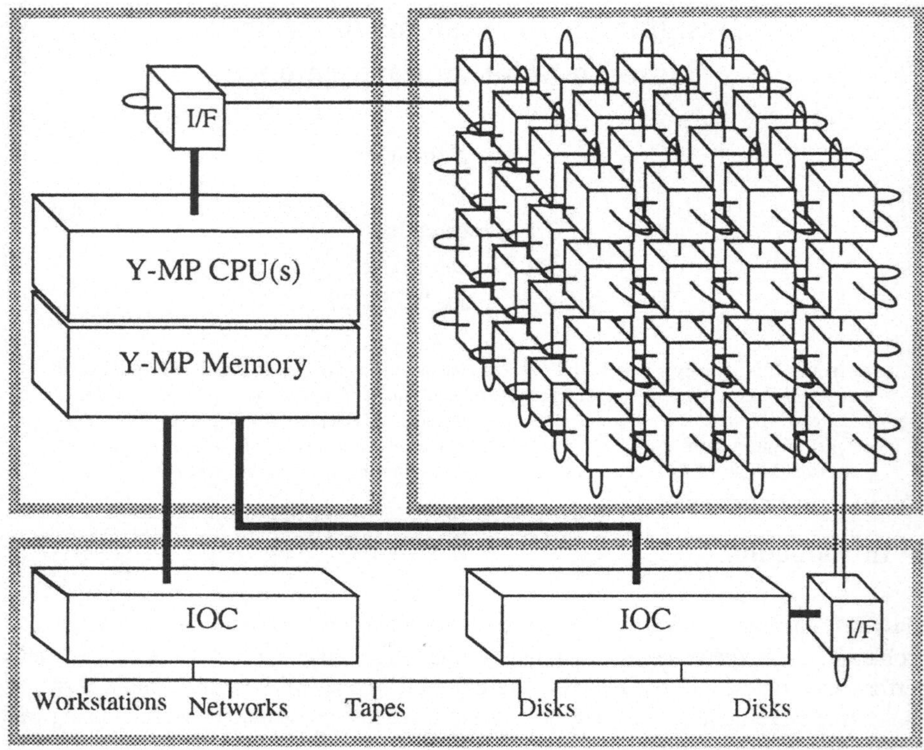

3 MPP macroarchitecture

The heart of the Cray Research MPP design is a balanced, scalable macroarchitecture that combines the fastest available microprocessors with a high-bandwidth, low-latency interconnect network that is an order of magnitude faster than networks in currently available MPP systems. The macroarchitecture has the following characteristics:

- *Multiprocessor multiple-instruction, multiple-data (MIMD)* architecture. The MIMD architecture allows the independent, parallel execution of different program threads, and even entirely distinct programs, on different processors.The Cray Research MPP system is also capable of emulating single-instruction, multiple-data (SIMD or data parallel) architectures with high efficiency through the use of special synchronization hardware.

- *High-speed interprocessor communications.* The system processing elements (PEs) are connected by a very fast interconnection network used to access and redistribute global data. Using the same high-performance switch technology as the CRAY Y-MP processor-to-memory interface, the network operates at the same clock speed as the PEs, 150MHz, which allows extremely fast remote memory access.

- *3-D torus interconnect topology.* The interconnect network is three-dimensional, which increases bandwidth and minimizes network distances. The 3-D torus uses high-performance switch nodes that allow interprocessor communications to occur without interrupting the PEs. Each switch node can operate bidirectionally in each dimension.

- *Globally addressable, physically distributed memory.* Because the memory is logically shared, any PE can access the memory of any other processing element without explicit message passing or involving the remote PE. As a result, the system can be scaled to address terabytes of memory. This design provides ease of use, high memory bandwidth, and low memory latency.

- *Latency Hiding.* To help sustain high performance, special communications hardware allows data in remote PEs to be moved into a local PE before it is needed.

- *Fast synchronization.* The hardware provides a rich set of synchronization primitives for both SIMD and MIMD and data-driven programming styles.

- *High bandwidth, parallel I/O.* To balance high computational performance with high-performance I/O, Cray Research MPP products incorporate Model E I/O subsystems through multiple high-speed channels (200 Mbytes per second in each direction, per channel). This I/O technology scales with the number of processors and is capable of sustaining multiple gigabytes of I/O transfers.

- *Scalability.* The interconnect design allows customers to scale up easily from hundreds to thousands of PEs.

- *Reliabilty.* Software-configurable redundant hardware is included so that processing can continue, without hardware maintenance, should a PE fail.

4 Cray Research's MPP programming environment

MPP systems require careful programming to handle the communication necessary between the distributed memories and processing elements. Our programming languages provide additional constructs necessary to program this communication efficiently.

Tools to aid in tuning and debugging MPP codes work in the UNICOS 7.0 programming window environment, which integrates the compilers, editors, debuggers, browsers, analyzers, and emulators to provide a highly productive MPP programming environment.

Die computergestützte Simulation des Geburtsvorganges mit Hilfe der Kernspintomographie und der Finiten Elementanalyse zur Prävention des mechanischen Geburtstraumas

A. Wischnik (1), E. Nalepa (3), K.J. Lehmann (2)

(1) Frauenklinik (Dir.: Prof.Dr. F. Melchert)
(2) Institut für Klinische Radiologie (Dir: Prof. Dr. M. Georgi)
Klinikum Mannheim, Fakultät für Klinische Medizin
der Ruprecht-Karls-Universität Heidelberg
(3) Electronic Data Systems (Deutschland) , Rüsselsheim

Abstract: A method is presented, which allows the use of (static) informations from magnetic resonance imaging (MRI) for (dynamic) biomechanical anlysis. Using an especially developped software MRI pixel matrices are color-coded and - according to the principle of same density - line data are created. After sectional attribution of the resulting polygones a three-dimensional mesh of so called Finite Elements is created, which then can be used for deformation analysis. Because of the complexity of the structures being analysed as well as of the interactions taking place, the use of a super computer is mandatory. The possibility of modelling from imaging procedures and of computer aided dynamic biomechanic analysis promises a significant reduction of experimental (also animal experimental) expenditure. This method is examplified by a project dealing with the simulation of birth mechanics. By means of the biomechanical analysis of deformation stresses within the fetal head as well as maternal pelvic soft tissues a data base for obstetrical decision making shall be obtained, taking into consideration aspects of maternal soft tissue properties, symphysary and sacroiliacal motility as well as fetal head moulding.

Einleitung

Der Geburtsmechanik und der Heranziehung bildgebender Verfahren zu ihrer Beurteilung wurde und wird in der Geburtshilfe wenig Beachtung geschenkt. Dies hängt mit der Einstellung zusammen, daß die moderne Geburtsmedizin im Falle geburtsmechanischer Probleme auch ohne deren vorherige Kenntnis adäquat zu reagieren imstande sei sowie auch mit dem Mißtrauen, das von der Schwangeren der Anwendung bildgebender Verfahren entgegengebracht wird. Die Analyse des eigenen Krankengutes (Wischnik u. Mitarb., 1989) ergab allerdings, daß geburtsmechanische Probleme in 75 % der Fälle in Beckenmitte bzw. Beckenboden auftreten, d.h. zu einem Zeitpunkt, in dem bereits eine beträchtliche Geburtsdauer verstrichen ist und zu dem die Neigung wächst, eine "so weit fortgeschrittene Geburt" durch riskante vaginal-operative Manöver zu beenden. Mehrere Tendenzen lassen eine Zunahme der Bedeutung dieses Problems erwarten:
- nutritiv bedingte Beckenverformungen, wie insbesondere das rachitische Becken, sind praktisch ausgestorben. Diese hatten insbesondere Beckeneingangsverengungen im Gefolge, welche frühzeitig im Geburtsablauf zu erkennen waren und möglicherweise Verengungen tieferer Beckenetagen larviert hatten.
- Im Rahmen der Akzeleration sind die Maße des Geburtsobjektes deutlich im Zunehmen begriffen (Übersicht bei Warkentin, 1991).
- Seit Anfang dieses Jahrhunderts ist die Mortalität des Kaiserschnittes derartig gefallen , daß er heute einen Routineeingriff darstellt, während um die Jahrhundertwende im Falle eines geburtsmechanischen Mißverhältnisses zerstückelnden Operationen am Kind der Vorzug vor der Sectio gegeben wurde

(Albrecht, 1986). Hierdurch ist es heute Frauen mit verengten Becken möglich, diese genetische Information weiterzugeben. Untersuchungen unserer Arbeitsgruppe an Computertomogrammen von 463 Frauen verschiedenen Alters ergaben denn auch, daß in einem Zeitraum von 80 Jahren beispielsweise die Parameter der knöchernen Beckenmittenabmessungen deutlich rückläufig waren .

Zur Prädiktion eines zephalopelvinen Mißverhältnisses wurde von unserer Arbeitsgruppe ein Verfahren der **radiologischen Pelvimetrie mittels digitaler Bildverstärkerradiographie** entwickelt (Lehmann u. Mitarb., 1989, Wischnik u. Mitarb. 1989). Hierdurch ist - im Gegensatz zu den konventionellen Techniken nach *Guthmann und Martius* - eine genaue und mit minimaler Strahlenbelastung einhergehende Beurteilung der knöchernen Begrenzungen des Geburtskanals möglich. Um dem Ziel einer prädiktiven Geburtsleitung näher zu kommen, muß jedoch geklärt werden, inwieweit andere Einflußgrößen das durch die knöchernen Abmessungen gegebene Platzreservoir modifizieren. Insbesondere ist hierbei zu denken

- an eine Erhöhung des Platzangebots durch die Exkursionsmöglichkeiten in der Symphyse und in den Sakroiliakalgelenken sowie durch die Verformung (Konfiguration) des kindlichen Köpfchens sub partu.
- an eine Reduktion des Platzangebots durch die mütterlichen Weichteile.

Des weiteren ist zu beurteilen, inwieweit die Inanspruchnahme dieser Reserven eine Traumatisierung für Mutter und Kind bedeuten kann.

Aufgrund der guten Weichteildarstellung wurde die **Magnet-Resonanz-Tomographie** (NMR, MRI) als methodische Grundlage zur Untersuchung dieser Fragestellungen gewählt.

Grundlagen, Material und Methodik

Die Bilddaten wurden bei 1,5 Tesla an einem Magnetom SP 63 der Fa. Siemens akquiriert. Zur Erstellung eines Datensatzes, mit dem eine Geburt simuliert werden kann, wurde das Becken einer 30-jährigen, schwangeren Patientin und der Kopf eines Säuglings aufgenommen. Das Kind wurde 2 Wochen nach Frühgeburt zum Zeitpunkt des errechneten Geburtstermins untersucht. Um eine kontrastreiche Darstellung zu erzielen wurde eine T1-gewichtete Spin-Echo-Sequenz in transversaler Schnittführung verwendet. Die Aufnahmeparameter für die Patientin betrugen: TR 500 msec, TE 15 msec, ACQ 2, FOV 400 mm, Matrix 192*256, Schichtdicke 10 mm (TA: 3.15). Die Parameter für die Untersuchung des Kindes betrugen: TR 656 msec, TE 15 msec, ACQ 2, FOV 120 mm, Matrix 224*256, Schichtdicke 5 mm (TA: 4.57). Die Datensätze wurden auf ein Magnetband (TK 50, Fa. Siemens) überspielt.

Die **Simulation der Geburt** stellt die Berechnung von Deformationen und Beanspruchungen zweier Körper, die in Kontakt zueinander stehen, dar und ist somit eine Aufgabe der Festigkeitslehre, eines Teilgebiets der klassischen Mechanik. Handelt es sich um Körper mit einfacher Geometrie und Strukturen mit linearem Materialverhalten, ist eine solche Fragestellung im allgemeinen leicht zu lösen. Anatomische Strukturen lassen sich jedoch nicht durch einfache mathematische Funktionen formulieren sondern durch partielle Differentialgleichungen höherer Ordnung als Randwertaufgaben, deren Lösungen sich selbst im linearen Fall nicht mehr geschlossen darstellen lassen. Die allgemeine Aufgabe der mathematischen Elastizitätstheorie besteht darin, den Spannungs- und Dehnungstensor (σ_{ij} und ε_{ij}) sowie die Verschiebungen u_i unter Einhaltung der Randbedingungen an jeder Stelle des Kontinuums zu bestimmen. Mit den sechs Komponenten des **Spannungstensors** σ_{ij} und den sechs Komponenten des **Dehnungstensors** ε_{ij} sowie den drei Komponenten des **Verschiebungsvektors** u_i sind insgesamt *fünfzehn unbekannte* Ortsfunktionen zu ermitteln. Für diese Aufgabe stehen auch fünfzehn (Differential-) Gleichungen zur Verfügung:

$$3 \text{ Gleichgewichtsbedingungen } \sigma_{ij,j} + f_i = 0$$

$$6 \text{ Dehnungs-Verschiebungsgleichungen } \varepsilon_{ij} = 1/2(u_{i,j} + u_{j,i})$$

$$6 \text{ physikalische Gleichungen } \varepsilon_{ij} = ((1+v)/E) - (v/E)d_{ij}s_{kk}$$

Dabei wurde mit f_i die partielle Ableitung der Funktion $f(x_i)$ nach der Ortsvariablen x_i bezeichnet. Gemäß der Summationskonvention nach Einstein wird über gleiche Indices ($1<i<3$, $1<j<3$) summiert. Neben der Erfüllung der o.g. Gleichungen müssen auch die Randbedingungen

$$\sigma_{ij} \, n_j = p_i \text{ für vorgeschriebene Oberflächenkräfte und}$$

$$u_i \, (0) = u_{io} \text{ für vorgeschriebene Oberflächenverschiebungen}$$

eingehalten werden.

Erschwerend kommt hinzu, daß die anatomischen Strukturen unter Kontakt ihre Geometrie verändern, d.h., die Kontaktfläche selbst ist von der Größe der noch zu ermittelnden Beanspruchung abhängig. Die Fragestellung resultiert somit in der Formulierung von **Integro-Differential-Gleichungen** mit einer noch größeren Komplexität. Die Grundlage zur Lösung dieser Probleme stellt die *Diskretisierung* der zu untersuchenden Kontinua dar. Hierbei wird versucht, das der Elastizitätsaufgabe zugeordnete Variationsproblem

$$\delta W = \iiint \{ \int \sigma_{ij}d\varepsilon_{ij} \} \, dV + dW_a \; \beta \rightarrow \text{Minimum}$$
$$\text{Volumen}$$

zu lösen.

Solche Methoden setzen aber einen erheblichen numerischen Algorithmus voraus, so daß die Strukturanalyse komplexerer Strukturen leistungsfähige Digitalrechner voraussetzt. Ein wesentliches Verfahren dazu ist die seit Mitte der Sechzigerjahre bekannte Methode der **Finiten Elemente (FE)**. Diese Methode führt die Aufgabe der Lösung von partiellen Differentialgleichungen auf die wesentlich einfacher zu behandelnde Fragestellung der Lösung von Gleichungssystemen zurück (vgl. Szabo, 1979, Timoshenko und Goodier, 1982, Zienkiewicz, 1975, Agyris und Mlejnek, 1986). Finite Elemente sind das Ergebnis der o.g. Diskretisierung, d.h. der Aufteilung von Strukturen in einzelne, im allgemeinen drei- oder rechteckige Teilflächen bzw. Teilkörper. Die geometrische Beschreibung der Finiten Elemente erfolgt über die Eckpunkte (Knoten), deren Anzahl die Größe des numerischen Modells, im Sinne der linearen Algebra den Rang der Matrix des Gleichungssystems bestimmt (Courant und Hilbert, 1967).

Die Informationen aus den MRI-Daten stellen sich entschlüsselt am Bildschirm in sog. Pixels dar. Die Daten der verwendeten MRI-Sequenzen basieren auf einem 16-bit-Pixel, wovon 12 bit auf die Bildinformation entfallen. Damit stehen 2^{12} Grauwertinformationen zur Verfügung, die in insgsamt 256 Farben umgesetzt werden. Durch die Umsetzung der Pixel in Farben wird die Identifikationsphase der Geometrie wesentlich erleichtert.

Die Auswertung aller Bildpixel erfolgte durch das "Ordnungsprinzip Gleicher Dichte", wobei Pixel gleicher Dichte zu Polygonzügen zusammengefaßt werden. Die Konstruktion der Polygonzüge wurde entsprechend dem Verfahren der **"Marching Cubes"** (Lorensen und Cline, 1987) vorgenommen. Das hier entwickelte Verfahren

Abb. 1. Schritte bei der Erstellung des FE- (Finite Elemente-) Modells; NMR-Schnitt nach line-tracing - Extraktion der Liniendaten - Finite-Element-Struktur (sog. FE-Mesh) - FE-Modell, Flächen- bzw. Volumenelemente ausgefüllt. Dargestellt ist das mütterliche Becken im Sagittalschnitt mit dem Köpfchen am Beckeneingang.

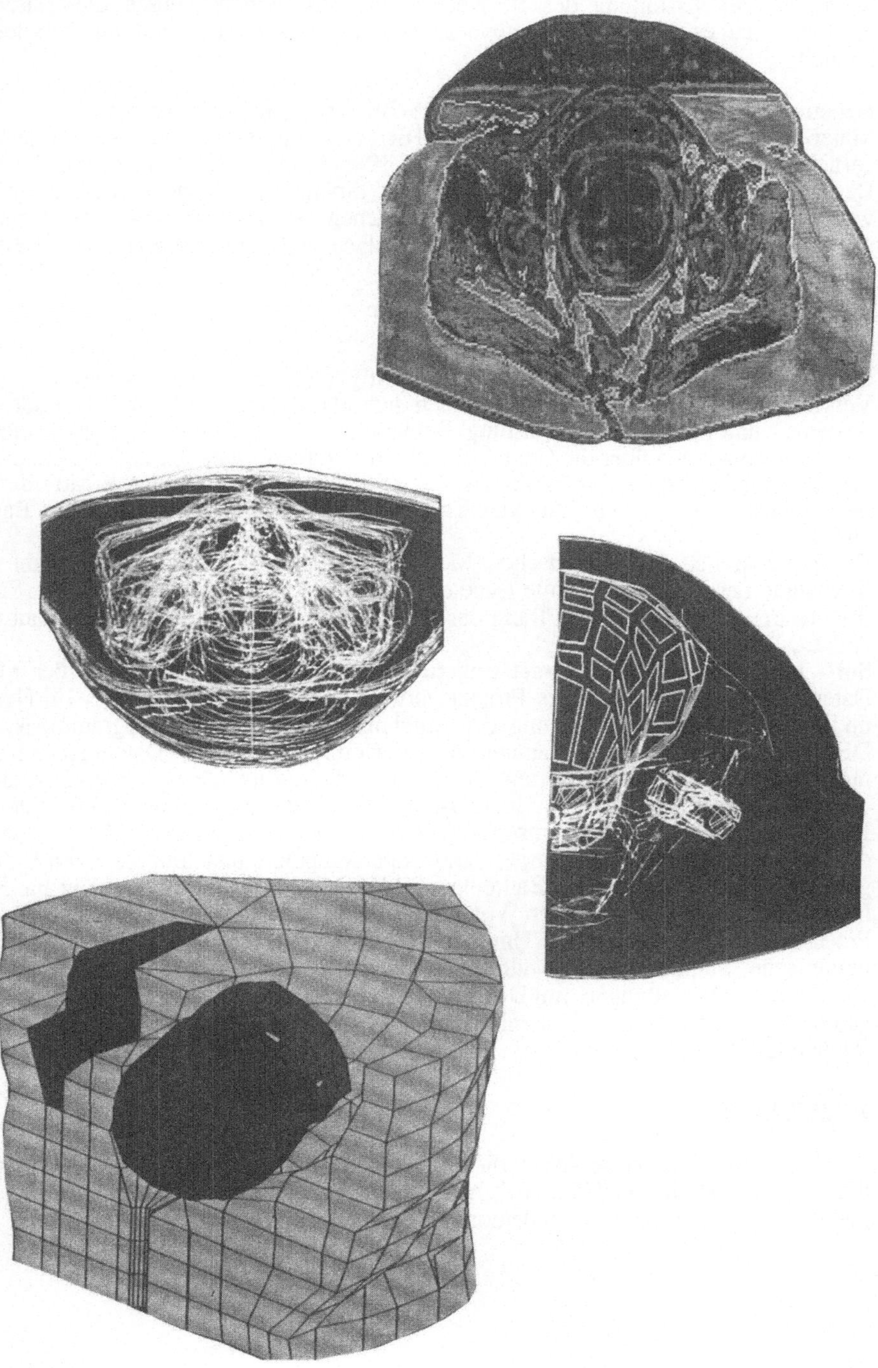

zur Rückidentifikation der Geometrie sieht auch das Verarbeiten von größeren Dimensionen der Pixelmatrix als der durch die MRI-Einheit vorgegebenen (256*256) vor. Auf dieser Basis wird dann das **Finite-Elemente-Netz** erstellt. Abb. 1 zeigt die einzelnen Entstehungsstadien des FE-Netzes aus den kernspintomographischen Schnitten. Die Erstellung des FE-Netzes wird insbesondere durch die Tatsache erschwert, daß es sich bei den zu generierenden Flächen durchgehend um Freiflächen handelt.

Neben der Eingabe der Geometrie ist die Beschreibung der Stoffgesetze, die das Materialverhalten definieren, festzulegen. Hierbei konnte auf Daten aus der Literatur zurückgegriffen werden (Carley, 1986, Woo, 1986, Haskell, 1989, Nagashima, 1987). Der Kontakt zwischen Kopf und Uterus ist durch sog. **"Slide Lines"** definiert, wodurch das Gleiten der beiden Kontaktflächen beschrieben wird. Im linearen, statischen Fall reduziert sich die FE-Analyse auf die Lösung des linearen Gleichungssystems

$$\underline{S}\,u^T = \underline{F}^T$$

In dieser Gleichung bedeutet $\underline{S}$ die Steifigkeitsmatrix des Systems, u den Verschiebungsvektor - in diesem befinden sich alle unbekannten Freiheitsgrade des Systems - und F die äußere Belastung. Bemerkenswert ist, daß die Steifigkeitsmatrix $\underline{S}$ alle Informationen über die Geometrie, die Struktureigenschaften und die Lagerung des Systems beinhaltet. Darüberhinaus hat $\underline{S}$ die Eigenschaft regulär, positiv definit und symmetrisch zu sein (Zienkiewicz, 1975, Agyris und Mlejnek, 1986, Bathe, 1990).
Die Komplexität des numerischen Modells bestimmt sich nach der Anzahl der Eckpunkte der Finiten Elemente (Knoten), durch die es beschrieben wird, im Sinne der linearen Algebra also den Rang der Matrix des Gleichungssystems (Courant und Hilbert, 1967).
Soft- und Hardware-Voraussetzungen: Die Software zur Übernahme der MRI-Daten wurde eigens für dieses Projekt entwickelt. Zur Generierung des FE-Netzes und zur graphischen Darstellung der Ergebnisse wird u.a. das Programmpaket I-DEAS eingesetzt. Da im Rahmen der Verformungsanalysen Datenmengen von mehreren Gigabyte auszuwerten sind, ist der Einsatz eines Großrechners in Verbindung mit graphischen Hochleistungsarbeitsplätzen unumgänglich. Für die Berechnungen mit dem Programmpaket ABAQUS als Kernsystem der Analyse ist bei der Größe des Modells der Einsatz eines Supercomputers unabdingbar. Zum Einsatz gelangt ein Vektorrechner der Baureihe CRAY XMP - bereitgestellt von der Fa. EDS Deutschland GmbH - mit einer Wortlänge von 64 Bit zur Darstellung einer Single Precession Gleitkommazahl . Um bei der Lösung des Systems auch eine hohe numerische Stabilität zu gewährleisten, wird intern in ABAQUS jedoch mit Gleitkomma-Darstellungen im Double Precession Format mit 128 Bit Wortlänge gearbeitet. Allein diese Zahlendarstellung erfordert die Bereitstellung größter Rechnerkapazitäten.

Ergebnisse

Da das primäre Ziel dieser Arbeit die Vorstellung des Verfahrens ist, werden hier nur die grundsätzlich erzielbaren Aussagen am Beispiel einer gerechneten geburtshilflichen Konstellation demonstriert.

Abb. 2. Computergestützte Geburtssimulation in 10 Schritten. Links: Sagittalschnitt durch das Becken der Mutter mit Weichteildarstellung. Der Kopf ist vollplastisch dargestellt. Rechts: Intrakranielle Drucke bezogen auf einen Sagittalschnitt durch das kindliche Köpfchen. In allen Darstellungen sind die auftretenden Drucke grauwertcodiert, mit einem Bereich von 0 - 1.18 MPa (linke Sequenz), bzw. 0 - 0.94 MPa (rechte Sequenz)

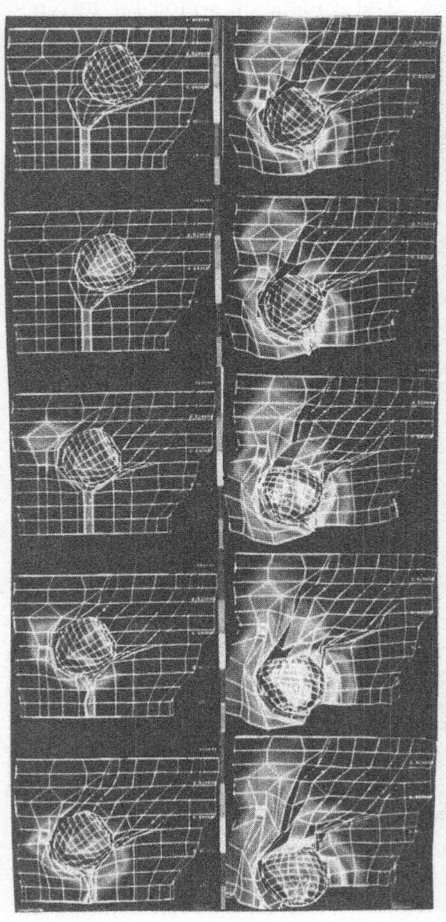
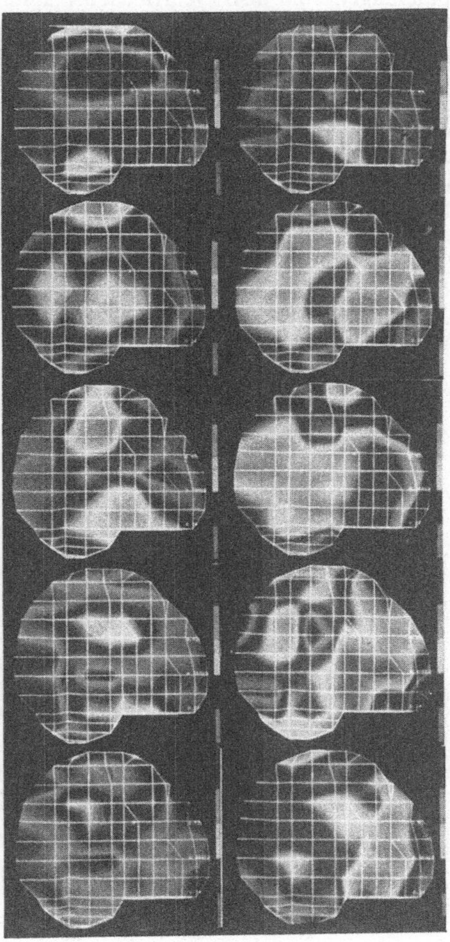

Abb. 2 zeigt - aufgeteilt in 10 Schritte - verschiedene Phasen der Simulation. Wegen der Komplexität der in das Modell eingegangenen anatomischen Strukturen können diese aus Gründen der Übersicht nur teilweise dargestellt werden, sie werden jedoch bei den Berechnungen in ihrer Gesamtheit berücksichtigt. Die linke Abbbildungleiste zeigt einen Sagittalschnitt durch das Becken mit Weichteildarstellung und in der Sagittalebene wirksamen Weichteilspannungen im Becken. Das kindliche Köpfchen ist vollplastisch, gleichfalls mit Weichteilmantel dargestellt, die sichtbaren Spannungen sind also Oberflächenspannungen. Die Simulation wurde für folgende zephalopelvine Dimension durchgeführt: Beckeneingangs(BE-)durchmesser, quer 120,5 mm, Interspinalabstand 111 mm, Intertuberarabstand 120 mm, BE, sagittal 116 mm, Beckenausgangsdurchmesser, sagittal 119 mm, Biparietaldurchmesser 95 mm, Frontookzipitaldurchmesser 109 mm.

Aufgrund der angenommenen günstigen geburtsanatomischen Situation findet man die Deformierungen im Bereich des Kopfes sowie der "Beckengelenke" relativ wenig ausgeprägt.

Die Simulation ermöglicht es, für jeden Zeitpunkt des Geburtsvorganges und für jeden Punkt des Modells die wirksamen Spannungen zu errechnen. In der rechten Bildleiste ist als Beispiel hierfür ein Sagittalschnitt durch das kindliche Köpfchen gewählt, es sind jedoch auch beliebige andere Schnittführungen möglich.

Interessierende Punkte - unter dem Gesichtspunkt der intrakraniellen Blutung - sind in Abb. 3 schematisch dargestellt.

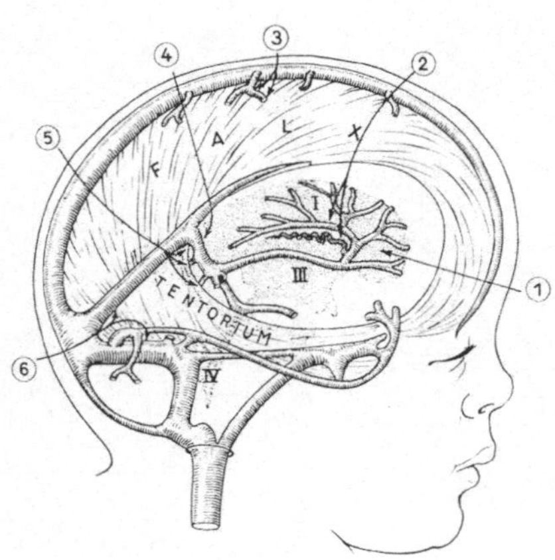

Abb. 3. Typische Lokalisationen intrakranieller Blutungen beim Neugeborenen
1: Subependymale Blutungen; 2: Ventrikelblutungen aus den Plexus chorioidei; 3: Subdurale Blutung aus den Brückenvenen. 4: Ruptur der Vena galeni mit Blutung in die hintere Schädelgrube und entlang der Hirnbasis; 5: Tentoriumriß mit 6: Ruptur des Sinus transversus und/oder des Sinus rectus (mod. n. Haller, zit. n. Joppich und Schulte, 1968)

Die Überlagerung der Spannungsprofile mit den zugehörigen MRI-Schnitten ermöglicht dann die Zuordnung der Spannungen zu konkreten anatomischen Strukturen :

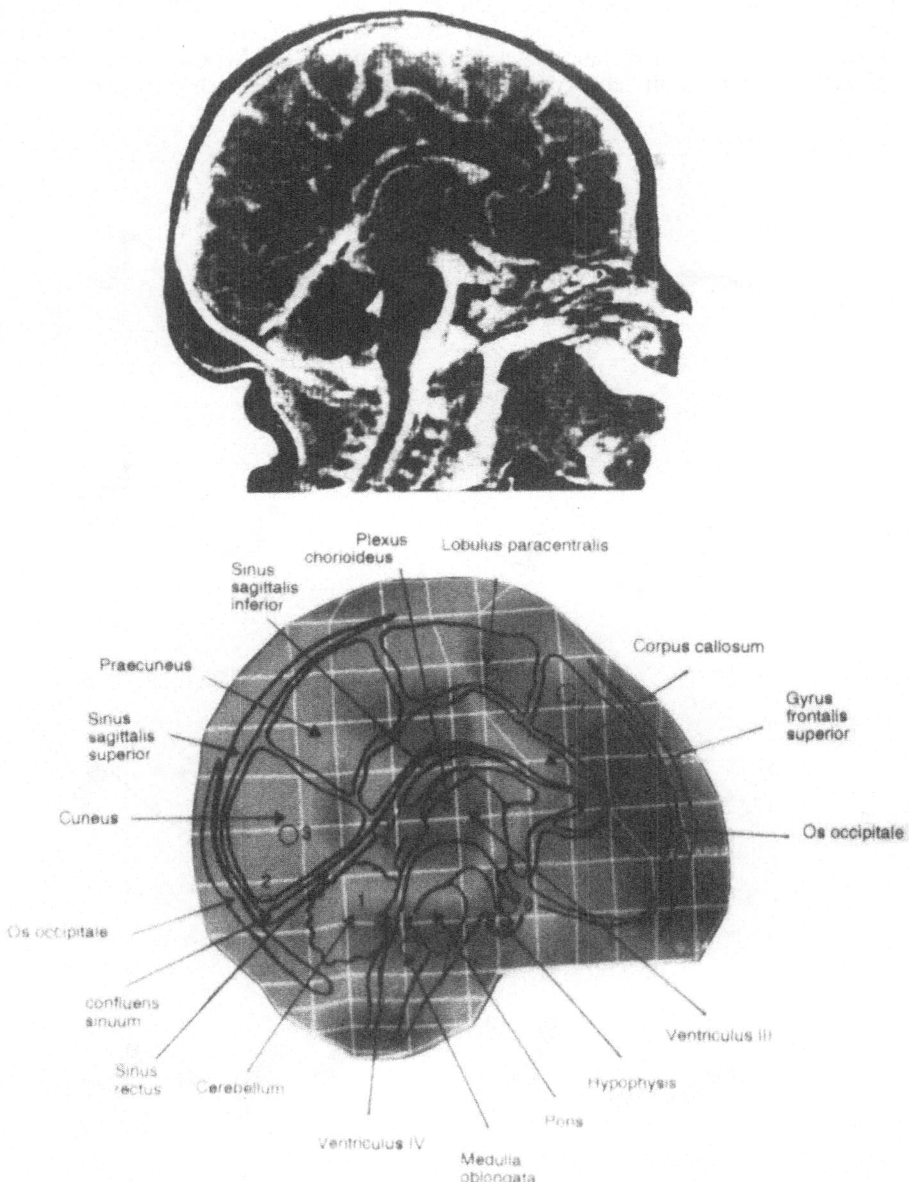

Abb. 4. Zu den Sagittalschnitten der Abb. 2 gehöriger MRI-Schnitt und Überlagerung von dessen anatomischen Strukturen mit einem Druckprofil sowie Darstellung markanter bzw. sensibler (vgl. Abb. 3) intrakranieller Strukturen für die in Abb. 5 Druckprofile erstellt wurden

Abb. 5 zeigt die Kraft-/Zeit-Diagramme für 8 Referenzpunkte entsprechend Abb. 3 bzw. 4 . Es zeigt sich, daß bei Eintritt des Kopfes relativ hohe Belastungen auf die der hinteren Schädelgrube zuzuordnenden Strukturen wie Cerebellum, Tentorium, Medulla oblongata und Okzipitallappen bis zu 450 kPa auftreten. Die Belastung reduziert sich bis zum Erreichen von Beckenmitte (Schritte 5, 6), nach deren Überschreiten erneute Druckaufbauten festzustellen sind, der Maximalwert wurde mit 710 kPa bei Schritt 8 im Sehnervenkreuzungs-/Hypophysenbereich gefunden.

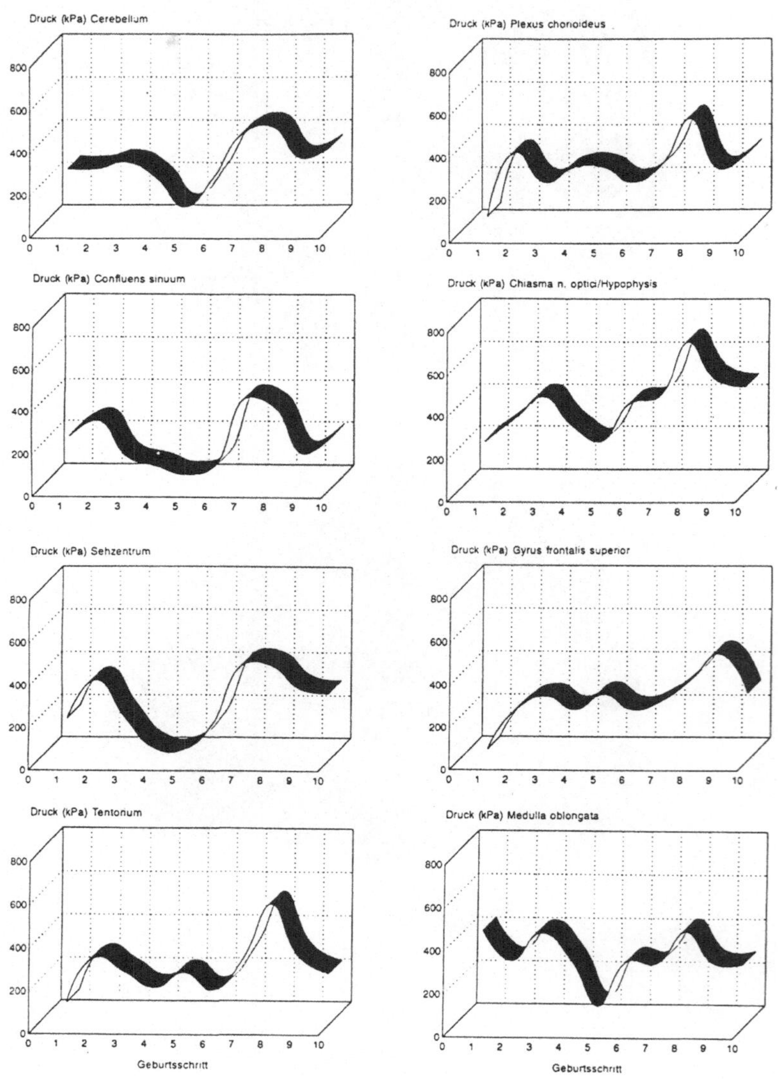

Abb. 5. Über die 10 Geburtsschritte ermittelte intrakranielle Drucke an den entsprechend Abb. 3 bzw. 4 festgelegten Punkten, ermittelt jeweils zum Zeitpunkt der simulierten Wehenakme

Diskussion

Biomechanische Untersuchungen erfolgten vom methodischen Ansatz her bisher nahezu ausschließlich experimentell, die wenigen in der Literatur auffindbaren Ansätze (Nagashima, 1987, Endo und Adachi, 1988, Haskell, 1989) strebten statisch lineare Lösungen an.

Im Bereich der biomedizinischen Techniken stellt das vorgestellte Verfahren einen Evolutionsschritt in der Nutzung bildgebender Verfahren dar. Die **nativen Röntgentechniken** ermöglichten lediglich durch Einsatz des räumlichen Vorstellungsvermögens einen Eindruck von der räumlichen Anordnung und Syntopie anatomischer Strukturen zu gewinnen, wobei insbesondere genaue metrische Aussagen wegen der Übereinanderprojektion dreidimensionaler Strukturen auf ein zweidimensionales Medium äußerst schwer waren und insbesondere auch die Weichteildarstellung schlecht.

Diese Nachteile entfielen weitgehend durch den Einsatz der **segmentierenden bildgebenden Verfahren** wie Computertomographie und Kernspintomographie, deren Daten die **computergestützte, dreidimensionale Rekonstruktion anatomischer Strukturen** ermöglichte. Dies führte zu einer Erweiterung der Möglichkeiten etwa bei therapeutischen Prozeduren, die exakt geometrisch beschreibbar sind, wie etwa die Strahlentherapie oder stereotaktische Eingriffe.

Mit Hilfe der in dieser Studie vorgestellten Aufarbeitungsprozeduren von Daten aus segmentierenden bildgebenden Verfahren an deren Ende die Modellbildung mittels Finiter-Element-Netze steht, ist es möglich, **dynamisierte biomechanische Untersuchungen** durchzuführen, die insbesondere auch den Ansatz der Hyperelastizität zur Beschreibung der Kompressibilität berücksichtigen. Auf diese Weise eröffnet sich ein Weg, das immense know-how, welches die Ingenieurwissenschaften, insbes. im Bereich des Automobilbaus, zusammengetragen haben, im medizinischen Bereich nutzbar zu machen und bei biomechanischen Fragestellungen den experimentellen Aufwand zu reduzieren. Fehlen geeignete experimentelle Modelle, wie dies etwa beim Mechanismus der menschlichen Geburt der Fall ist, wird die Untersuchung solcher Fragestellungen überhaupt erst möglich.

Literatur

1. Wischnik, A., K.J. Lehmann, H.P. Busch, K.-H. Englmeier, D. Sterescu, M. Georgi, F. Melchert: Neue Aspekte der radiologischen Pelvimetrie. Die digitale Bildverstärkerradiographie: vorläufige Mitteilungen über Validierungsmöglichkeiten und Ergebnisse bei verschiedenen Beckenverengungstypen
Z. Geburtsh. u. Perinat. 193 (1989) 145

2. Warkentin, B.: Die Evolution der menschlichen Geburt. Springer, Berlin, Heidelberg, 1991, S. 83

3. Albrecht, H.: Der Kaiserschnitt im Wandel der Geburtshilfe. In: *Beck, L. (Hrsg.)*: Zur Geschichte der Gynäkologie und Geburtshilfe. Springer, Berlin, Heidelberg, 1986, S. 103

4. Lehmann, K.J., H.P. Busch, A. Wischnik, M. Georgi: Geburtshilfliche Beckenvermessung mit der digitalen Bildverstärkerradiographie
Fortschr. Röntgenstr. 151 (1989) 553

5. Szabo, I.: Geschichte der Mechanischen Prinzipien. Sammlung Wissenschaft und Kultur, Band 32, Birkhäuser Verlag, 1979

6. Timoshenko, S.P., J.N. Goodier: Theory of Elasticity. 3rd Ed., McGraw-Hill, 1982

7. Zienkiewicz, O.C.: Finite Elemente, Carl Hanser Verlag, Wien, 1975

8. Agyris, J., H.-P. Mlejnek: Die Methode der Finiten Elemente, Bd. I, II, III, Vieweg Verlag, Braunschweig, Wiesbaden, 1986

9. Courant, R., D. Hilbert: Methoden der Mathematischen Physik, Bd. I und II, Springer, Berlin, 1967

10. Joppich, G., F.J. Schulte: Neurologie des Neugeborenen. Springer, Berlin, Heidelberg, New York 1969

11. Lorensen, W.E., H.E. Cline: Marching cubes, a high resolution 3D surface construction algorithm
Computer Graphics 21 (1987) 4

12. Carley, C.: Mathematical Models. In: *Nahum, A.M., J. Melvin (Hrsg.)*: The Biomechanics of Trauma, Appleton-Century-Crofts, Norwalk (Conn.), 1986, Chapter 5

13. Woo, S. L.-Y.: Mechanical behaviors of Soft Tissue. In: Nahum, A.M., J. Melvin (Hrsg.): The Biomechanics of Trauma. Appleton-Century-Crofts, Norwal, Conn., 1986, Chapter 7

14. Haskell, B.: Computer-aided modelling in the assessment of the biomechanical determinants of diverse skeletal patterns
Amer. J. Orthodont. 89 (1989) 5

15. Nagashima, T.: Biomechanics of Hydrocephalus: A new theoretical model
Neurosurgery 21 (1987) 6

16. Bathe, K.J.: Finite Element Methoden. Springer, Berlin, 1990

17. Endo, B., K. Adachi: Biomechanical simulation study on the forms of the frontal bone
Okajimas Folkia Anat. Jpn. 64 (1988) 6

SHIFT-Workstation Cluster für die Lösung von High Performance Computing Problemen bei CERN

Bernd Panzer-Steindel

CERN
CH-1211 Genf 23
Switzerland
E-Mail: panzer@cernvm.cern.ch

Zusammenfassung

Das SHIFT Projekt am europäischen Zentrum für Hochenergiephysik CERN in Genf besteht aus RISC-Rechnern (SGI, SUN, IBM), die über ein schnelles Netzwerk (Ultra-Net, 32 Mbyte/s) verknüpft sind. Zielsetzung ist der leichte und schnelle Zugriff der Physiker auf die gesammelten Daten. Deshalb sind diese auf den angeschlossenen 250 Gigabyte Plattenplatz in komprimierter Form abgespeichert. Zugriff auf verschiedenste Typen von Magnetbänder ist ebenfalls gewährleistet. Der Durchsatz im System beträgt etwa 1100 Batch-Jobs pro Woche, die insgesamt 3000 Magnetbänder lesen und 5 Terabyte read-write Operationen ausführen.

Einleitung

Im europäischen Zentrum für Hochenergiephysik CERN in Genf wird Grundlagenforschung über die Strukturen und Wechselwirkungen von Materie und Energie im subatomaren Bereich betrieben. Hierzu werden im größten Beschleuniger der Welt (LEP) Elektronen und Positronen in einem Ring von 27 km Umfang auf Energien von 50 Giga-Elektronenvolt beschleunigt und anschließend an vier Wechselwirkungspunkten zur Kollision gebracht. An jedem dieser Punkte befindet sich eines der vier LEP Experimente (ALEPH, DELPHI, L3 und OPAL), um diese Vernichtung von Materie und Antimaterie exakt zu vermessen.

Energieverteilungen, neu entstandene Teilchen, Zerfallskonstanten und viele andere Meßgrößen werden nach der Datenauswertung mit den vorhandenen theoretischen Vorhersagen verglichen. Zielsetzung ist das bessere Verständnis der vier grundlegenden Kräfte in der Natur (elektromagnetische, starke, schwache Wechselwirkung und die Gravitation).

Zur präzisen Vermessung von Teilchenspuren und Energien besteht jedes Experiment aus einer Vielzahl von einzelnen Detektoren. Bei Kollisionsraten von rund 10 Hz müssen jeweils 150000 - 200000 analoge Kanäle ausgelesen und weiterverarbeitet werden. Endprodukt jeder Kollision ist die zusammengefaßte digitale Information (etwa 250 Kbyte) über die Details jedes einzelnen produzierten Teilchens, sowie zusätzliche Energieansammlungen in den Detektoren. Als nächster Schritt erfogt eine Datenkomprimierung und die Rekonstruktion der Ereignisse (Raumkoordinaten von sekundären Zerfällen, Vektoren der Teilchen, Energieverluste, Krümmungsradien, Zuordnung von Spuren und Energieansammlungen, etc.) unter Einbeziehung der letzten Detektorkalibrationen. Der Rechenaufwand beträgt hierbei ungefähr 25 CU (CERN-unit, 0.25 CU == VAX11/780, 1 CU $\approx$ 4 SPECint) pro Sekunde und Ereignis. Die jetzt rund 40 Kbyte großen Ereignisse werden auf Kassetten (IBM 3480/3490, Kapazität = 200 Mbyte/1 Gbyte) und Harddisks abgespeichert. Die zur Zeit vorhandene Datenmenge beträgt etwa 250 Gbyte.

Erst jetzt sind die Ereignisse soweit aufbereitet, daß sie von den Physikern zur Analyse benutzt werden können (Figur 1).

SHIFT Hardware Design

Zum Zeitpunkt der Inbetriebnahme des LEP Beschleunigers (Juli 1989) bestand das Rechenzentrum des CERN nur aus Großrechnern (IBM 9000/900, CRAY X/MP-48, VAX 9000), auf denen die Experimente ihre Daten analysierten. Dies entsprach einer Rechnerleistung von etwa 150 CU.

Heute liefern Workstation-Cluster (SHIFT und ein Cluster aus 26 HP Apollo 735) 85% der Rechnerleistung, die IBM 9000/900 die restlichen 15%. Die CRAY X/MP wurde aus Kostengründen gänzlich abgeschaft. Die Initialisierung dieses Verschiebungsprozesses begann Ende 1990 mit dem SHIFT (Scalable Heterogeneous Integrated Facility) Projekt, einer Initiative des LEP Experimentes OPAL und der CN-Division (Computing and Networking). SHIFT sollte den Physikern mit ihren Analyseprogrammen schnellen und einfachen Zugriff auf sehr große Datenmengen gewähren. Das System sollte kostengünstig, skalierbar, herstellerunabhängig, modular und standardisierbar sein. Aus diesen Anforderungen ergab sich folgendes prinzipielles Design : RISC-Rechner (Betriebssystem UNIX) mit verschiedenen Aufgaben (CPU-Server, Disk-Server, Tape-Server...) wurden mit einem sehr schnellen Netzwerk verknüpft.

Die aktuelle SHIFT Konfiguration (Figur 2) besteht aus den folgenden Komponenten :

- 4 SGI 4d/340, Multiprozessor mit 4 33MHz MIPS3000

- 1 SGI 4d/460, Multiprozessor mit 6 40MHz MIPS3000

- 2 SGI Crimson, 50MHz MIPS4000

- 4 SUN (Modell 330, 630 und Sparc 10)

- 5 IBM RS6000/370, 62.5 MHz Prozessor

- 20 Magnetbandlaufwerke (STK 4280 SCSI, IBM 3480)

- 250 Gbyte SCSI Plattenspeichern

- 2 Exabyte-Laufwerke, 1 Exabyte-Roboter

- UltraNet Netzwerk

- Ethernet und teilweise FDDI Anschlüsse

Bei der Evaluierung möglicher LAN Technologien standen zwei Produkte zur Auswahl: FDDI und UltraNet. Aus den gemessenen Anforderungen der Ananlyseprogramme ergab sich, daß ein System mit 100 CU Rechnerleistung zu Netzwerkbelastungen von 6-8 Mbyte/s führen würde. Das lag bereits über den Fähigkeiten von FDDI. Außerdem zeigten weitere Tests mit FDDI, daß bei derartig hohen Datentransferraten mehr als 50% der gesamten Rechnerleistung nur für den Netzwerkbetrieb notwendig wären. Die Ergebnisse der UltraNet Messungen zeigten ein wesentlich besseres Profil : rund 10-15% CPU Belastung bei 10 Mbyte/s Datentransfer und Datentransferraten von 13 Mbyte/s zwischen zwei SGI Rechnern (Kernspeicher zu Kernspeicher).

Das Rückgrat bildet der 1 Gbit/s schnelle Bus im UltraNet-Hub. Link-Adapter Module mit maximal 4 Anschlüssen für 32 Mbyte/s Leitungen zu den Rechnern sind an diesen Bus angeschloßen. Auf der Rechnerseite wird die Verbindung durch UltraNet Host-Adapter an der jeweiligen Bus-Architektur (VME, S-Bus, Microchannel) hergestellt.

Bei der Speicherplatzerweiterung wurden jeweils Plattenspeicher der neusten Generation verwendet. Begonnen wurde 1991 mit SEAGATE WREN 7 Harddisks (0.9 Gbyte form.). Hinzu kamen dann WREN 8, WREN9, ELITE 3 (2.8 Gbyte form. SCSI-2) und schließlich DEC DSP5350 (3.5 Gbyte form. SCSI-2). Jeweils 4-6 Harddisks sind an einem differentiellen SCSI Kanal angeschlossen. Die Disk-Server (SGI) sind mit VME-Bus ausgerüstet, in denen bis zu 6 SCSI-Kontroller mit je 2 Kanälen (JAGUAR 5Mbyte/s, COUGAR 10 MBYTE/s SCSI-2) untergebracht werden können. Insgesamt sind 22 dieser Kontroller für rund 160 Harddisks im Einsatz.

In der Planung für dieses Jahr sind der Anschluß an einen GIGA-SWITCH, die Aufrüstung dreier SGI Rechner mit 150Mhz MIPS4400 Prozessoren, die Plattenplatzerweiterung um 150 Gbyte und die Einrichtung weiterer FDDI Anschlüsse.

SHIFT Software

Die interne Hardware Architektur von UltraNet (Speicher, FIFO) bevorzugt sehr stark den Transfer von 128 Kbyte Blöcken. Eine Implementierung von NFS (UDP mit max. 8 Kbyte Blöcken) kam deshalb nicht infrage. Anstelle dessen wurde die RFIO (Remote File I/O) Software auf der Basis von TCP/IP und BSD Sockets kreiert. Die standard I/O C-Aufrufe (open, read, write, seek, close) wurden durch die korrespondierenden RFIO-Aufrufe (rfio_open, etc.) ersetzt. Beim Öffnen einer Datei wurde der Dämonprozesse auf dem entsprechenden Disk-Server kontaktiert und die angeforderten Daten im anschließenden Lese-Vorgang in 128 Kbyte Blöcken transferiert. Die Blockgröße führt automatisch zu einer Durchsatzsteige-

Anzahl I/O Prozesse	1	2	4	6	8
Unix Dateisystem					
Mbyte/s	1.8	3.5	4.3	4.7	5.1
CPU Kosten s/Mbyte	0.20	0.24	0.27	0.32	0.32
directer Zugriff					
Mbyte/s	1.5	2.8	4.9	6.5	7.4
CPU Kosten s/Mbyte	0.08	0.10	0.10	0.11	0.13

Tabelle 1: CPU Kosten bei Disk und Network I/O

rung (read-ahead), da die Analysedaten in 32 Kbyte Blöcken angefordert werden.

Sehr hohe Belastungen der SGI Multiprozessor-Rechner zeigten ein unerwartetes Phänomen : die Kosten pro transferiertem Mbyte (Disk $\Longleftrightarrow$ Netzwerk) vergrößerten sich mit steigender Systemauslastung. Das Problem hierbei war der Zugriff auf die Daten über das implementierte UNIX Dateisystem. Aus Tabelle 1 läßt sich ersehen, daß der direkte Zugriff auf die Harddisk ('raw devive', 'i-node access') zu wesentlich besserem Datendurchsatz führte.

Die SHIFT Magnetband-Software stellt eine Anzahl von Manipulationsmöglichkeiten zur Verfügung: dynamische Konfiguration der Laufwerke, Reservierung und Zuordnung der Laufwerke, Prüfung der Magnetband-Label, Interaktion mit den Operatoren, Fehlererkennung und ein Interface zum CERN/Rutherford Magnetband-Management-System (TMS).

Zur Steuerung des Batch-Betriebes wird NQS (Network Queueing System) verwendet. Allerdings sind zusätzliche Programme nötigt, um der Vernetzung gerecht zu werden.

- Einer der Rechner im Netz wird als Server definiert und empfängt zuerst alle Batch-Jobs, um sie dann an die anderen (inklusive sich selbst) wieder zu verteilen.

- Die Anzahl der gleichzeitig laufenden Jobs pro Rechner wird durch Dämonprozesse reguliert, die regelmäßig Rechnerparameter kontrollieren (Anzahl der Prozesse in der 'run-queue', freier Kernspeicherplatz, problematische Jobs....) um dann entsprechend die NQS Parameter zu ändern.

- Ein wichtiger Faktor ist auch die gleichmäßige Verteilung der Rechner-Ressourcen, daß heißt eine Regulation der Reihenfolge in der Jobs von verschiedenen Benutzer ausgeführt werden.

Benutzer Software

Die Analyseprogramme der Physiker sind in FORTRAN geschrieben und in einen Qellcodemanager (PATCHY, Eigenentwicklung des CERN) eingebettet. Die Ankopplung an die SHIFT Software erfolgt über die I/O Unterprogramme. Anstelle der FORTRAN Aufrufe (OPEN, READ, WRITE..) werden C-Programme verwendet. Diese erfüllen gleichzeitig mehrere Funktionen :

1. Ankopplung an die RFIO Programme (rfio_open, rfio_read,....)

2. Auffinden der Dateien mit ihren vollständigen Dateinamen

   Mehrere Harddisks bilden zusammen ein Dateisystem. Diese wiederum sind zu größeren logischen Einheiten (Pools) verknüpft. Ein Pool-Managerprogramm durchsucht den angegebenen Pool nach dem gefragten Dateinamen und liefert als Ergebnis den kompletten Dateinamen. Die Pool-Konfiguration läßt sich dynamisch verändern, es sind Warteschleifen für den Fall von Harddiskfehlern eingebaut, überlappende Pool-Konfigurationen sind möglich und Dateisysteme können aktiv gespsperrt werden.

3. Protektion gegen Systemfehler

   Rechner und Netzwerk Probleme können zum Abbrechen der Verbindung zwischen Benutzerprogramm und Disk-Server führen. Die Klienten-Programme gehen dann in eine Warteschleife, um anschließend den unterbrochenen I/O Prozess fortzusetzen (wieder öffnen der Datei und Repositionierung des Zeigers in der Datei). Dämonprozesse kontrollieren zusätzlich regelmäßig den Zustand aller Prozesse und führen 'checkpointing' durch.

4. Ankopplung an die Dämonprozesse zur Magnetbandverwaltung

Die Benutzerprogramme kommunizieren mit einem zentralen Tape-Dämonen der die geforderten Magnetbänder auf Harddisk kopiert und den damit assoziierten kompletten Dateinamen zurückgibt. Damit verbunden sind dynamische Speicherplatzverwaltung, Fehlerbehandlung und Konsistenzkontrolle der Daten.

Benutzerfreundlichkeit war eines der obersten Gebote beim Design von SHIFT. Das bedeutete zum einen, daß der Zugang zum Batchbetrieb auf SHIFT von den verschiedensten Rechnern (IBM, HP, Apollo, DEC, etc.) aus möglich ist und zum anderen, daß für die Benutzung nahezu keine Unix Kenntnisse nötig sind. Es wurden deshalb interaktive Prozeduren für die unterschiedlichen Betriebssysteme (VM,VMS,UNIX) geschrieben, mit denen u.a. Jobs abgesendet und kontrolliert werden können (RPC,FTP).

Zum Ausführen eines Analyseprogrammes (Batch-Job) sind neben dem FORTRAN Quellcode lediglich ein halbes Dutzend symbolischer Kommandonamen notwendig. Hinter diesen verbergen sich die Details über das Kompilieren, Binden, Einbinden und Suchen von Bibliotheken, Suchen nach Dateinamen, Zurücksenden von angelegten Dateien, etc.

Leistungsdaten

Die im folgenden genannten Leistungsdaten beziehen sich auf den Zeitraum einer Woche.

- rund 200 interaktive Prozesse

- 1100 Batch-jobs von 150 Benutzern

- einlesen von 3000 Magnetbänder

- 5 Terabyte read-write Operationen

- 95 % Ausnutzung der Rechner

- MTBI (Mean Time Between Interrupt) der CPU- und Disk-Server ist etwa 14 Tage

Die kontinuierliche mittlere Datentransferrate im gesamten UltraNet Netzwerk beträgt etwa 4-6 Mbyte/s.

Schlußbetrachtung

Die Datenanalyse im Experiment OPAL findet unterdessen zu über 80% auf dem SHIFT-Cluster statt. Die Akzeptanz durch die Benutzer ist sehr gut, nicht zuletzt durch die Anstrengungen ein einfaches Benutzer-Interface zu schaffen. Weitere Experimente haben sich bereits mit ihren Ressourcen in das SHIFT-Projekt eingekoppelt und innerhalb dieses Jahres ist eine Verdoppelung der Rechnerkapazität und des Plattenspeicherplatzes vorgesehen. Als Resümee kann man sagen, daß das Projekt ein voller Erfolg ist.

Unter Einbeziehung neuester Technologien (DD-2, HIPPI, RAID, fast-wide-SCSI, etc.) heißt Expansion natürlich auch das Stichwort für die zukünftige Entwicklung des Projektes.

Literatur

[1] "Shift, the Scalable Heterogeous Integrated Facility for HEP Computing", J-P. Baud et al, Proc. Conference on Computing in High Energy Physics, (CHEP 91), March 1991, Tsukuba, Japan. Universal Academic Press.

[2] "UltraNet - An Architecture for Gigabit Networking", R. Beach, Proc. IEEE Conference on Local Computer Networks, September 1990.

[3] "Mainframe Services from Gigabit-Networked Workstations" J-P. Baud et al, CERN - Data Handling Division, CN/92/8, september 1992.

[4] "SHIFT from a physics point of view", B. Panzer-Steindel, Proc. Conference on Computing in High Energy Physics, Annecy, France, 21-25 Sep 1992, CERN, p. 483.

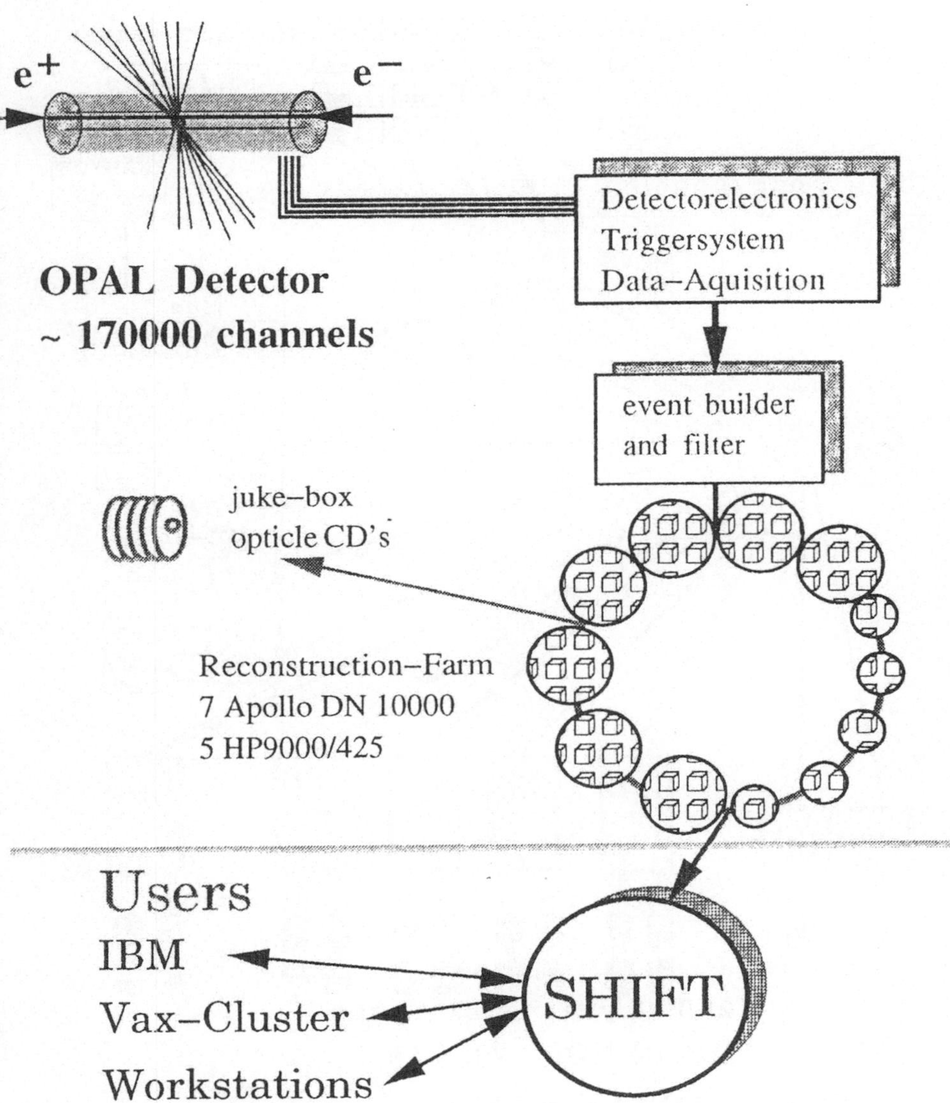

Figur 1: Datenstrom im LEP Experiment OPAL

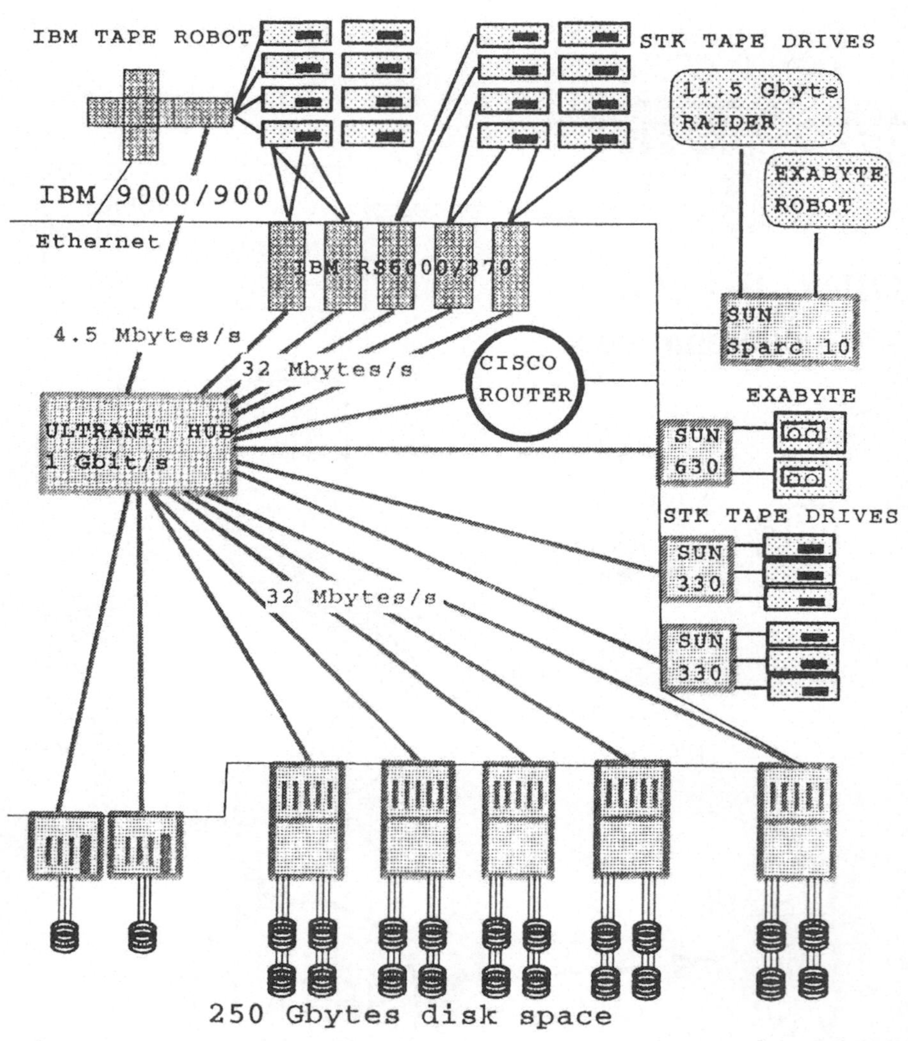

Figur 2:   SHIFT Konfiguration

Visualisierung von Optimalsteuerungsproblemen am Beispiel des Dynamischen Segelflugs

G. Sachs, R. Mehlhorn, H. Möller

Lehrstuhl für Flugmechanik und Flugregelung
Technische Universität München
Arcisstraße 21, 8000 München 2

Übersicht. Der Dynamische Segelflug wird als ein Optimalsteuerungsproplem aufgefaßt, bei dem der Energietransfer von einem veränderlichen Horizontalwind zu dem betrachteten Flugobjekt (Vogel, Segelflugzeug) maximiert wird. Hierfür werden effiziente mathematische Verfahren und Applikationssoftware eingesetzt, die zielgerichtet zu einer Lösung führen und mit denen die numerischen Probleme beherrscht werden können.

Ausgehend von diesen Optimierungsuntersuchungen, erfolgt mittels Computeranimation eine Visualisierung des Dynamischen Segelflugs. Dies betrifft den Flug großer Meeresvögel mit einer anschaulichen Deutung des Energiegewinns aus der Luftbewegung sowie Möglichkeiten und Probleme beim bemannten Segelflug unter Einbeziehung auch von Fragen der Steuerung und spezieller Anzeigen zur Unterstützung des Piloten.

1 Einleitung

Der Dynamische Segelflug ist eine Flugmethode, die einen Energiegewinn aus einem mit der Höhe veränderlichen Horizontalwind ermöglicht. Diese Flugmethode hat bereits frühzeitig Interesse gefunden [1-3] und ist bis heute Gegenstand der Forschung [4-7]. Der Dynamische Segelflug wird von großen Meeresvögeln ausgeführt und ist auch für die Nutzung durch den Menschen von Interesse.

Das für den Dynamischen Segelflug erforderliche Flugmanöver ist – im Unterschied zum Flug in einem Aufwindgebiet – vergleichsweise komplex. In einem Aufwindgebiet befindet sich der Vogel oder das Segelflugzeug in einer nach oben gerichteten Strömung, d.h. sie werden von der aufsteigenden Luft mit nach oben getragen. Dementsprechend bestehen die hierfür erforderlichen Flugmanöver aus einfacheren Bewegungsvorgängen wie Geradeaus- oder Kreisflug. Im Gegensatz dazu erfordert der Energiegewinn aus einem höhenabhängigen Horizontalwind (Windscherung) eine komplizierte Abfolge von Steig-, Kurven- und Sinkflugbewegungen. Aufgrund der Komplexität derartiger Flugmanöver sind der Dynamische Segelflug und insbesondere der Mechanismus des Energiegewinns einem Verständnis weniger leicht zugänglich. Zu diesem Problem kann die Visualisierung einen Beitrag leisten.

Die vorliegende Arbeit zielt auf eine Visualisierung des Dynamischen Segelflugs der großen Meeresvögel sowie der Möglichkeiten und Probleme bei einer Anwendung dieser Flugmethode für den bemannten Segelflug ab. Zunächst wird der Vogelflug betrachtet, wobei hier die Bewegung des Vogels längs der Flugbahn dargestellt und eine anschauliche Deutung des Energiegewinns aus der Luftbewegung gegeben wird. Der dann folgende Teil ist mit dem Dynamischen Segelflug für bemannte Segelflugzeuge befaßt. Außer den hierfür möglichen Flugbahnformen werden auch Fragen der Steuerung und der erforderlichen speziellen Anzeigen für den Piloten im Cockpit behandelt.

Aus der Sicht des Hochleistungsrechnens ergibt sich als weiterer interessanter Punkt, daß effiziente numerische Verfahren und Computerprogramme erforderlich sind, um Probleme des Dynamischen Segelflugs behandeln zu können. Dies betrifft insbesondere die Frage nach der bestmöglichen Nutzung des Windes und der Maximierung des Energiegewinns. Eine Klärung dieser Frage ist möglich mit der Theorie der Optimalsteuerungen und geeigneter numerischer Verfahren, mit denen sich die komplexen Bahnen des Dynamischen Segelflugs bestimmen lassen. Auf die Anwendung derartiger mathematischer Methoden – in Verbindung mit der Visualisierung – zielt die vorliegende Arbeit ebenfalls ab.

Ergänzend sei bemerkt, daß mit den vorgenannten Überlegungen und Methoden ein Beitrag zur Lösung eines Problems der Ornithologie angestrebt wird, das den Dynamischen Segelflug großer Meeresvögel – insbesondere der Albatrosse – betrifft. Dies wird durch das interdisziplinäre Zusammenwirken von Ornithologie, Mathematik, Informatik und Ingenieurwissenschaften ermöglicht.

2 Grundmerkmale des Dynamischen Segelflugs

Zur Einführung in die flugphysikalische Problematik des Segelflugs seien einige Überlegungen zu dessen Grundmerkmalen vorangestellt. In Bild 1 sind prinzipielle Zusammenhänge des Dynamischen Segelflugs der Meeresvögel gezeigt. Dargestellt ist eine Flugbahn, die sich aus zwei S-kurvenförmigen Anteilen zusammensetzt.

Außerdem ist ein Windprofil gezeigt, das qualitativ die Windgeschwindigkeit in Abhängigkeit von der Höhe in einem engen Bereich über der Wasseroberfläche wiedergibt. Flugbahn und Wind stehen dabei in folgendem Zusammenhang: In der unteren Kurve, die im Bereich niedriger Windgeschwindigkeiten erfolgt, ändert der Vogel die Flugbahn in eine Richtung gegen den Wind. In dieser Flugrichtung schließt sich ein Steigflug an. Die obere Kurve, die im Bereich größerer Windgeschwindigkeit liegt, dient dazu, die Flugbahn aus einer Richtung gegen den Wind in eine solche mit dem Wind zu ändern, in der dann ein Sinkflug folgt. Sobald die anfängliche Höhe der unteren Kurve erreicht wird, beginnt ein neuer Flugbahn-Zyklus, und die Bewegung des Vogels setzt sich in der geschilderten Weise fort.

Die Überlegungen zu Bild 1 betreffen eine energie-neutrale Flugbahn, d.h., eine Bahn, bei der die Energie zu Anfang eines Zyklus gleich der am Ende ist. Eine solche energie-neutrale Bahn ist bei unterschiedlichen Windstärken möglich. Darunter existiert eine Bahnform, für die die erforderliche Windstärke am kleinsten ist. Diese Bahnform ist in Bild 2 dargestellt, das auch geometrische Angaben enthält.

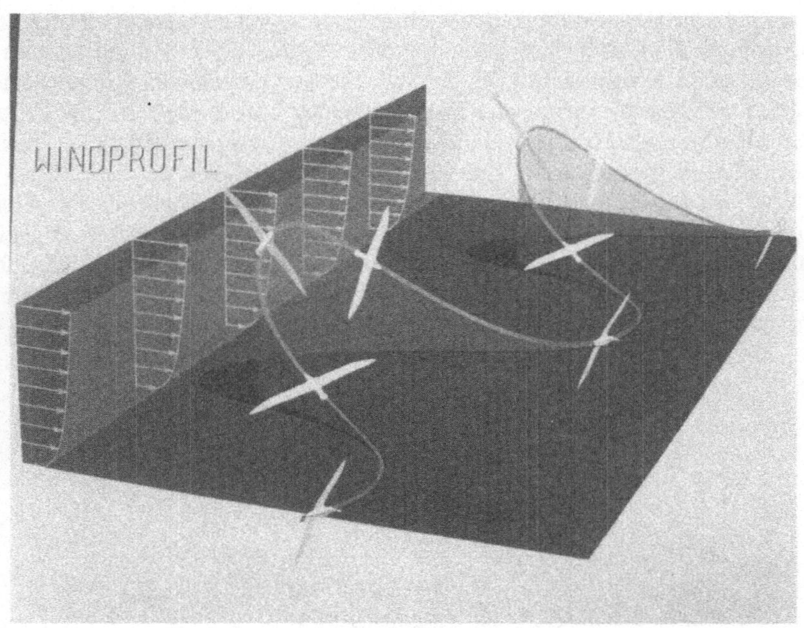

Abbildung 1
Prinzipdarstellung zum Dynamischen Segelflug der Meeresvögel
(unterschiedlicher Maßstab für Flugbahn und Vogel)

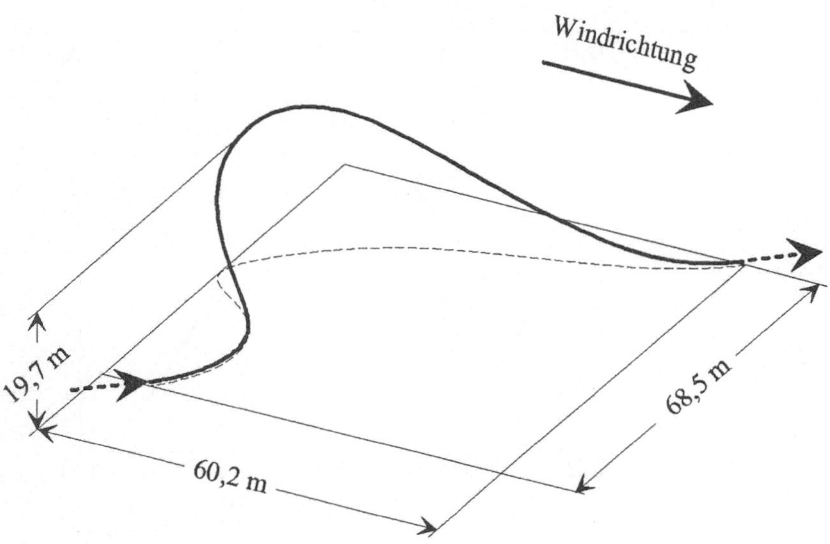

Abbildung 2
Optimalflugbahn mit minimalem Windbedarf
für den Dynamischen Segelflug von Albatrossen

Der Verlauf von Geschwindigkeiten und Höhe ist in Bild 3 gezeigt. In der unteren Kurve erreicht die Geschwindigkeit die größten Werte, während die Höhe am niedrigsten ist. Bemerkenswert ist auch, daß hier die Geschwindigkeit gegenüber der Erde stärker abnimmt als die gegenüber der bewegten Luft. In dem auf die Kurve folgenden Steigflug, während dem die Geschwindigkeiten weiter abnehmen, bleibt die Geschwindigkeit gegenüber der Luft größer als die gegenüber der Erde (Flug gegen den Wind). In der oberen Kurve, in der die Gesamtgeschwindigkeiten ihre kleinsten und die Höhe ihre größten Werte erreichen, kehren sich die Geschwindigkeitsverhältnisse um. Hierbei tritt eine Beschleunigung gegenüber der Erde ein. Im folgenden Sinkflug, während dem die Geschwindigkeiten wieder abnehmen, bleibt ihre Zuordnung bestehen, bis der Beginn des nächsten Zyklus erreicht wird.

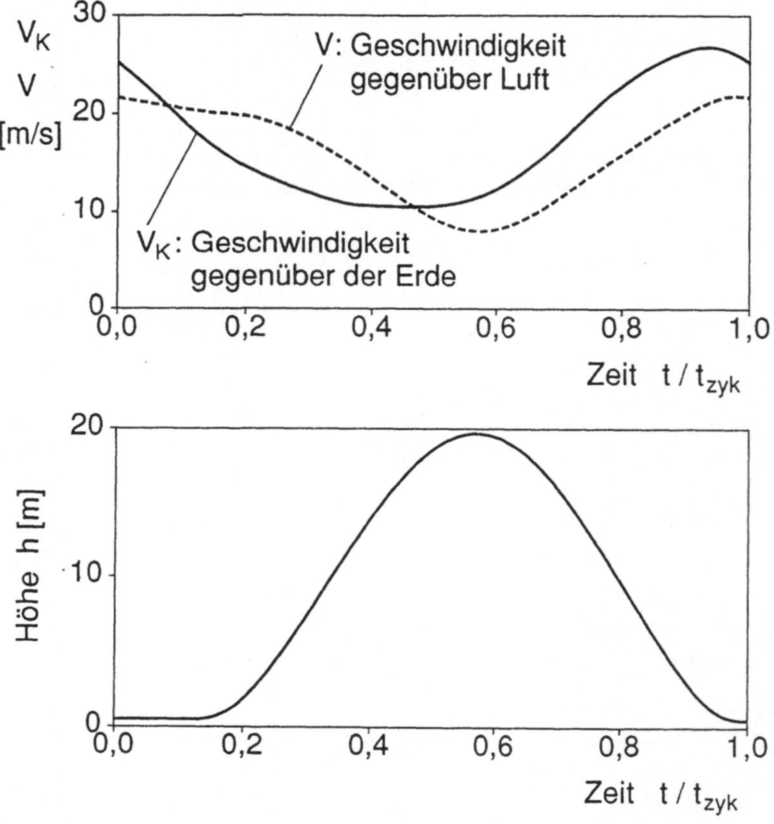

Abbildung 3
Geschwindigkeiten und Höhe
(Optimalflugbahn nach Abbildung 2, t_{zyk} = 7,2 s)

Eine Optimalflugbahnen für Segelflugzeuge ist qualitativ in Bild 4 gezeigt. Im grundsätzlichen Verhalten zeigen sich die gleichen Merkmale, jedoch sind quantitative Unterschiede (Geschwindigkeits- und Höhenbereich, Windbedingungen u.ä.) vorhanden.

Um Optimalflugbahnen wie die in den Bildern 2 bis 4 gezeigten Beispiele bestimmen zu können, sind mathematische Verfahren erforderlich, die zielgerichtet zur Lösung führen. Solche Lösungswege eröffnet die mathematische Theorie der Optimalsteuerungen, die zu einer Reduktion des ursprünglichen Problems auf ein Mehr-Punkt-Randwertproblem führt, sowie die Mehrzielmethode [8] als effizientes Verfahren für numerische Lösungen, die hochgenaue Ergebnisse ermöglicht [9, 10].

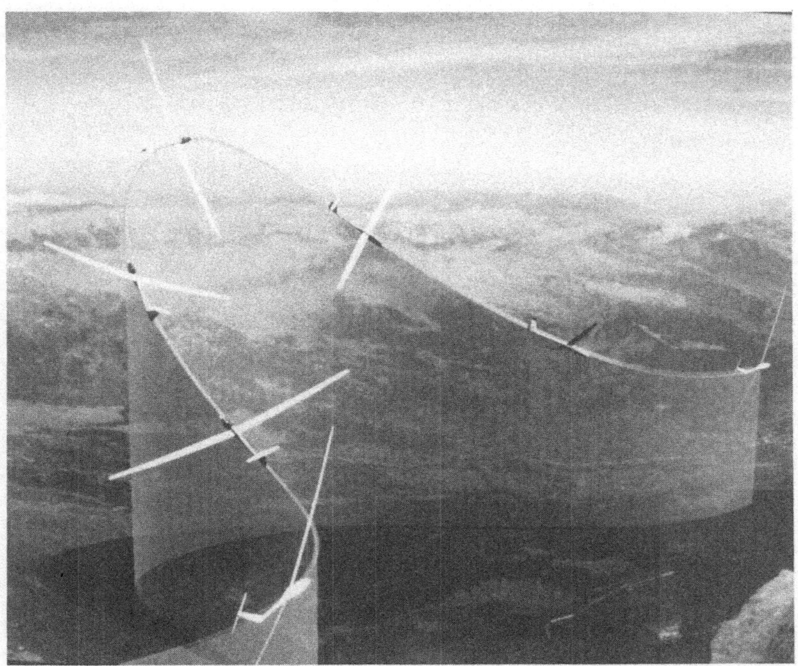

Abbildung 4
Prinzipdarstellung zum Dynamischen Segelflug mit Segelflugzeugen
(unterschiedlicher Maßstab für Flugbahn und Segelflugzeug)

3 Darstellung dreidimensionaler Objekte

Zur Darstellung der Flugobjekte (Vogel, Flugzeug) wurde ein spezielles Programm entwickelt, mit dem der Entwurf und die Bearbeitung von dreidimensionalen Objekten mit mehrfach gekrümmter Oberfläche möglich sind. Für die Rumpfgestaltung der nachzubildenden Objekte wurde durch Verwendung von Kegelschnitten und unter Berücksichtigung von Symmetrieeigenschaften eine leichte Handhabung der interaktiven Bearbeitungsmöglichkeiten angestrebt. Dadurch wird eine schnelle Erstellung der zu entwerfenden Objekte ermöglicht. Außerdem wurden in das Programm vielfältige Farbgrafik-Funktionen integriert, mit denen eine realistische Darstellung des gesamten Entwurfs zur Darstellung eines Vogels oder eines Flugzeugs erreicht wird.

Dreidimensionale Objekte werden bei dem entwickelten Programm mit einem Netz von Punkten auf der Körperoberfläche dargestellt (Bild 5). Anstelle von Tangenten und Krümmungsinformationen stellt bei stärker gekrümmten Flächen ein dichteres Netz die Genauigkeit der Darstellung sicher. Die Querschnitte können aus je vier Kegelschnitten gebildet werden, welche besonders einfach durch nur jeweils drei Punkte festgelegt sind. Die Längsschnitte werden mit Splines behandelt. Darüber hinaus kann jeder einzelne Punkt mit der Maus verschoben werden, um z.B. Details in einem bestimmten Bereich (Kopf) zu modellieren.

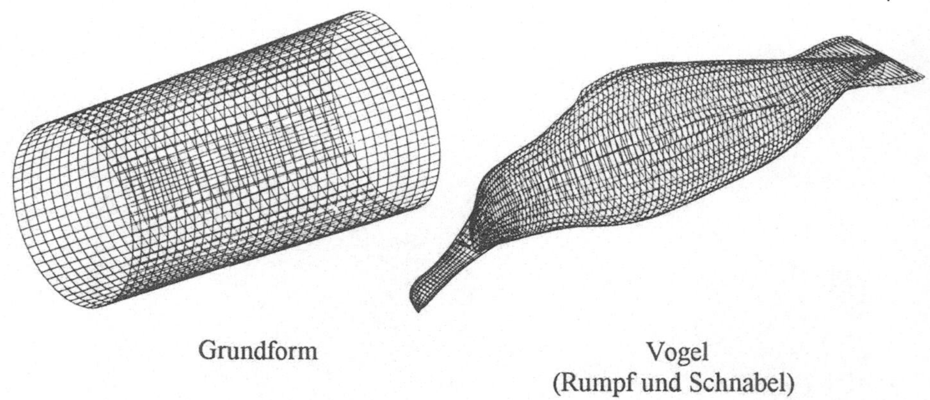

Grundform   Vogel
(Rumpf und Schnabel)

Abbildung 5
Darstellung dreidimensionaler Objekte

Für eine Flächendarstellung mit Schattierung in Abhängigkeit vom Lichteinfall und für ein schnelles Sichtbarkeitsverfahren wird unter Verwendung von jeweils 4 Punkten eine Fläche gebildet und der Normalenvektor berechnet. Falls die 4 Punkte nicht in einer Ebene liegen, wird der Normalenvektor zu einer mittleren Ebene gebildet.

Im allgemeinen werden die Körper intern mit einer höheren Auflösung (d.h. mit einem dichteren Netz) gespeichert, als für die Bildschirmdarstellung erforderlich ist. Hierzu wird beim Zeichnen eine bestimmte Zahl von Querschnitten oder Längsschnitten übersprungen und z.B. nur jeder zweite Längsschnitt und nur jeder vierte Querschnitt gezeichnet.

Die Eingabe der Flügelgeometrie erfolgt über Stützrippen (entsprechend den Stützquerschnitten bei der Rumpfeingabe), für die Lage und Größe anzugeben sind. Um möglichst vielfältige Formen für die Flügelgeometrie (Grundriß und Querschnitt) nachbilden zu können, ist für jede Stützrippe die Wahl eines geeigneten Profils durch

Angabe einer speziellen Datei möglich. Die Lage der Stützrippe wird über die Position des Profilbezugspunktes erfaßt, die Größe über die Profiltiefe und das Dickenverhältnis.

Die Rippen liegen in Ebenen parallel zur Längsrichtung des Rumpfes bzw. des Gesamtobjektes, jedoch kann die Flügelwurzelrippe zur Anpassung an den Rumpf in einer entsprechend gedrehten Richtung dargestellt werden.

Eine V-Stellung des Flügels wird entweder durch veränderte Eingabe der Koordinaten der am Flügelende höher liegenden Rippen oder durch Drehen des Flügels mit dem angegebenen V-Stellungswinkel erreicht. Die Leitwerke werden wie Flügel eingegeben, wobei das Seitenleitwerk dann mit einem V-Stellungswinkel von 90° in einer nach oben gedrehten Richtung dargestellt wird.

Mit der entwickelten Software ist es möglich, Verformungen der nachgebildeten Objekte während einer Bewegung darzustellen. Hierbei wird anhand von Berechnungen der Verlauf der Verformungen bestimmt und in Abhängigkeit von der Zeit bzw. gegebenenfalls von anderen Variablen dargestellt. Die Darstellung der Verformungen erfolgt über die einzelnen Segmente, aus denen sich das Gesamtobjekt zusammensetzt. Hierbei wurde Wert darauf gelegt, daß Verformungen der Einzelsegmente nicht zu Diskontinuitäten mit Nachbarsegmenten führen.

Im einzelnen sind folgende Verformungen bei der Darstellung eines Vogels möglich (vgl. auch Bild 6):

– Rumpf

  Kopfbewegung (mit Schnabelöffnen) relativ zum Körper; Torsion des Schwanzendes; Beine/Füße für Laufbewegung, Spreizbewegung

– Flügel

  Unterteilung in die Segmentbereiche "Hand"- und "Armschwingen" mit jeweils der Möglichkeit zur Schlagbewegung, Torsion und Biegung.

4 Weitere Visualisierungsmöglichkeiten

Zur realistischen Darstellung des Vogels wurde die Oberfläche so gestaltet, daß sie dem wirklichen Aussehen möglichst nahekommt. Hinsichtlich der strukturierten Oberfläche des Flügels wurde eine Texturierung vorgesehen. Ausgangspunkt hierzu waren fotographische Aufnahmen, die über einen Scanner in den Graphikrechner eingelesen wurden. Das gescannte Bild wurde dann auf ein rechteckförmiges Textur-Bitfeld übertragen, das auf dem dreidimensionalen Vogelflügel die Federstruktur wiedergibt (Bild 7).

Für den Dynamischen Segelflug über dem Meer wurde eine Hintergrund-Darstellung gewählt, die eine Wasseroberfläche mit Horizont zeigt. Für die Startphase wurde die Bewegung des Vogels einschließlich der Laufbewegung nachgebildet. Hierbei werden

Abbildung 6
Nachbildung der Verformungen beim Flügelschlagen

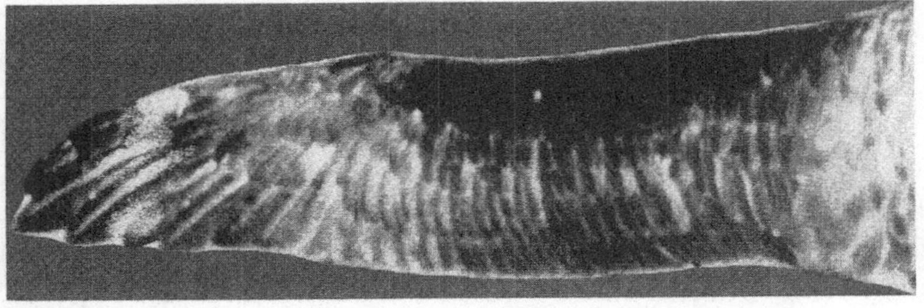

Fotographische Vorlage

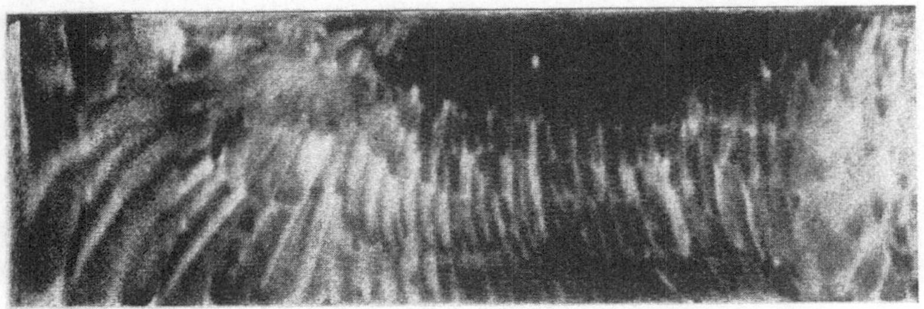

Rechteckförmiges Textur-Bitfeld

Abbildung 7
Nachbildung der Oberflächenstruktur des Flügels

auch die Wellen dargestellt, die beim Eintauchen der Füße in das Wasser entstehen (Bild 8). Für den Dynamischen Segelflug mit einem Segelflugzeug wurde eine Hintergrund-Darstellung mit Gebirgslandschaft gewählt.

Fragen der Steuerung und Flugführung beim bemannten Segelflug werden über eine spezielle Darstellung von Flugführungsinformationen behandelt. Dazu erfolgt außer einer Nachbildung der konventionellen Instrumentierung auch die Simulation eines Head Up Displays, bei dem Informationen in das Sichtfeld des Piloten beim Blick nach außen eingeblendet werden. Hierfür wurde eine Darstellung gewählt, die dem Piloten Informationen über den Sollzustand der zu steuernden Optimalflugbahn sowie auch über den Istzustand der Bewegung gibt.

Bei der Computeranimation erfolgt eine Verwandlung von einer Vogel- in eine Segelflugzeug-Darstellung. Um hierbei abrupte Übergänge zu vermeid en, wurde der gleiche Netzaufbau für Rumpf und Flügel hinsichtlich der beiden Objekte Vogel und Flugzeug vorgesehen. Dadurch ist über eine geeignete Verformung der einzelnen Segmente eine kontinuierlich ablaufende Verwandlung möglich.

Abbildung 8
Nachbildung der Wasserwellen beim Eintauchen der Füße

5 Zusammenfassung

Beim Dynamischen Segelflug erfolgt ein Energietransfer von einem mit der Höhe veränderlichen Wind (Scherwind) zum Flugobjekt (Vogel, Segelflugzeug). Zur Maximierung des Energiegewinns werden effiziente mathematische Methoden und Computerprogramme eingesetzt, die zielgerichtet zur Lösung führen. Damit können die optimale Flugbahn sowie Zustands- und Steuerungsgrößen bestimmt werden. Hierzu werden Ergebnisse für den Dynamischen Segelflug großer Meeresvögel (Albatros) und für bemannte Segelflugzeuge vorgelegt.

Die Visualisierung mittels Computeranimation kann einen Beitrag zum besseren Verständnis komplexer Optimalsteuerungsprobleme wie des Dynamischen Segelflugs und der zugrundeliegenden physikalischen Zusammenhänge leisten. Hierzu wird eine Visualisierungsbetrachtung vorgenommen für den Flug der großen Meeresvögel mit einer anschaulichen Deutung des Energiegewinns aus der Luftbewegung sowie für die Möglichkeiten und Probleme des bemannten Segelflugs unter Einbeziehung auch von Fragen der Steuerung und spezieller Anzeigen für den Piloten.

Außerdem werden Fragen der Nachbildung von verformbaren dreidimensionalen Objekten und weiterer Visualisierungspunkte behandelt, die z.B. die Texturierung von Oberflächen, die Hintergrunddarstellung und die Computerleistung betreffen.

6 Literatur

[1] Rayleigh, J.W.S.: The soaring of birds. Nature 27, S. 534-535, 1883.

[2] Idrac, P.: Étude théorique des manœuvres des albatros par vent croissant avec l'altitude. C.r. hebd. Séanc. Acad. Sci., Paris 179, S. 1136-1139, 1924.

[3] Prandtl, L.: Beobachtungen über den dynamischen Segelflug. Zeitschrift für Flugtechnik und Motorluftschiffahrt, Bd. 21, S. 116, 1930.

[4] Pennycuick, C.J.: The flight of petrels and albatrosses (Procellarinformes), observed in South Georgia and its vicinity. Phil. Trans. R. Soc. Lond. B 300, S. 75-106, 1982.

[5] Nottebaum, T. Goebel, O.: Simulation optimaler Flugbahnen des dynamischen Segelflugs und Auslegung eines Modellflugzeugs. Zeitschrift für Flugwissenschaften und Weltraumforschung 13, S. 48-56, 1989.

[6] Sachs G.: Minimalbedingungen für den dynamischen Segelflug. Zeitschrift für Flugwissenschaften und Weltraumforschung 13, S. 188-198, 1989.

[7] Prince, P.A., Wood, A.G., Barton, T., Croxall, J.P.: Satellite tracking of wandering albatrosses (Diomedea exulans) in the South Atlantic. Antarctic Science 4 (1), S. 31-36, 1992.

[8] Bulirsch, R.: Die Mehrzielmethode zur numerischen Lösung von Randwertproblemen und Aufgaben der optimalen Steuerung. Bericht der Carl-Cranz-Gesellschaft, Oberpfaffenhofen, 1971.

[9] Bock, H.G.: Numerische Behandlung von zustandsbeschränkten und Chebychef-Steuerungsproblemen. Kurs R 1.06 der Carl-Cranz-Gesellschaft, Oberpfaffenhofen, 1983.

[10] Oberle, H.J.: Numerische Berechnung optimaler Steuerungen von Heizung und Kühlung für ein realistisches Sonnenhausmodell. Institut für Mathematik der Technischen Universität München, TUM-M8310, 1983.

Computing Surface 2

Duncan Roweth

Meiko Limited, 650 Aztec West, Bristol BS12 4SD, UK

Abstract. The paper will describe the architecture of the Computing Surface 2 (CS-2) Meiko's second generation MPP supercomputer system. The paper will begin with a brief overview of the architecture before describing the programming environment in detail.

1 Introduction

During the lifecycle of Meiko's first range of Computing Surface products, achievable performance has increased by almost three orders of magnitude. CS-2 is Meiko's second generation MPP supercomputer system, designed to support user communities in open systems environments and focus more power on single problems than ever before. CS-2 systems combine ultra low-latency scalable communication with leading SPARC super-scalar and Fujitsu vector processing. Every facet of the CS-2 is scalable. CPU performance, memory bandwidth, inter-processor communication bandwidth and I/O system performance all scale so that the same applications can run on a small development machine or on a large production system without compromising efficiency.

2 A Scalable Supercomputing Architecture

CS-2 is a distributed global memory architecture. Every processing element (PE) has one or more CPUs, its own local memory system and is capable of operating independently. The distributed memory architecture guarantees a constant ratio of CPU performance to memory bandwidth whatever the size of system – scalable CPU performance.

CS-2 processors share data using a sophisticated and highly efficient communications network. Each PE has its own interface to this network, allowing it to access data held anywhere in the system. The bi-sectional bandwidth of the CS-2 data network grows linearly with the number of PEs – truly scalable network performance.

The CS-2 data network is a multi-stage switch network; a fat tree with constant bandwidth per stage. As the number of PEs grows, network stages are added to preserve bandwidth. The data network provides scalable inter-processor communications performance with only logarithmically increasing complexity. All CS-2 systems have 2 independent network layers, each a complete, independent data network. Additional layers increase bi-sectional bandwidth, reduce network contention and increase tolerance to failure.

The CS-2 architecture provides a powerful file I/O system which is both flexible and scalable. Every PE is capable of managing its own independent I/O devices allowing, for example, large files to be accessed concurrently at full bandwidth from large numbers

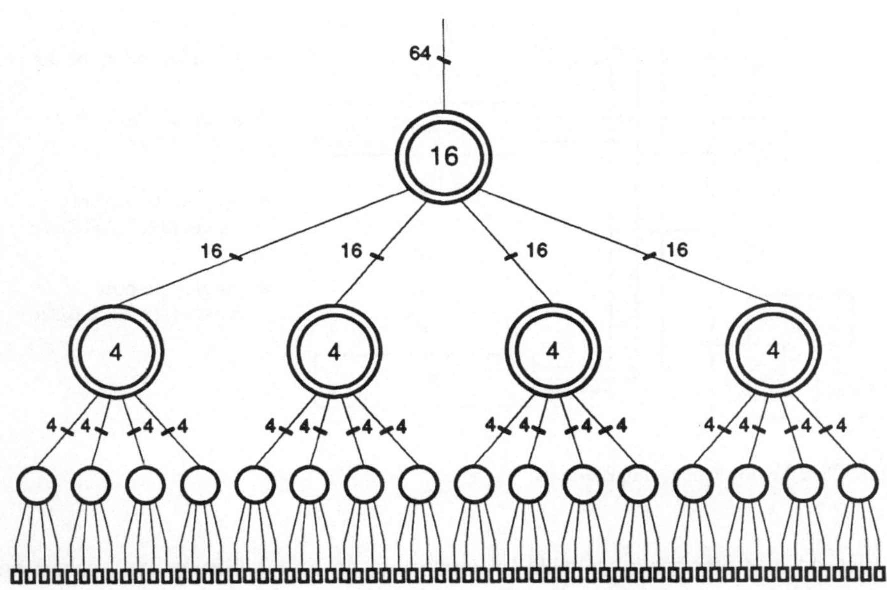

Fig. 1. One layer of 64 processor CS-2 network

of processors simultaneously. Each PE can be directly connected to its own disk system enabling distributed arrays to be written to local disks at very high data rates. Where concurrent I/O performance is important (e.g. in large scale database applications) each processor can control its own array of fast disks. CS-2's network connectivity scales in the same way. Ethernet, X.25, FDDI and HiPPI interfaces can be added to as many processing elements as are necessary to support the load.

3   Processing Node Design

Each CS-2 processing node is a powerful computer in its own right. These exploit powerful commodity microprocessors – Sun Microsystems SPARC and Fujitsu microVP each chosen for superiority in a particular function. Every node has its own dedicated memory, I/O capability and CS-2 network interface.

Every CS-2 processing node uses a superscalar implementation of the SPARC microprocessor as its core CPU. This is implemented on a separate upgradable module allowing the highest performance SPARC implementation to be used in the CS-2 at any point in time. The current generation of CS-2 nodes use 40Mhz SuperSPARC processors capable of around 50 integer SPECmarks.

On CS-2 Vector Processing Elements the SPARC scalar processor is augmented by two Fujitsu microVP vector units. Each vector unit is capable of a peak performance of 200 Mflops single precision and 100 Mflops double precision. Scalar and vector units share the same high performance memory system. Each unit has its own independent port into the memory system. The high bandwidth requirement is met by using sixteen

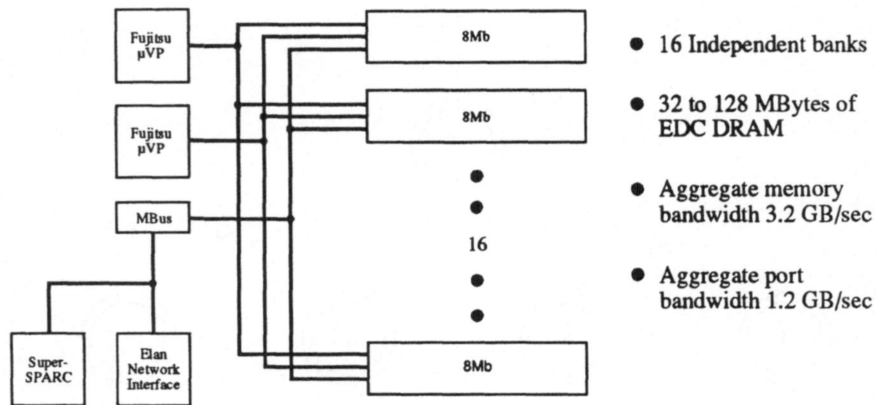

Fig. 2. CS-2 Vector Processing Element

interleaved memory banks, capable of supporting up to 1.2 GBytes per second on direct, strided or indirect addressing. The combined scalar and vector units appear as a single element to the application programmer. The vector processor compilation system generates code for both scalar and vector units allocating work to the most appropriate units. Where vector length is unknown at compile time, dynamic vector length checks are inserted into the code so that the choice of unit is made at run time when the actual vector length is known.

All CS-2 memory systems implement single bit error correction and double bit error detection for improved system reliability. Vector elements may have up to 128 Mbytes per element, while scalar elements can have between 32 and 512 Mbytes. The basic CS-2 node architecture provides a dedicated SBus I/O interface for each PE. This provides for multiple SCSI-2 connections, standard Ethernet connectivity, as well as allowing free expansion capability to support other peripheral devices.

Each CS-2 processing element has its own intelligent network interface. This is implemented by a custom designed VLSI component. This contains a hardware DMA engine for high speed data transfer, virtual memory translation hardware and an embedded RISC processor dedicated to executing communications protocols. Hardware memory and network protection checking is provided so that user commands can be issued directly to the network interface without operating system intervention.

4 Physical Structure and Fault Tolerance

CS-2 systems are modular in construction, providing flexible configuration options and component redundancy. The basic building block is a module containing processor boards, switch network boards or mass storage devices. The processor module contains 4 to 16 PEs each and the first stage of the switch network. All systems, whatever their size, are constructed from the same processor and switch network boards.

Modules are rack mounted and inter-connected in groups of 4. A 24 module system supports up to 64 vector or 256 scalar PEs. Extension of this system is straightforward, with large systems constructed from multiple modules connected by a central switch.

Modules are capable of independent operation and self-test. Each contains a control system which monitors the health and performance of its processing and network elements. CS-2 supports live module insertion during operation without service interruption.

The requirement of high availablity systems were foremost in the design and implementation of the CS-2. Single points of failure have been eliminated. Basic hardware subsystems, such as memory and communications support automatic error detection and correction. Error logging over the whole system provides a complete picture of the state of health of the system. CS-2 fault tolerance is based on guaranteeing availability throughout the system, from individual memory systems to whole processor modules and network layers. Where combined with appropriate redundant resources the likelihood of system failure is dramatically reduced, from the probability of an error occurring, to the probability of a second error in the time taken to correct the first. Availability is increased further by the addition of multiple redundant modules.

5 System Software

The CS-2 operating system is based on Solaris from SunSoft. Solaris, and conformance with the SPARC ABI, provide a stable and familiar working environment giving access to the widest possible base of UNIX applications and software development tools. Solaris conforms to the X/Open Portability Guide 3, System Five Release 4 (SVR4) and POSIX P1003.1 (1990) standards.

All standard features are identical to those of the market leading UNIX operating system. CS-2 does not require a front-end; the operating system runs on the parallel machine itself. This UNIX base functionality has been extended by Meiko to support the additional requirement of parallel processing. These extensions allow the underlying distributed system to be treated as a single entity by both the system and application programmer.

5.1 Resource management

The CS-2 resource management suite extends standard UNIX to support production execution of parallel applications. It includes the access control, accounting, administration, batch processing and utilisation tools necessary to manage a massively parallel system.

Systems resources, including processors, filesystems and network connections, are allocated to independently controllable groups called domains. This allocation can be changed dynamically, dedicating resources where needed. Scheduling, access control and accounting are on a per domain basis.

Users login to a domain to develop and run applications. Parallel applications are generally run on separate computation domains – a large system might have several of these. The system administrator controls user access to domains and the distribution of resources between them.

The resource manage provides full control over "administrative" parallelism in a CS-2 system – the concurrent execution of large numbers of jobs. Its GUI controls the allocation of job queues and resources to domains, as well as providing constantly updated system status and performance information.

5.2 Parallel filesystem

The parallel filesystem is implemented as a Solaris virtual filesystem striping the contents of its files over an arbitrary number of underlying partitions. It builds upon hardware striping used in individal devices.

These filesystems may be disk or (CS-2) network based. Therefore a single file in the parallel filesystem may be distributed over all or any of the disks and controllers available in a system. This removes the bottle-neck on seek performance and bandwidth imposed by filesystems backed up by only a single disk, or a single controller and assures scalability.

File I/O to a single processor is at data rates up to the full inter-processor communications bandwidth as data distributed over the rest of the system converges on the requesting processor. For parallel applications with multiple channels to disk, file access rates scale accordingly.

6 Programming Environment

Parallel software is a dynamic and rapidly expanding field. Meiko is actively involved in the development of parallel programming techniques and the promotion of standard application interfaces. Two programming models are commonly used for programming MPP systems: data parallelism and multi-process parallelism.

In a data parallel application the same sequence of operations is performed in parallel on a large number of independent data items. The data parallel programming model was developed on SIMD (Single Instruction Multiple Data) machines, where the hardware constrains users to this approach. The model, however, is much more applicable, and is widely used on all types of parallel system.

In a multi-process application the problem is divided into sub-problems which are distributed over processors. This division can either be by function – different types of process handle different types of task, or by data – different processes are responsible for managing different data items. Each process operates on its own data, and accesses that of others explicitly.

The multi-process model is most powerful when an application needs to perform many different operations at the same time. Data parallelism is particularly appropriate in scientific and engineering applications dominated by repetitive operations on large arrays of data.

Both approaches are supported in full on CS-2 systems, allowing users to select the programming techniques most appropriate to their applications. In addition, the availability of a full UNIX on every node makes the CS-2 and ideal target for UNIX distributed processing.

6.1 Data parallel programming

As an illustration of the applicability of data parallel programming consider the following Fortran-90 example:

```
DOUBLE PRECISION, DIMENSION (20,20)  ::  x, y, z

z = a*x + y
```

The statement can be executed concurrently for all elements of the array z. It can be run in parallel by spreading the arrays x, y and z over the available processors – each operating on a range of elements. Note that this statement is vectorisable and that if the sub-array on each processor is large enough then it can be vectorised as well as parallelised.

In this example all data accesses are local, no references are made to data held on other processors. When non-local data is accessed the additional latency of a remote store access is hidden. The CS-2 communications processor directly supports the asynchronous remote read and write operations needed for such non-local accesses.

A standard language for data parallel applications has been defined by the High Performance Fortran (HPF) forum – in which Meiko is an active participant. HPF is based upon Fortran-90 (which contains the standard array operations) with added data distribution statements describing the alignment of arrays agains each other and the distribution of arrays of data over processors.

Meiko is part of an international consortium developing an HPF compiler for the CS-2 system. This compiler builds a data parallel front-end upon the optimisations and code generation of the single processor system.

6.2 Message passing

In the message passing model, communication of data between processors is explicit. Each processor runs its own programme. They can be and often are all executing the same program, but need not all be executing the same instructions at the same time. When processors neeed to access each others data they do so by sending and receiving messages.

The basic message passing functions are *send()* and *receive()* which move a block of data from one process to another. The sender blocks until the receiver is ready, the data is transferred and both processes continue. The addition of non-blocking operations improves efficiency by relaxing synchronisation constraints, allowing inter-processor communication to be started as soon as possible.

Meiko's innovative hardware communications enables the implementation of message passing libraries in a hightly efficient manner, without requiring that they be layered on top of the Meiko primitives.

There are a wide range of interfaces to message passing. Meiko supports the standard interfaces PVM and PARMACS on CS-2, together with our own CS Tools. Intel NX/2 compatibility libraries provide portability from iPSC systems.

The CS-2 system allows syncronisation constraints to by relaxed still further by providing the *Global Memory* model. A parallel application can access the memory of all its processes without having to pass messages. Support for global memory together with broadcast, global reduction, and barrier synchronisation is provided under CS Tools on CS-2.

6.3   Distributed UNIX programming

The CS-2 can be viewed as a high performance network of SPARC processors running Solaris. Users, however, see only a structured computing environment of functionally different domains which can be allocated to users or groups of users running one or more applications. Classes of domains are readily defined and may be dedicated to specific tasks such as visualisation or file-serving as required.

Meiko supports the standard UNIX tools for monitoring and optimising the performance of programs written in C and Fortran. Conventional UNIX tools such as *prof* and *gprof* provide process level information on code coverage, sub-routing calling and workload distribution.

6.4   Compilers and Tools

CS-2 systems support a wide range of tools designed to assist in porting and parallelising applications codes. Tools include both compiler tools for parallelising applications and utilisation tools for measuring performance. Hardware support for collecting utilisation statistics is provided by the CS-2 data network.

Compilers. The CS-2 application development environment includes compilers for Fortran-77, ANSI C, Fortran-90 and High Performance Fortran together with a wide variety of tools for instrumenting, analysing, debugging and parallelising programs. This toolset runs either on the system or on networked SPARC workstations.

The Fortran-77 compiler conforms to ANSI X3.9-1978, with a wide range of popular extensions, including *CRAY* Pointers, *ALLOCATABLE* arrays and *COMMON* blocks, *END DO* statements, and *NAME-LIST I/O*. The compiler also recognises the CRAY vectorisation directives. The C compiler conforms to ANSI X3.159-1989 standards. C and Fortran are cross callable, both generate SPARC ABI compliant object code and executables.

The vector node compilation system has been developed by Meiko specifically for the CS-2 and incorporates the following standard optimisations: constant folding, constant propagation, common subexpression removal, automatic function inlining, instruction scheduling, loop invariant removal, induction variable detection, software loop pipelining, loop splitting, loop interchange, loop vectorisation, vectorisation of intrinsic functions, vector idiom recognition, dead code removal, and other proprietary optimisations.

Two approaches are used for generating code for multiple vector pipes. Where there is a loop around a vector loop, the compiler will generate code which executes alternative iterations of the outer loop on each of the vector units. Where there is no outer level independent loop the compiler will allocate strips of the inner loop to each vector unit.

Debuggers. The CS Tools multi-process debugger *pdb* provides a *dbx* style interface to debugging multi-process programes. *pdb* allows the user to set break and watch points, trace, inspect and modify variables. The GUI supports single step execution of multiple threads, each with source code listings.

The CS Tools performance monitor *csperf* provides run-time information on processor and communications network utilisation. Visualisation of parallel performance data is provided under AVS.

Libraries & Parallelisation Tools. Meiko provides a comprehensive range of maths libraries for CS-2. Optimised single processor BLAS and FFT routines are available for scalar and vector processors. Parallelised BLAS level 2 and 3 routines and multi-dimensional FFTs build on them.

Standard sequential maths libraries may be linked with parallel BLAS and signal processing libraries – perhaps the simplest way of exploiting the benefits of parallel processing.

Meiko has developed the *CS Solve* range of parallel solvers performing in memory or out-of-core QR and block-LU factorisation of large dense systems of equations. CS Solve supports convergence monitoring, checkpointing and standard filesystem interfaces.

Baseline FORGE-90 includes modules for analysing, instrumenting and maintaining large Fortran programs. Add-on modules provide both parallelisation and vectorisation. FORGE-90 is a highly integrated system with a user-friendly X-Windows GUI.

VAST-90 provides translation of Fortran-77 loops into Fortran-90 array operations. The Adaptor parallelisation system distributes arrays over processors, automatically generating remote store access code.

Visualisation. High performance data exploration and visualisation is provided through AVS. Meiko's parallel AVS module library provides transparent acceleration of key modules to remove visualisation bottlenecks such as data I/O and image generation thereby improving throughput and interaction. X support allows AVS to display on colour X-terminals or workstations running the X-Window system.

7 Applications

A wide range of packages are available in SPARC ABI format. The CS-2 architecture is designed to support this interface in full, enabling the system to run all SCD compliant software.

Meiko is involved in a program of porting key, vectorisable, packages to the CS-2 vector elements. These include the NAG, LINPACK, EISPACK, and SLAP libraries, ASAS-NL, GAMESS, PAM-CRASH and PAFEC.

In addition a range of libraries including COMLIB, EISPACK, ELLPACK, LIN-PACK, and SLAP are being parallelised for the Computing Surface, as are the packages AMBER, AVL-FIRE, CHARM, CTM, DATA, GAMESS, LISS, MOPAC, NASTRAN, PAFEC, PAM-CRASH and rendering modules from AVS.

8 System Performance

CS-2 systems are scalable and highly flexible. The modular architecture ensures that processing and I/O performance can be tailored precisely to individual requirements by combining each of the three types of processing element: Vector, SPARC and SPARC plus I/O.

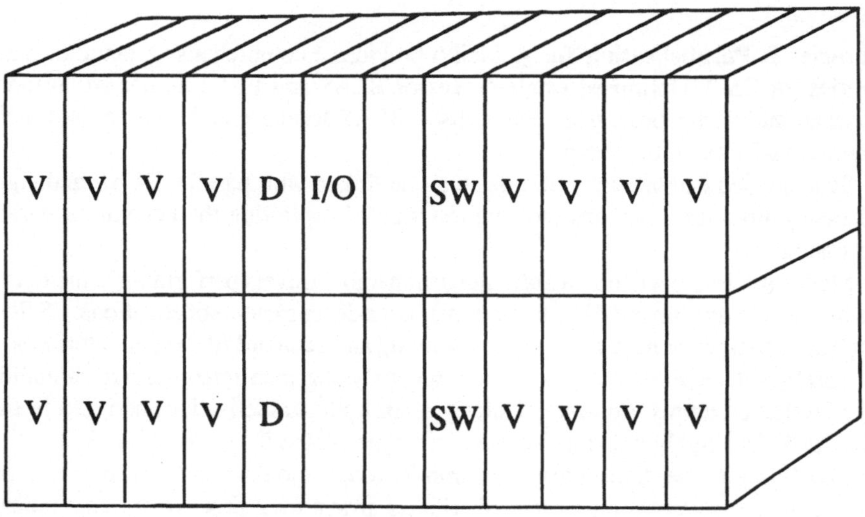

Fig. 3. Schematic of 32 PE Vector CS-2

A CS-2 system with a base configuration of 4 scalar I/O and 32 vector processing elements would have the following structure and provide performance as indicated in the table below:

Table 1. Sample Performance for 32 PE Vector CS-2

Peak 64-bit speed	6.4 GFLOPS
Memory bandwidth	39 GBytes/sec
Network bandwidth	1.8 GBytes/sec

Expansion to larger systems is achieved simply adding additional infrastructure and modules to provide the appropriate mix of resources.

9 Summary

The Meiko CS-2 has been designed to operate in production and scientific programming environments, providing support for any mix of application codes be they sequential or parallel, scalar or vector. The use of standard commodity components and adherence to industry standards maximises the price/performance benefits available to Open Systems and parallel programming customers alike. The modular architecture offers linear scalability in performance and capability from development machine to large production system and Meiko has incorporated a designed-in approach to fault tolerance ensuring the highest levels of system reliability and availability.

VPP500 Supercomputing System

Kenichi Miura, Ph.D.

Fujitsu America, Inc.
3055 Orchard Drive, Mail Stop 2-4
San Jose, California 95134 U.S.A.

Abstract. The VPP500 is a highly parallel, distributed memory supercomputer system. With the maximum configuration of 222 processing elements, its peak performance is 355 gigaflops and its aggregate main storage capacity is 55 gigabytes. Each processing element is a vector supercomputer with a peak vector performance of 1.6 GFLOPS. The non-blocking crossbar network interconnects the processing elements for simultaneous data communication, and provides an aggregate data transfer rate of 800 MB/s per processing element. The operating system which is a variant of the UNIX System V Release 4, and has been extended for distributed-memory parallel environment, supports the language processing system for parallel processing. VPP-FORTRAN, Fujitsu's parallel extension to FORTRAN77, is provided for the simple and straight-forward parallel programming.

1. Introduction

After more than a decade of vector supercomputing, vector processing has matured and become well understood among the user community. As a result, a large body of vectorized Fortran code has been developed. Fujitsu's approach to high-performance computing is to make full use of such vector software assets and to provide a means for parallel processing on the top of vector processing.

To attain high performance, it is obvious that we have to depend on parallel processing. Fig. 1 illustrates the current status of the computer technologies in the high performance computing arena, and also indicates how Fujitsu positions its VPP500 Series Supercomputer System. In this figure, the number of processors is plotted along the horizontal axis, while the peak performance of the component processor (or processing element) is plotted along the vertical axis. Therefore, all the systems with a given aggregate system performance e.g., 100 GFLOPS, 1 TFLOPS, etc., will be situated along a diagonal line. The performances for scalar, the conventional vector multiprocessor, MPP, and the Fujitsu VPP500 System are also shown. For a given problem size, system performance and total memory size, a system with fewer processors (each processing element with a higher performance and larger memory size as compared with other alternatives) can always provide such advantages as more locality in data (thus reducing the data communication across the processing elements), fewer program copies, and greater flexibility in the choice of the numerical algorithms, over a system with many relatively low performance processors.

2. Architecture and Hardware Technologies

The VPP500 system achieves its high performance capabilities by interconnecting a relatively small number of high-performance processing elements as compared with the MPP systems. Still, the physically distributed memory architecture of the VPP500 System allows the number of processing elements to be an order of magnitude larger

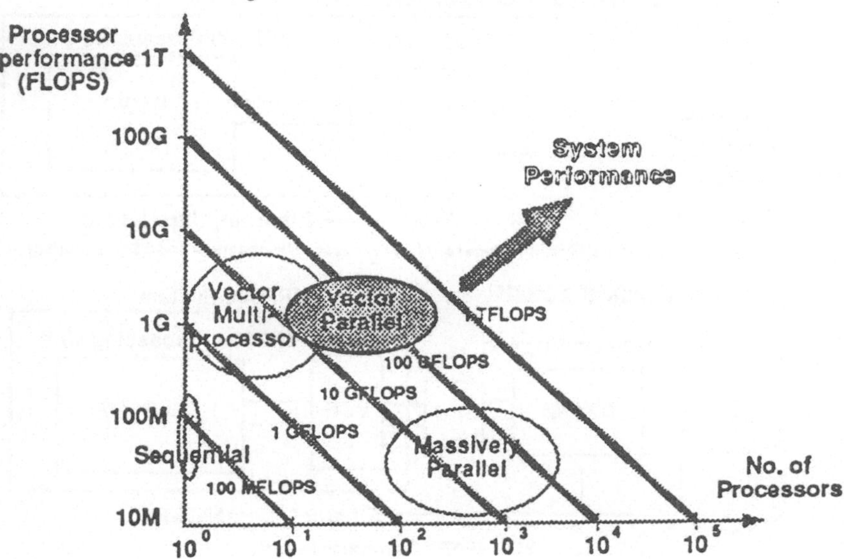

Fig. 1 Number of Processors vs. System Performance

than that for vector-multiprocessor systems. Fig. 2 describes typical system configurations: either the VPP500 System can be connected to VP2000 or VPX200 Series vector supercomputers as a back-end system, or it can constitute an integrated system with a Global System Processor (GSP).

As illustrated in Fig. 3, each processing element consists of a scalar unit, a vector unit, a main storage unit, and an inter-processor communication hardware, called Data Transfer Unit (DTU). The processing element is a vector supercomputer by itself, with its main storage capacity of up to 256 MB.

GaAs and BiCMOS technologies are extensively used in each processing element. The level of circuit integration and the basic delay time are 25,000 gates and 60 picoseconds for GaAs, and 72,000 gates and 200 picoseconds for BiCMOS, respectively. These LSI's are mounted on a multi-layered glass-ceramic board, and are cooled with water.

The scalar unit, which is a long instruction word (LIW) RISC architecture, operates at a peak performance of 300 million operations per second (MOPS) and 200 MFLOPS. The vector unit operates at a peak performance of 1.6 GFLOPS. One of the unique features is a 128 KB vector register set which can be reconfigured dynamically. Floating point operations conform to IEEE 754 standard specifications.

The non-blocking crossbar network interconnects from 4 to 222 processing elements, giving an overall peak system performance of 6.4 to 355 GFLOPS. A processing element has a peak communication bandwidth of 400MB/s for each of send and receive which can operate concurrently. A hardware barrier synchronization mechanism is incorporated in the interconnection network for efficient process synchronization.

In the VPP500 system, up to two control processors are provided to handle processor partition management, priority control and I/O access to secondary storage devices. The control processors have the same LIW scalar unit used in the processing elements.

VPP500 Series Configurations

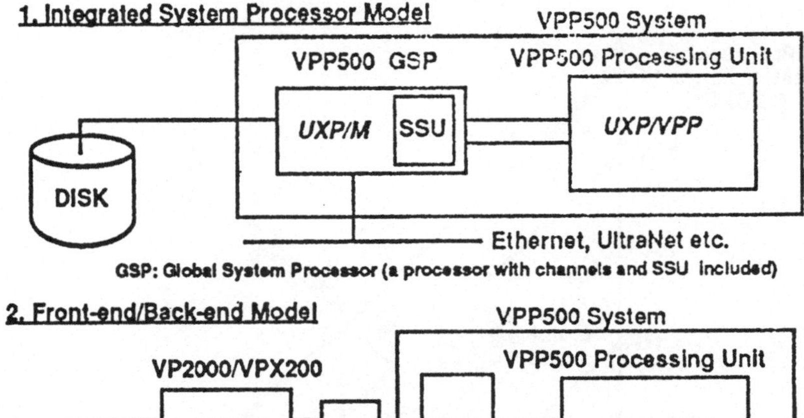

Fig. 2 System Configurations of VPP500 System

Processing Element Diagram

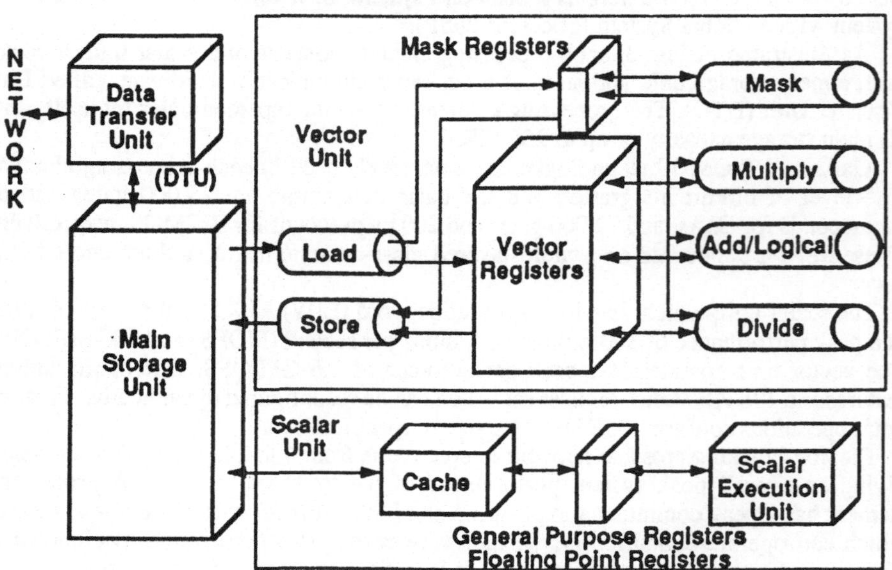

Fig. 3. Architectural Block Diagram of VPP500 System

3. UXP/VPP Operating System

UXP/VPP is a version of UNIX System V Release 4 ES (enhanced security) modified for the VPP500's distributed memory parallel architecture. The operating system allows the user to exploit the full power of the VPP500 and provides a single, integrated view of the entire system. An enhanced version of Network Queuing System* and the partition manager allocate hardware resources according to job requirements and initiate the creation of parallel processes for jobs that require multiple processing elements. Such partitionings of the system allow for the simultaneous and independent execution of multiple jobs with varying hardware requirements. That is to say, the VPP500 System can serve both as a capability machine (that is, for the quick turn-around of one job by parallel processing) and as a capacity machine (that is, for high throughput of a multiple job stream environment).

The operating system gives user processes direct access to the interprocessor communication hardware, thus eliminating operating system overhead while maintaining process integrity among unrelated processes. The operating system also works with the communications hardware to manage the programmer-visible global memory which is shared among parallel processes. Parallel versions of UNIX signals and SVR4 IPC system calls give a single system view of interprocess communication.

4. VPP-FORTRAN

4.1 Computational Model of VPP500 System

As mentioned earlier, the VPP500 System adopts a physically distributed memory architecture. From the viewpoint of users, however, the VPP500 can be regarded as a hierarchical memory system, being comprised of the local memory for each processing element, and a globally shared memory space, called global memory (See Fig. 4).

VPP-FORTRAN has been developed to provide a parallel programming environment that allows users to take the full advantage of the high performance hardware, flexible interconnection network, and the hierarchical memory structure. In the following sections, the unique features of VPP-FORTRAN will be described.

4.2 Language Specifications

VPP-FORTRAN is a parallel Fortran language specification for the VPP500 System. The parallel extensions to FORTRAN77 are based mainly on the compiler directives so that the parallelized version of users' codes can still execute on uni-processor systems. Fig. 5 summarizes typical compiler directives and intrinsic functions.

The main features of VPP-FORTRAN include:

- Processor assignment and identification of parallelizable portions of code
- Procedure decomposition (both the data parallel model and the control parallel model)
- Data partitioning and alignment
- Control of inter-processor and intra-processor data transfers
- Process synchronization

---

* Network Queuing System is adapted from a product developed under NASA funding.

Memory Configuration

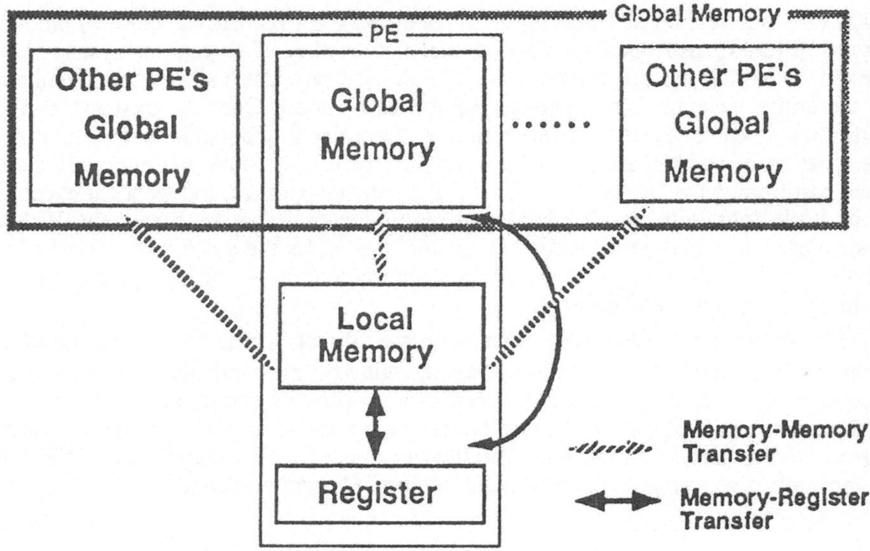

Fig. 4   Computational Model of VPP500 As Viewed by Users

Language Specifications

Fig. 5   Summary of Parallel Processing Features of VPP-FORTRAN

4.3 Execution Profile

Fig. 6 depicts a typical execution profile of a parallelized code. On the left column, the sections of a code, A through H are shown together with the compiler directives for parallelization. The right half of the figure illustrates the actions corresponding to the compiler directives.

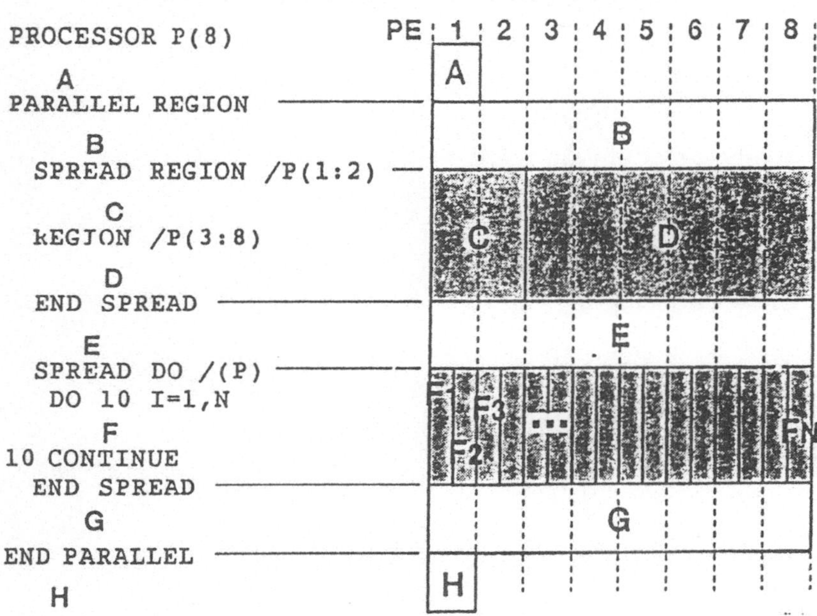

Fig. 6   A Typical Execution Profile of Parallel Processing on VPP500 System

VPP-FORTRAN programs execute on one or more processing elements., the default being single processor (the implied master processor). Code after a PARALLEL REGION compiler directive executes on the array of virtual processors specified in a preceding PROCESSOR group declaration directive. The first type of the parallel construct is a SPREAD REGION, which further specifies which code blocks can execute in parallel on certain virtual processors (the control parallel model). In the example, code block C executes on PE's 1 and 2, while D executes on PE's 3 through 8. A SPREAD REGION is terminated by an END SPREAD directive. There is an implicit barrier synchronization before and after a SPREAD REGION unless otherwise indicated.

The second type of parallel construct is for parallel processing of DO loops (the data parallel model). In the example, iterations of the DO 10 loop (code block F) are executed in an appropriate manner by the assigned virtual processors, with the control of the simple SPREAD DO directive. VPP-FORTRAN provides various modes of data partitioning, such as band(i.e., consecutive), cyclic, subarray, and arbitrarily specified partitions.

5. Conclusions

In this paper we have described the architecture, operating system and parallel programming model of Fujitsu's VPP500 System. Based on the system architecture comprising hundreds of powerful vector processors, the VPP500 System offers a simple and straight-forward means to achieve a very high computational performance. Main applications of VPP500 System will include computational fluid dynamics, 3-D seismic data processing, weather forecasting, climate modeling, computational chemistry, and other "grand challenge" problems.

The KSR1: High Performance and Ease of Programming, No Longer an Oxymoron

Steven Frank, Henry Burkhardt III and James Rothnie
email: steve@ksr.com

Kendall Square Research Corporation
170 Tracer Lane
Waltham, MA 02154

Abstract. Historically, shared memory and virtual memory have been the main line programming model from an applications and computer science perspective for two reasons: shared memory is a flexible and high performance means of communicating between processors, tasks or threads and; shared memory provides high programming efficiency through use of conventional memory management methods. The KSR1™ bridges the gap between the historical shared memory model and MPPs by delivering the shared memory programming model and all of its benefits, in a scalable, highly parallel architecture. The KSR1 runs a broad range of mainstream applications, ranging from numerically intensive computation, to on-line transaction processing (OLTP) and database management and inquiry. The use of shared memory enables a standards based open environment. The KSR1's shared memory programming model is made possible by a new architectural technique called ALLCACHE™ memory. The shared memory programming model delivered by ALLCACHE facilitates porting and high performance for customer and third party applications. Within this context, the KSR1 architecture and applications environment consisting of a conventioanl UNIX based OS (symmetrically executing across all processors) and programming environment (including conventional languages) will be described. The performance and porting experiences of two applications on the KSR1 will be discussed as well as the Kendall Square feature called Query Decomposer which automatically parallelizes complex queries running under Oracle7.

Virtual Memory: The Precursor of the KSR1 Architecture

The most fundamental influence on the KSR1 architecture was the development of virtual memory and its ability to present a single address space model to the programmer and to automatically exploit locality.

The property of locality is a program's preference for a subset of its address space over a given period of time. Exploiting locality in the construction of computers (for example, short interconnections on or between chips), as well as exploiting locality in program behavior, has been a primary factor in enhancing computer performance. To understand the relevance of locality and single address space to parallel computing, one must go back in history 30 years when the magnitude and complexity of storage management on uni-processors caused programming difficulties similar to those experienced today on MPPs.

Three decades ago, storage management via overlay structures was an integral part of the job of writing a program. Of necessity, programmers attacked the task with a static analysis of the memory requirements of a single program.

Advances in programming practice and system architectures, however, gradually rendered static storage management impractical. The goals of machine independence and re-use of modular program elements, and the use of very complex algorithms characterized by data structures of widely varying size and shape were inconsistent with static, programmer-controlled storage management. In addition, the introduction of system environments in which computers were organized for simultaneous use by several programs made it impossible for the author of a single program to predict accurately the time-varying storage requirements of the entire system.

These factors led the designers of the Atlas Computer at the University of Manchester in the UK, to an elegant solution to the problems of storage management through the invention of virtual memory. Their invention has profoundly influenced the course of computing. [1]

Simply stated, virtual memory moves the responsibility of managing memory from the application to the computer hardware and systems software, by applying the notion that the "address" is a concept distinct from the physical location of its corresponding data. Programming is simplified, because applications are written with one simple and powerful abstraction – a single address space (see Figure 1). Virtual memory provides excellent performance by dynamically exploiting "the property of locality, which is exhibited to varying degrees by all practical programs." [2]

Virtual memory is fundamental to the architecture and programming of all modern mainframes, mini-computers and workstations. Cache memory [3], a more recent invention, is based on the ideas of virtual memory and locality, and cache is now present on all computers from mainframes to PCs (both RISC and CISC processors). The concept of single level store [4], or mapping files directly into the single address space, is also a direct descendant of the concepts of virtual memory. Modern computer systems depend on locality to extract maximum performance, from single mainframes to networks of workstations paging across a LAN, to fileservers.

Figure 1   Before the advent of virtual memory, primary (main memory) and secondary storage were managed explicitly by the program. With virtual memory a combination of hardware and system software manage the primary store transparently to user programs.

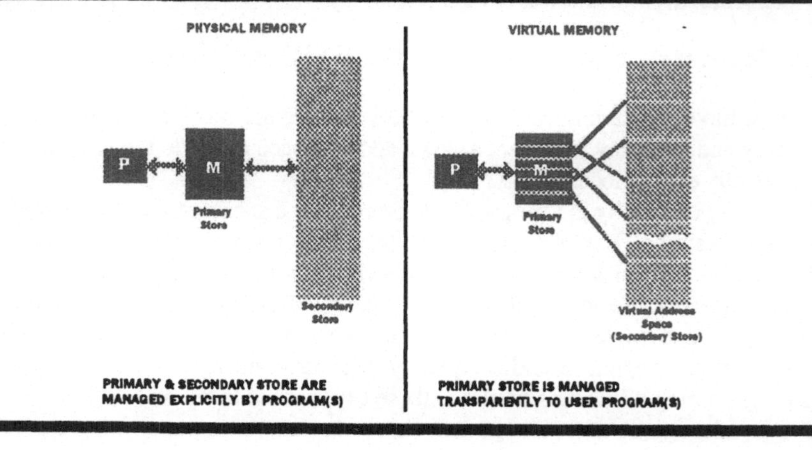

Virtual Memory and MPPs

These parallel processing architectures reprise these early storage management issues with a new twist. All of the MPP systems that have been introduced have distributed memories. That is, the physical memory comprises a set of memory units, each connected to a unique processor. The processor-memory pairs are interconnected by a network. Distributed memories have been universal among massively parallel machines because they provide the only known means of implementing completely scalable access to memory — access whose bandwidth increases in direct proportion to the number of processors.

In these MPP systems, the task of managing the movement of codes and data among these distributed memory units belongs to the programmer. The job is similar in style to the task of managing the migration of data back and forth between primary and secondary storage prior to the introduction of virtual memory but it is much more complex. As before, programmers need to be concerned about exactly what will fit where and what to remove to make room for something new. Now, however, there are thousands of memory units to deal with instead of just two or three. Parallel systems of this type are "multi-computers" — sets of network connected independent computers. [5]

KSR1 ALLCACHE extends the concept of virtual memory to highly parallel processing for the first time, thus providing all the benefits of virtual memory, including high performance, ease of programming and scalability.

Prior research - multiprocessors

The first research multiprocessor was C.mmp. [6] It consisted of 16 processors with an optional cache, connected through a crossbar to 16 shared memory modules. The cache was designed and prototyped, but never used because of cache coherence problems.

The problem of cache coherence on a multiprocessor was first implemented in 1981 by Synapse for greater than four processors. [7] The Synapse architecture consisted of as many as 28 processors and four memory modules on a shared bus. The basic innovation of Synapse was to introduce the concept of ownership, distributed directories and bus monitoring (later dubbed "snooping") as a way to solve the cache coherence problem. Coherence algorithms, based on the concept of ownership, reduced bus traffic significantly. But, as a rule, bus-based multiprocessors proved to be scalable only to a maximum of 20 to 30 processors on a single bus. Encore Computer Corp. and Sequent Computer Systems have developed similar bus-based multiprocessors.

Software implementations of shared memory

The major phyla of highly parallel computers today may be differentiated by their basic computational models: shared memory versus message passing systems. Multicomputers are typically programmed using a message passing model, rather than shared memory. Several multicomputer architectures have been proposed and built on the basis of the message passing model, including the Cosmic Cube [8], IPSC and the J Machine. [9] In addition, a number of research projects have designed and prototyped a shared virtual memory software layer on a multicomputer, including Ivy [10] and Mether [11]. Although the programming model was improved, these various efforts brought a number of significant problems to the surface. Four particular difficulties with these approaches have emerged:

- Software-based implementations of shared memory are two to three orders of magnitude lower in performance than hardware implementations.

- Searching and directory functions are much slower when managed at the software level.

- Sequential consistency is extremely difficult to achieve in software alone, and sequential consistency is a key to faster porting of programs as this is the model assumed by most programmers.

- The grain size in all the software-based implementations of shared memory has been the complete page. The granularity should be smaller to avoid false sharing and provide fast cache-refill times for data movement.

"No-Cache" architectures

Two of the key concepts of scalability are the distributed and hierarchical organization of the multiprocessor. The Cm* was the first computer of this type. [12] The basic building block of Cm* was a processor-memory pair called a computer module (Cm). The local memory associated with each processor formed the shared memory for the system. The Cedar project was similar in concept to Cm*. NYU Ultracomputer, RP3 and the BBN Butterfly were other non-hierarchical, distributed memory multiprocessors. None of these architectures fully exploited locality of reference.

In all these systems, because addresses had fixed physical locations, the programmer was compelled to copy data to local addresses to optimize performance. Coherency also had to be managed explicitly within the program.

All these systems adopted shared memory as a syntactic convention, mapping a portion of each processing cell's local memory into a global address space. However, non-local accesses invariably had a longer latency than local references, and these systems had no way to adjust automatically to the addressing pattern of a program. Such adjustments were left, instead, to the application programmer.

In essence, these machines were similar in programming style and performance to message passers: blocks of data had to be copied from global space to a processor's local space, manipulated there and then written back. Management of the contents of the local memory and the maintenance of coherence between data in local memory and data in global space were relegated back to the application programmer [13] as well. Effectively this is the same style of data movement as used in a message passing MPP with all the same drawbacks.

Other "Some-Cache" architectures

The Alewife [14] and Dash [15] research projects share a common goal with the KSR1: development of a scalable, shared memory multiprocessor. Both research projects depend primarily on caching to achieve scalability, but have scalability limitations similar to "some-cache" and "no-cache" architectures.

Alewife and Dash are "some-cache" architectures that have a fixed home for addresses. In addition to the caches (whose constituent addresses change dynamically), both Alewife and Dash employ ordinary memory modules (whose constituent addresses are fixed). These modules provide a "home" storage location for all addresses. The location of an address's home is determined statically from the address, not dynamically according to program behavior. Local cache misses are resolved by referencing the home memory module. Since the size of the caches is small, compared to the size of ordinary memory, these research projects do not exploit locality of reference and behavior similarly to "No-Cache" architectures.

The KSR1 memory system

ALLCACHE memory system [16] provides programmers with a uniform 2^{64} byte[1] address space for instructions and data. This space is called System Virtual Address space (SVA). The contents of SVA locations are physically stored in a distributed fashion.

ALLCACHE implements a sequentially consistent [17] shared address space programming model because such consistency is the strongest requirement for shared-memory coherence, and this form of implementation guarantees that a program will behave in the most intuitive manner to the programmer: e.g., the result of program execution on a multiprocessor is equivalent to the execution of the program on a single processor with multitasking. Note that any ordering scheme other than a sequentially consistent programming model inherently requires both the explicit specification of the sharing and a legal time order of access.

ALLCACHE physically comprises a set of memory arrays called local caches, each capable of storing 32 MBytes. There is one local cache for each processor in the system. Hardware mechanisms (the ALLCACHE Engine described below) cause SVA addresses and their contents to materialize in the local cache of a processor when the address is referenced by that processor. The address and data remain at that local cache until the space is required for something else.

As its name suggests, the ALLCACHE behavior is like that of familiar caches: data moves to the point of reference on demand. However, unlike the typical cache architecture (called "SOMECACHE" memory), the source for the data which materializes in a local cache is not main memory but rather another local cache. In fact, all of the memory in the machine consists of large, communicating, local caches — the main memory of the machine is identical to the collection of local caches. See Figure 2.

The address and data that materialize in local cache B in response to a reference by processor B may continue to reside simultaneously in other local caches. Consistency is maintained by distinguishing the type of reference made by processor B:

1) If the data will be modified by B, the local cache will receive the one and only instance of an address and its data.

2) If the data will be read but not modified by B, the local cache will receive a copy of the address and its data.

[1.] The KSR1 implements a 2^{40} byte (1 terabyte) address space utilizing 64 bit pointers. Future generations will implement the full 2^{64} byte address space of the ALLCACHE memory architecture.

Figure 2   ALLCACHE Memory System: Data moves to the point of reference on demand. There is no fixed physical location for an "address" within ALLCACHE memory.

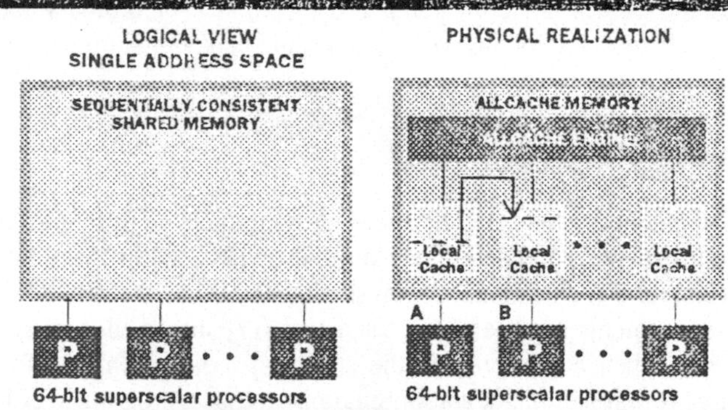

When processor B first references the address X, ALLCACHE examines that processor's local cache to see if the requested location is already stored there. If processor B's local cache contains address X, the processor request is satisfied without any request to the ALLCACHE Engine. If not, the ALLCACHE Engine hardware locates another local cache (e.g., local cache A) where the address and data exist.

If the processor request being serviced is a read request (for example, to load the value into a register) then the ALLCACHE Engine will copy the address and data from local cache A into local cache B. The amount of data copied will be 128 bytes, called a subpage. At the end of this operation the subpage will reside at both A and B. If the processor request is a write request (for example, to store the contents of a register into this location) then the ALLCACHE Engine will remove the copy of the subpage from local cache A as well as from any other local caches where it may exist before copying it into local cache B. Thus the ALLCACHE Engine is responsible for finding and copying subpages stored in local caches and for maintaining consistency by eliminating old copies when new contents are stored.

In order to maintain consistency, the ALLCACHE Engine records state information about the subpages it has stored. None of these states are explicitly visible to the programmer. They are used as internal bookkeeping by the ALLCACHE Engine.

The ALLCACHE Engine manages a directory that determines which one or more local caches contain an instance of each subpage. This directory is physically stored in a distributed and compressed form. The directory is logically a matrix consisting of a row for each subpage and a column for each local cache. Each entry in the matrix is either empty, to indicate that the corresponding subpage is not present in the local cache, or it contains a "state" designator. A non-empty state designator means that a spot for a copy of this subpage is currently allocated in the corresponding local cache, and the state value indicates what operations the memory system is allowed to perform on the particular copy. This matrix is a very sparse representation of the mapping, because nearly all elements will be empty. The ALLCACHE Engine implementation actually stores this matrix by column and compresses out all of the empty elements.

Scalability: Hierarchical Organization of the ALLCACHE Engine

The KSR1 architecture exploits locality of reference by organizing a number of ALL-CACHE Engines in a hierarchy. At the lowest and most heavily populated level of this hierarchy are ALLCACHE Group:0s (AG:0s), each of which is the combination of ALLCACHE Engine:0s and the complete set of local caches associated with them.

At the next level of the hierarchy, the family of all AG:0s, combined with their associated ALLCACHE Engine:1s, are the ALLCACHE Group:1s (AG:1s) and so on, to a potentially unlimited number of levels.

An ALLCACHE Engine:0 includes the directory which maps from addresses into the set of local caches within its group. An ALLCACHE Engine:1 includes the directory which maps from addresses into its constituent set of ALLCACHE Group:0s. Higher level ALL-CACHE Groups are hierarchically constructed in the same manner.

The initial KSR1 system implements two levels of ALLCACHE Engine hierarchy. The ALLCACHE Engine is constructed with a fat-tree [18] topology, so that the bandwidth increases at each level of ALLCACHE Engine. For the KSR1, ALLCACHE Engine:0 has a bandwidth of 1 GB/sec and ALLCACHE Engine:1 has a bandwidth of 1, 2 or 4 GB/sec. For example a KSR1-1088 consists of 34 ALLCACHE Group:0s, each consisting of 32 processors and their associated local caches. As we shall see, due to locality of reference, the effective ALLCACHE Engine bandwidth is asymptotic to the aggregate ALLCACHE Engine:0 bandwidth of 34 GB/sec.

The hierarchical ALLCACHE Engine handles simultaneous independent requests and simultaneous requests to the same address in parallel.

A request initiated at a processor will move up through the levels of the hierarchy until it reaches an ALLCACHE Group which contains a directory entry in the appropriate state for the desired subpage address. The request then moves down through the levels of the hierarchy to the location of the subpage. The response reverses this path to return to the requestor.

For example, consider a request initiated at processor cell B, for a subpage which hierarchically first appears in the directory at ALLCACHE Engine:2.1. The request is first moved into ALLCACHE Engine:0.1 where the address is not found. It is then moved on to ALLCACHE Engine:1.1 where the address is not found either. Finally the request is routed to ALLCACHE Engine:2.1, where the address is found to be in ALLCACHE Group:1.2. It is then routed to ALLCACHE Engine:1.2 which finds that the address is in ALLCACHE Engine:0.3. The request packet is then routed to ALLCACHE Engine:0.3 which routes it to the local cache at processor A. The maximum length of the request path is proportional to the log of the number of processors.

A crucial characteristic of the hierarchical structure is that it allows the KSR1 to exploit hierarchical locality of reference. The hierarchical structure of the ALLCACHE Engine exploits this characteristic by moving referenced subpages to a local cache and by satisfying data references from nearby copies of a subpage whenever possible. In the example in Figure 3, the first reference by processor B to the subpage in processor A needs to travel through ALLCACHE Engine:2.1 to find the designated subpage. The second reference to the same subpage by processor C finds the data closer as does a subsequent reference to the same subpage by processor D.

Figure 3   Hierarchical Organization of the ALLCACHE Engine — Exploits Hierarchical Locality of Reference

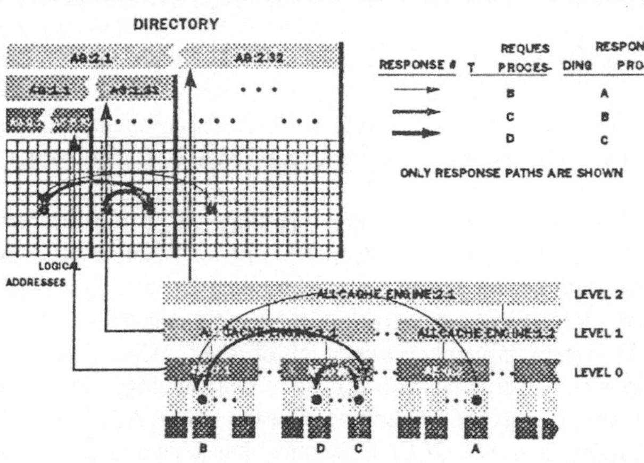

Locality- The Key to Scalability

While the fat-tree topology of the KSR1 ensures maximization of bandwidth, the inherent ability of the ALLCACHE memory system to exploit locality of reference achieves the second major goal of scalability — reduction of the bandwidth requirement itself.

Locality is the key to the achievement of a scalable interconnect bandwidth in which the bandwidth requirement itself scales more slowly than the delivered bandwidth. Three reasons may be cited: [19]

- Because communication speeds are fundamentally limited by the speed of light, communications should be kept as close as possible to the processor.

- Communication time is also affected by the number of switches through which messages or data must pass. Thus path lengths should be minimized.

- Communication should stay within as small a subsystem as possible to avoid congestion.

The ALLCACHE Engine exploits locality – both the usual serial locality of reference and its image in parallel programs, parallel locality.

Locality of reference refers to a property of a program in which near future memory references are likely to reference memory locations nearby the addresses of recent past references. The most important memory architecture innovations of the last thirty years, virtual memory and cache memories, are designed to exploit this program behavior.

Parallel locality refers to a related property of parallel programs. The best predictor of future memory references by a thread of a parallel program is that thread's own recent

memory reference pattern – in other words, the usual serial locality of reference applies to the serial pieces of a parallel program. But the next best predictor of future memory references is the recent memory reference pattern of related threads. This phenomenon of common reference patterns for related threads is called parallel locality.

Both serial locality of reference and parallel locality are exploited by the ALLCACHE memory system. A KSR1 has a large cache, 32 MByte, designed to exploit serial locality of reference. The hierarchical structure of the ALLCACHE Engine, combined with the scheduling algorithms of KSR OS™, provide the means to exploit parallel locality. The KSR scheduler will allocate a set of related threads to execute in the same ALLCACHE Engine:0 whenever possible. Thus, each thread of a parallel program gains a benefit from the parallel memory referencing activity of related threads: an address not found in a thread's local cache is likely to be found in the same branch of the ALLCACHE hierarchy no matter how many other branches there may be. Communication will then stay within as small a subsystem as possible, avoiding congestion. Although a fat-tree can deliver scalable bandwidth, ALLCACHE does not require that the bisection bandwidth scale in linear fashion to keep step with the number of processors.

Both types of locality are usually present in programs to a substantial extent without any effort on the part of the programmer. Programmers can increase locality by careful design of data structures and processing flow, much as they do in writing certain programs for virtual memory machines. KSR compilers and the KSR OS use a number of techniques to automatically increase locality.

Another way to look at this phenomenon is as a hierarchy of "working sets." For each processor, the addresses most likely to require reference lie in the closest and smallest working set, which is realized in the local cache of that processor. The next most likely addresses to be referenced lie in the ALLCACHE Group:0 (AG:0) working set, which is realized as the aggregate of the local caches of the AG:0.

Taken together, the local caches of all processors in a given ALLCACHE Group, e.g., "AG:N," form an AG:N cache, which holds the working set for that "AG:N." Processors with an AG:N share addresses without any communication outside their own ALLCACHE Group. Thus the hierarchical nature of the ALLCACHE Engines and ALLCACHE Groups allows the distributed local caches to form, collectively, a hierarchy of caches corresponding to the hierarchy of AGs. The KSR1 implements two levels of ALLCACHE Groups as shown in Figure 4.

Optimizing Locality of Reference

Locality of reference is present in programs to a substantial extent, usually without any conscious effort on the part of the programmer. Programmers can increase locality of reference by optimizing memory-reference patterns with this property in mind. KSR compilers use a number of techniques to increase locality of reference automatically.

The KSR1 also incorporates a number of features designed to assist programmers in their efforts to optimize locality of reference on a customized basis. Each is described below:

Figure 4   Hierarchical Organization of ALLCACHE Engine exploits hierarchical locality of reference by implementing a hierarchy of working sets (caches).

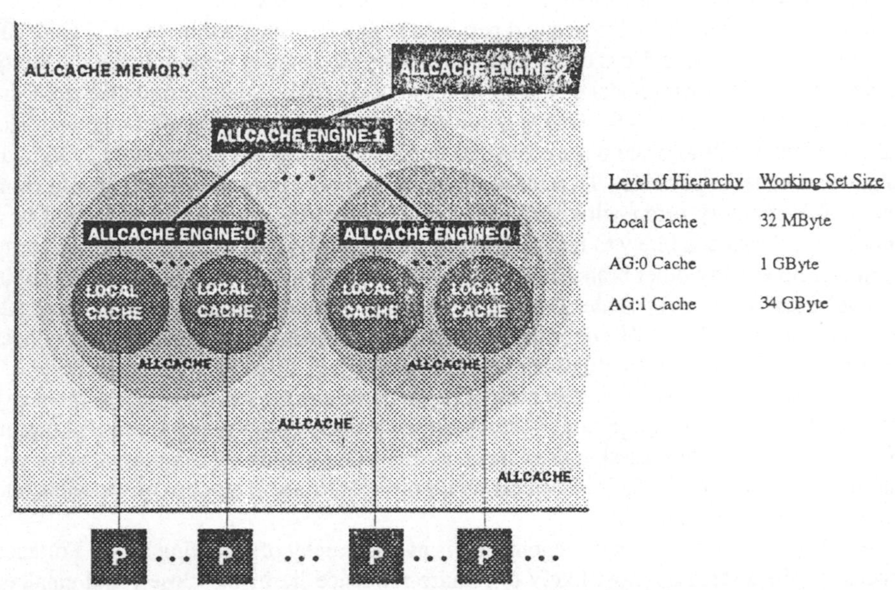

Event Monitor Unit (EMU)

Each KSR1 processor contains an event monitor unit (EMU) designed to log various types of local memory events and intervals. The job of the EMU is to count events and elapsed time related to memory system activities that are not otherwise directly visible to the processor.

The types of events that are logged include local cache hits/misses and how far in the hierarchy a request had to travel to be satisfied. The EMU also accumulates the number of processor cycles involved in such events. These counters can be read at the appropriate points in the application code, to help characterize loop nests or other sections of code. Since the events to be logged are counted by hardware, the measurement overhead is extremely low. Because the events are monitored on an individual-processor basis, an extremely clear picture can be created to facilitate the customized parallelization of applications and the optimizing of locality of reference.

Prefetch

Prefetch is an instruction that allows memory activity to go on in parallel with computation, by planning for data needs in advance rather than stalling the processor to wait for needed data. The prefetch instruction requests the memory system to move a subpage into the local cache of the requesting processor, thus allowing the memory system to fetch data

before it is needed. The processor that issues the prefetch instruction does not need to wait for this operation to be completed; it continues executing until it needs to load or store the prefetched address. If the prefetch is issued far enough in advance, the desired address will have already arrived in the local cache, and minimum latency will be incurred in accessing it. KSR1 compilers automatically insert prefetches in certain types of code sequences. Programmers may also request prefetches explicitly by means of an intrinsic function.

Poststore

Any program that executes a store can use the poststore instruction to ask the memory system to broadcast the new value to other local caches that may need it. Local caches in which the corresponding page is allocated already (and in which the subpage state is, necessarily, invalid) take a read-only copy of the subpage. Poststore instructions allow a processor to broadcast data needed by one or more other processors at the earliest possible time the data is available, and before the other processors have to request the data.

Like prefetch, poststore is controlled by the processor that writes the data. Programmers can explicitly request poststores with an intrinsic function.

KSR1 System

ALLCACHE forms the foundation which enables the KSR1 to provide the high performance and easy of programming of a conventional shared memory combined with scalability and low cost of parallel processing. The KSR1 provides a balanced scalability across computation, memory and I/O as illustrated in Table 1.

Table 1   **KSR1 Balanced Scalability**

PROCESSOR CONFIGURA- TIONS	PEAK MIPS	PEAK MFLOPS	MEMORY (MBYTES)	MAX. DISK CAPACITY (GBYTES)	MAX. I/O CAPACITY MBYTES/ SEC
KSR1-8	320	320	256	210	210
KSR1-16	640	640	512	450	450
KSR1-32	1,280	1,280	1,024	450	450
KSR1-64	2,560	2,560	2,048	900	900
KSR1-128	5,120	5,120	4,096	1,800	1,800
KSR1-256	10,240	10,240	8,192	3,600	3,600
KSR1-512	20,480	20,480	16,384	7,200	7,200
KSR1-1088	43,520	43,520	34,816	15,300	15,300

Each KSR1 ALLCACHE Processor, Router and Directory cell (APRD) consists of a 64-bit superscalar processor, a 32 Mbyte local cache memory and a portion of the ALLCACHE

Engine:0. The ALLCACHE Engine:1 consists of ALLCACHE Router Directory cells (ARD).

The KSR1 processor employs 64-bit address, 64-bit integer, and 64-bit floating point data types, and it can perform IEEE standard 64-bit floating point operations at a peak rate of 40 mflops. The processor executes two instructions per cycle: one integer or floating point execute and one memory reference or branch.

Each processor supports 30 Mbytes/sec I/O transfers to external sources and users data. A KSR1-32 configured with 32 APRD cells thus achieves an aggregate I/O rate of 450 Mbytes/sec. A KSR1-1088 with up to 510 I/O channels has an aggregate I/O capacity of 15,300 Mbytes/sec. The KSR1 supports several types of direct I/O adaptors including Multiple Channel Disk, Multiple Channel Ethernet, Multiple Channel FDDI and Single Channel HiPPI. The VME Channel Controller provides an open interface for other networking and customer specific requirements. The Multiple Channel Disk adaptor provides five differential SCSI channels to support disk array (RAID) mass storage subsystems. The KSR OS implements disk striping across multiple adaptors.

KSR1 Programming Environment

The bottom line motivation for ALLCACHE memory is the programming environment that is enabled by a shared memory programming model. The KSR1 provides a completely integrated programming and development environment for applications, including all the software engineering features inherent in the UNIX operating system, along with an extensive set of programming languages and compilers including Fortran, C, C++ and Cobol. Numerous enhancements such as full screen debuggers, and profiling and performance visualization tools ensures a productive software development environment. For applications that require database management capabilities, the KSR1 supports the industry-leading DBMS software, ORACLE7. A KSR database enhancement, query decomposition, enables transparent parallel speedup on decision support as well as transaction intensive applications.

KSR OS is a UNIX compatible operating system based on OSF/1 [20]. It runs symmetrically across the full range of processors, and supports processes and threads, processor set scheduling, and large (4TB) files with a wide range of physical I/O media. It supports these features while providing an Xopen and POSIX standard interface to the user. The architecture enables single or multiple applications which mix technical and commercial characteristics to execute efficiently on a single KSR1 system as shown in Figure 5.

The various languages are shown interfacing to lower level software layers. For example, the Fortran compiler, using automatic and programmer generated directives, creates parallel units of work, or ptasks. The number of ptasks created may be set at the time of compilation, or dynamically determined at runtime, based on user directives. The KSR1 runtime environment, PRESTO^{TM}, maps ptasks to pthreads. *Pthreads* are POSIX-compliant lightweight processes that are scheduled by the KSR OS on available processors. Pthreads may be accessed by the programmer through the pthreads library calls, or through compiler directives which are replaced with calls to the pthreads library by the compiler. Pthreads provide a low-level interface to the operating system — thereby adding little overhead.

Figure 5   KSR1 System Software

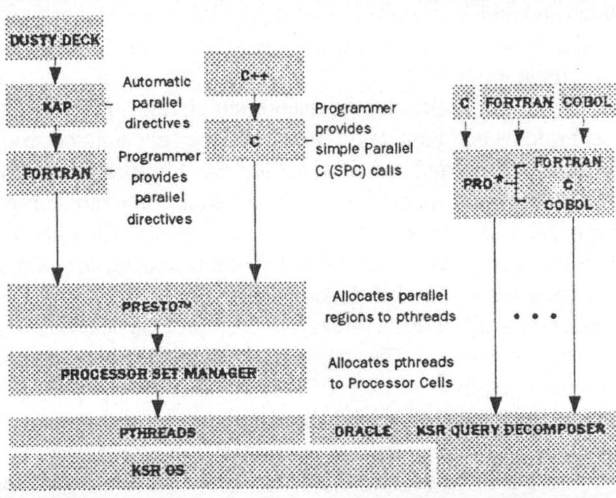

Parallelization of technical applications is achieved by inserting parallelization directives in the source code. A preprocessor, KSR KAP, is available for source code analysis and automatic generation of compiler directives. While the compiler and KSR KAP are capable of automatic parallelization of applications, higher performance can sometimes be obtained with programmer assistance via compiler directives. Message passing libraries are also provided as a convenience for some users, primarily for compatibility reasons, but not of necessity to the porting strategies themselves. Users will obtain higher performance by programming the KSR1 as a shared-memory system.

Applications on the KSR1

The original motivation for a shared memory programming environment, which in turn enabled a conventional development environment was to enable ease of programming and high performance for both porting existing applications and developing new algorithms/applications on the KSR1. The following three case studies illustrate applicability of the KSR1 to both numerically intensive computing and database applications. The first two case studies illustrate porting of an existing application, Discover and development of a new computational chemistry algorithm, at Caltech. The last case study illustrates results using the Kendall Square Query Decomposer which automatically parallelizes complex queries running under Oracle7 database.

Discover on the KSR1

The shared memory programming model of the KSR1 facilitates porting and parallelization of application software. Discover, a computational chemistry software package from Biosym Technologies has been fully ported to and parallelized on the KSR1. Discover, version, 2.9, contains over 160000 lines of Fortran and C source code. The port and parallelization for the KSR1 involved replacing existing parallel directives with equivalent KSR FORTRAN directives and adding some additional parallelization and optimization to take advantage of the KSR1. Less than 1% of the source code was modified and these changes required less than 4 person months.

Discover is used to perform molecular mechanics simulations on biological and chemical systems, such as proteins and peptides. The most time consuming portion of the code involves the computation of internal and external forces. Internal forces involve interactions at short distances between bonded atoms. The internal forces are composed of bond-dependent, angular-dependent and torsional-dependent terms. External forces involve interactions at longer distances between non-bonded atoms and are composed of combinations of Coulobmic, repulsive and dielectric terms.

The routines that compute all of these forces had been previously parallelized for shared memory symmetric multiprocessors. The adaptation to the KSR1 involved replacing existing parallel directives with equivalent KSR FORTRAN directives, optimizing single processor performance and improving the parallel load balance by more evenly distributing the work to each processor.

Improved performance also was realized by nesting the parallel directives involved in the force computations. The total force acting on each atom is due to the sum of the contributions from the internal and external forces. It was recognized that the internal and external forces could be computed simultaneously, by separate groups of processors. Thus a group of processors was used to compute the non-bonded forces, while a separate group of processors was used to compute the internal forces. The total force was computed by globally summing these contributions.

A scientist at Biosym used a KSR1-64 to perform a molecular dynamics simulation of a protein, containing 100,000 total atoms, for over 100 picoseconds of simulation time. The simulation was completed in less than 10 days and the delivered performance was approximately 5 times that of a Cray Y-MP/1. The results provide insight into the usage of long cutoffs in potential energy functions, demonstrate the improved performance of the KSR1 as each processor was assigned proportionally more work, and demonstrate the ability to use the KSR1 to investigate large sized molecular systems.

Cell Multipole Method

Computing the non-bonded interactions is one of the most time consuming components of a molecular dynamics simulation. An exciting new development is embodied in research by Professor Bill Goddard and his group at the Beckman Institute at Caltech; they are developing a cell-multipole method for which the calculation for a 1 million atom system is only on the order of one million operations. This represents a 90% reduction in the amount of operations usually performed using conventional direct methods. However, obstacles were encountered in trying to parallelize the cell-multipole method on a distributed memory parallel computer, chief among them being the irregular distribution of atoms in the physical domain and the difficulty of achieving good load balance among the participating processors. Figure 6 shows a two-dimensional representation of atoms irregularly distributed in physical space. The crux of the cell-multipole method is to impose a regular grid of cells which extends far enough to include all of the atoms in this simulation. There is a different number of atoms in each cell and some cells have no atoms at all.

Figure 6   Distribution of atoms in physical space with overlying cell mesh (represented in 2D). Black lines indicate partitioning of cells among the three processors.

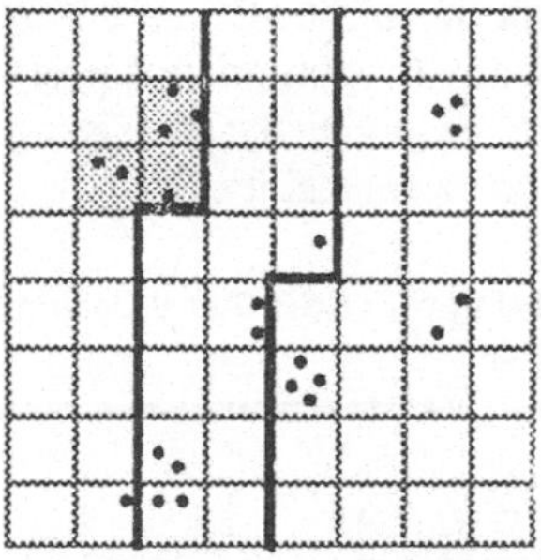

In order to achieve good load balance each processor is assigned an equal number of atoms. This is easily accomplished with directives in the FORTRAN program; there is no need to explicitly shift data between processors because the KSR1 memory system does it automatically when data is referenced.

The original program for calculating the non-bonded force using the cell-multipole method was developed on a high-performance workstation. When the program was optimized on the KSR1-64, it ran 200 times faster than the workstation, and over ten times faster than Cray Y-MP/1 (6 levels in the cell hierarchy and 1.2 million atoms). Moreover, it took less than one hour to port the KSR1 version of the program back to the high-performance workstation where performance was about 1.5 times faster than the original version. This demonstrates that programs developed and optimized for the KSR1 are not only portable, but will perform better on other computers.

Most importantly, the cell-multipole method in conjunction with the KSR1 is enabling ground breaking simulations of molecules with millions of atoms.

Query Decomposer on the KSR1

The Kendall Square Query Decomposer works in conjunction with the underlying ORACLE7 relational database management system to greatly speed the execution of decision support queries. Such queries are often expensive to execute, requiring minutes or even hours of processing time to sweep through relatively large portions of the database. The Query Decomposer leverages the parallelism and shared memory model of the KSR1 computer to reduce query execution time to seconds.

Initially, database tables are partitioned physically over disks by the database administrator, an easy task in ORACLE. When an application, tool, or user first submits a query to ORACLE, it is intercepted by the Query Decomposer at a common processing point. Based on the data access strategy selected by the ORACLE query optimizer, the Query Decomposer generates a number of subqueries to match the underlying physical data partitions of one of the partitioned tables, called the "driving" table.

These subqueries are submitted in parallel to ORACLE over multiple, coordinated connections. The subqueries are executed in parallel, each accessing only its own part of the driving table. Finally, the Query Decomposer assembles subquery results and returns the full result.

From the viewpoint of an application developer or end user, the query decomposition process is transparent, other than the substantial speed-up in performance. The Query Decomposer is applied automatically to appropriate queries (although it can be turned off if desired). Queries do not need to be modified, and existing ORACLE applications do not need to be re-written to use this powerful facility. [22]

Figure 7   **(a) Flow of Processing with KSR Query Decomposer**
(b) Query Decomposer Performance

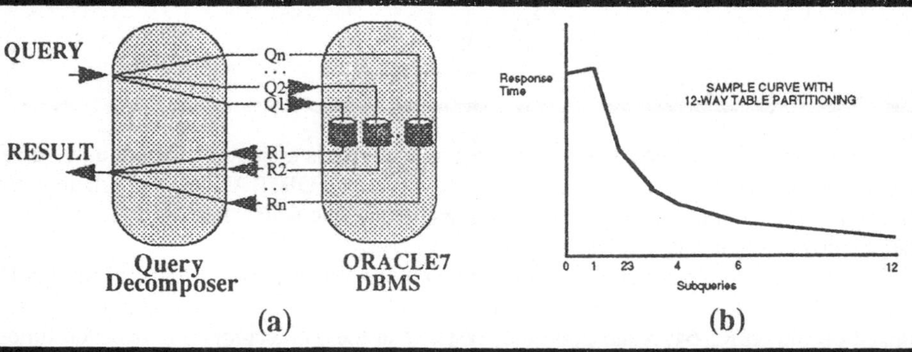

Query Decomposer Performance

Kendall Square recently completed an extensive pilot project for an early commercial customer. The production application workload is a high-volume mixture of on-line transaction processing (400,000/day), batch transaction processing (130,000/day), and decision support queries (6,000/day, triggering 16,000,000 database updates). During the peak processing window, there are more than 10,000 disk reads and writes per second. The customer is currently running this application using tapes and special-purpose software, but desires to move to a relational DBMS for ease-of-use and flexibility.

The pilot project was run on a KSR1-32 (32 processors), with a 20GB database (about 12.5% of the production database size). Pilot testing of the Query Decomposer showed speedups of more than a factor of 10, with tables partitioned 15 to 20 ways.

These early performance results show near-linear speedup for the Query Decomposer on complex decision support queries, depending on the number of driving table partitions. Figure 8 (b) above shows a typical experimental curve as the number of subqueries is increased against a table partitioned 12 ways. The slight rise in response time from 0 to 1 subquery shows low QD overhead. As soon as parallelism is introduced, with 2, 3, 4, 6, and 12 subqueries, response time drops dramatically. Over time, Kendall Square anticipates that the Query Decomposer will speed complex queries in production systems by a factor of 50 to 100 or more, in a scalable fashion.

Shared Memory Model Plus ALLCACHE Mean Higher Performance

By building on the well understood shared memory and virtual memory programming models, ALLCACHE enables the KSR1 to provide a conventional shared memory programming model. A standards based programming environment facilitates porting existing applications and writing new ones. An even greater benefit of the ALLCACHE implementation of the shared memory model is its superior scalability and performance over mainframes, and message passing MPPs.

The performance advantages of ALLCACHE and shared memory can be characterized by its machine and programming aspects. Breit, etal [21] discuss these advantages with respect to examples from numerically intensive computing and Reiner, etal [22] discusses these advantages with respect to database management and inquiry. The key machine dependent aspects are:

- Memory allocation and data movement are handled automatically by the ALLCACHE Engine and incur no processor overhead. In contrast, for MPPs, memory allocation and data movement are handled explicitly by the programmer and are executed on the processor, incurring overhead to the application.

- Dynamic memory allocation and data movement of ALLCACHE requires less bandwidth and aggregate storage than MPPs – by dynamically optimizing locality.

- Hardware based parallel directory, routing and coherency management of the ALLCACHE Engine (as opposed to these functions executed on a conventional processor) achieve higher efficiency data sharing.

- ALLCACHE Engine supports efficient movement and sharing of fine granularity of data, which is well matched to a wide range of application requirements.

These characteristics result in higher effective bandwidth to a processor and between processors at the application level. The key programming aspects are:

- Incremental parallelization using the 90/10 rule: since the majority of the execution time occurs in a small percentage of the program, the shared memory programmers can spend all their time optimizing the part of the code that counts, and ignoring the remainder, since shared memory automates memory allocation and data movement. In contrast, for MPPs, programmers spend most of their time on the code that does not have any performance leverage.

- Over the past 15 years, algorithmic improvements in many fields have proceeded at a rate equal to machine improvements. [23] Shared memory's ease of programming allows programmers to implement the latest, most computationally efficient algorithm.

- For many new applications the ultimate Amdahls Law is the elapsed time for the program to execute the first time. The conventional programming environment enabled by shared memory provides the shortest route to solution.

Although the shared memory programming model is well known for its ease of programming, the most significant advantage of the Kendall Square implementation of a scalable shared memory model is higher performance.

References

1. Kilburn, T., Edwards, D.B.G., Lanigan, M.J., and Sumner, F.H. "One-level Storage System," IRE Transactions, EC-11, Vol.2, pps. 223-235, April, 1962.

2. Denning, Peter J. "On Modeling Program Behavior," Arlington, VA: AFIPS Press: Proceedings, Spring Joint Computer Conference, Vol. 40, pps. 937-944, 1972.

3. Smith, Alan J. Cache Memories ACM Computing Surveys, 14 (3): 473-530, September 1982.

4. Organic, E.I., "The Multics System: An Examination of Its Structure," Cambridge, MA: MIT Press, 1972.

5. Bell, C. Gordon. "Multis: A New Class of Multiprocessor Computers," Science, Vol. 228, pps. 462-467, 26 April 1985.

6. Wulf, William A. and Bell, C. Gordon. "C.mmp-A multi-miniprocessor," Proceedings, AFIPS 1972 Fall Joint Computer Conference, 41, pp. 765-777, 1972.

7. Frank, Steven J. "Tightly Coupled Multiprocessor System Speeds Memory Access Times," Electronics, pps. 164-169, 1984.

8. Seitz, Charles L. "The Cosmic Cube," Communications of the ACM, 28-1, pps. 22-33, January, 1985.

9. Dally, William L. "The J-Machine: A Fine-Grain Concurrent Computer," MIT VLSI Memo 89-532, May, 1989.

10. Li, Kai and Hudak, Paul. "Memory Coherence in Shared Virtual Memory Systems," Proceedings of the 5th Annual ACM Symposium on Principles of Distributed Computing, pps. 229-239, August, 1986.

11. Minnich, Ronald G. and Farber, David J. "The Mether System: Distributed Shared Memory for SunOS 4.0," (private communication).

12. Swan, R., Fuller, S., and Siewiorek, D. "Cm*- A modular, multi-microprocessor," Proceedings AFIPS 1977 Fall Joint Computer Conference, 46, pps. 637-644, 1977.

13. Picano, S., Brooks, E., and Hoag, J. "Programming Costs of Explicit Memory Localization on a Large Scale Shared Memory Multiprocessor," Albuquerque, NM: Proceedings of Supercomputing '91, pps. 36-45, November 1991.

14. Chaiken, David, Kubiatowicz, John and Agarwal, Anant. "LimitLESS Directories: A Scalable Cache Coherence Scheme," Proceedings of the 4th International Conference on Architectural Support for Programming Languages and Operating Systems, pps. 224-234, April 1991.

15. Lenoski, Daniel, Laudon, James, Gharachorloo, Kourosh, Wolf-Dietrich Weber, Gupta, Anoop, and Hennessy, John. "Overview and Status of the Stanford DASH Multiprocessor," Proceedings of International Symposium on Shared Memory Multiprocessing, pps. 102-108, April, 1991.

16. Kendall Square Research Corporation, "Technical Summary," 1992.

17. Lamport, Leslie: "How to Make a Multiprocessor Computer That Correctly Executes Multiprocess Programs," *IEEE Transactions on Computers*, C-28, No. 9 (September 1979), pps. 690-691.

18. Leiserson, Charles E. "Fat-Trees: Universal Networks for Hardware-Efficient Supercomputing," IEEE Transactions on Computers, Vol. C-34, No. 10, pps. 892-901, October, 1985.

19. Leiserson, Charles E. "VLSI Theory and Parallel Supercomputing," Pasadena, CA: Proceedings of the 1989 Decennial Caltech Conference, March, 1989.

20. Burke, E. "An Overview of System Software for the KSR1," *Compcon '93 Proceedings*.

21. Breit, S., Pangali, C. and Zirl, D. "Technical Applications on the KSR1: High Performance and Ease of Use," *Compcon '93 Proceedings*.

22. Reiner, D., Miller J. and Wheat, D. "The Kendall Square Query Decomposer," *Compcon '93 Proceedings*.

23. Grand Challenges: High Performance Computing and Communications: The FY 1992 U.S. Research and Development Program," Committee on Physical, Mathematical, and Engineering Sciences, 1991.

SPP-1

Steven J. Wallach

CONVEX Computer Corporation
3000 Waterview Parkway
Richardson, Texas 75083, USA
E-Mail: wallach@convex.com

Abstract: The computer industry is experiencing major paradigm shifts which are clearly visible in the trend to RISC-based technology but much less evident in the software area. CONVEX leverages this trends with its new SPP-systems which meet the objectives of supercomputer performance as well as of general purpose operating and follow the price/performance ratios of high performance workstations.

1 Introduction

Paradigm shift. It`s happening to economies politics, and now happening to the computer industry. The most dominant shift is the rapid movement to microprocessor based systems. While this is evident from the desktop to the compute server, the software paradigm shift is severely lagging. The following is a description of the Convex SPP (Scalable Parallel Processing) project, its technical attributes, and how it accelarates this paradigm shift.

2 Scalable Parallel Processing

The underlying reason for this shift to scalable parallel processing can be summarized by the following:

a) The capability to provide in excess of 1 million transistors for a custom design microprocessor. This permits a full 64-bit architecture to be implemented on 1 semi-conductor die.

b)   The maturing of RISC technology. Rather than try to debate about how reduced an architecture is and to trying to enumerate instructions, RISC processors now have complete and generally orthogonal instruction sets (i.e., all operations applied to an operands). RISC has now come to mean Relegate the Interesting Stuff to the Compiler. One must not confuse small physical size with capabilities.

c)   The difficulties or overheads in both cost and performance in designing high performance, non-blocking cross-bar switches when 100`s of processors desire to be coupled to main memory.

d)   The asymptotic convergence of clock cycles without fundamental breakthroughs is semiconductor or other materials technology. We can no longer depend solely on clock cycle for magnitude increases in performance from one generation of system design to another. This can be summarized with the following somplified view, as shown in Fig.1.

The classical centrally located and shared cross-bar is being replaced by a two-level cross-bar. The first level is between the processor(s) and local memory, and the second on the far side of the distributed local memories. These cross-bars can be optionally be replaced by rings, meshs, to form the favorite topology.

However, all rational scalable parallel processors will be MIMD, NUMA (Non-Uniform Memory Access) based on standard or commodity RISC processors. The software and hardware paradigms dictate this. Furthermore, message passing that has come to dominate certain current software will become a legacy of past and assume more of a fallback position. A fallback to the inability of compilers to automatically parallelize and decompose data. With this as a background it becomes clear as to the motivations for many of the Convex SPP features.

3   SPP Design Characteristics

The high level characteristics of the Convex SPP are:

◉ Stand alone operation - All operating functions, I/O device handling and interfaces, and all CPU capabilities are handled by the
  underlying architecture.

◉ The user sees a globally shared virtual address space. It is the
  burden   of both hardware and system software to achieve the highest
  level of   transparency between the user program and the machine
  architecture   and memory topology.

◉ FORTRAN 77, 90, C, and C++ compilers provided. Automatic
  parallization and the beginning of automatic data decomposition are
  provided.

◉ The Precision RISC Architecture is the baseline processor
  architecture. The Convex SPP uses a 200 mflop peak performance,
  single chip implementation. (Delong MFLOP et al."*A High Speed
  Superscalar PA-RISC Processor* ", IEEE CompCon 92, February
  24-28, 1992).

◉ The basic level operating system is a CONVEX implementation the
  OSF (Open System Foundation) MACH MircoKernel. On top of
  this lots of large system features of ConvexOS will be available as
  well as an emulation of Hewlett-Packard`s UNIX implementation
  HP-UX™.

◉ The underlying interconnect technology, I/O memory structure
  permits cost/effective systems to be built that can be characterized as
  shown in Fig. 2.

The result of these system characteristics results in achieving the
following:

◉ Performance architecturally scalable up to 3 TFLOPS.

◉ A small, field expandable air-cooled stand-alone configuration.

◉ Achieving complete general purpose operating.

In this context, general purpose means that when an user opens a
window on a Convex SPP and or a HP server, there is no discernible
difference in the look and feel of the environment. The underpinning of
this can be depicted as shown in Fig. 3.

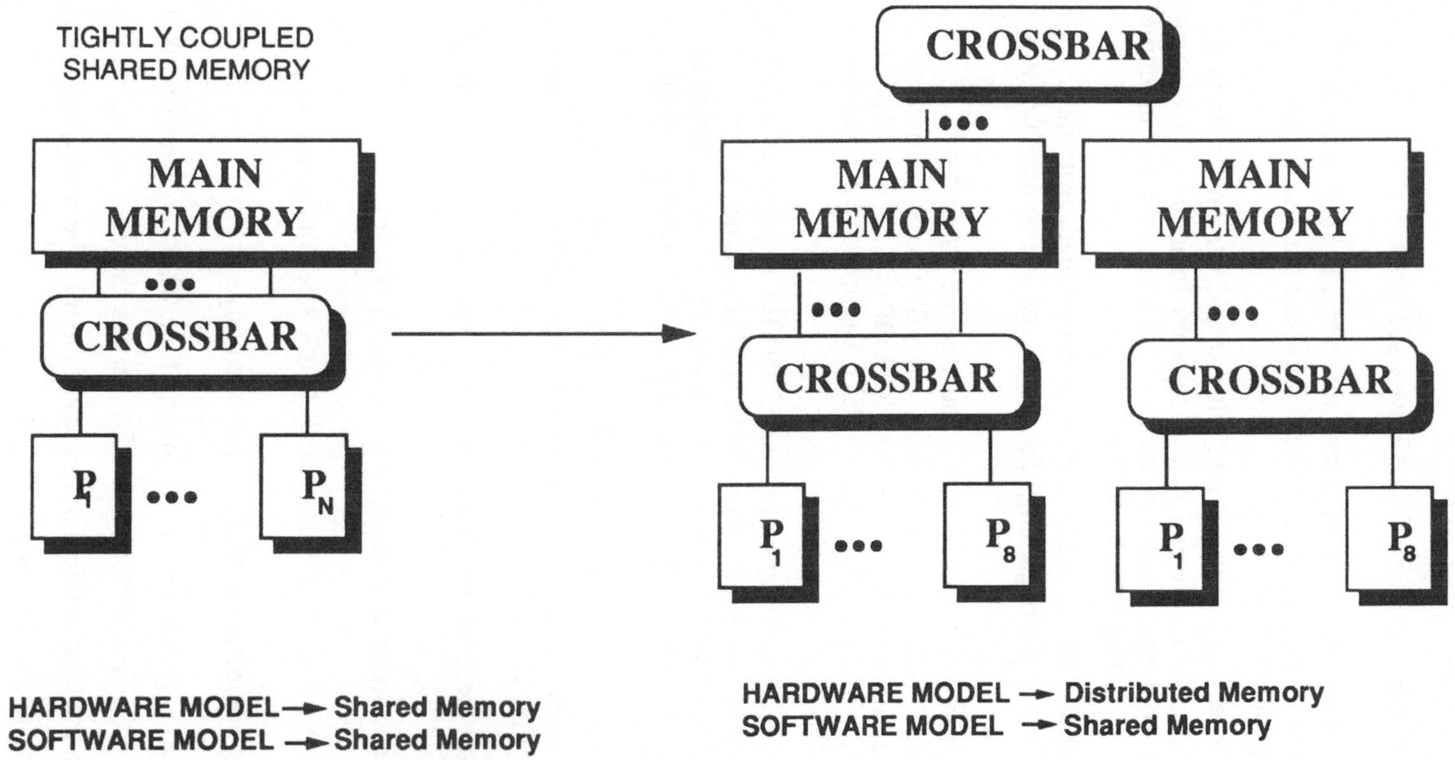
TIGHTLY COUPLED
SHARED MEMORY
MAIN
MEMORY
CROSSBAR
P_1 ... P_N
CROSSBAR
MAIN
MEMORY
MAIN
MEMORY
CROSSBAR
CROSSBAR
P_1 ... P_8
P_1 ... P_8
HARDWARE MODEL → Shared Memory
SOFTWARE MODEL → Shared Memory
HARDWARE MODEL → Distributed Memory
SOFTWARE MODEL → Shared Memory

CONVEX

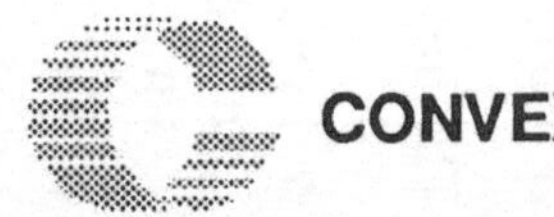

Fig. 1

Selling Price
Scalable Parallel Processing
High Performance Workstations
+ (15-20) % Premium
SMP
Symmetric Multi Processor
SMP
Massive Parallel Processing
1
2
3
4
5
10
64
(Number of Processors)
CONVEX

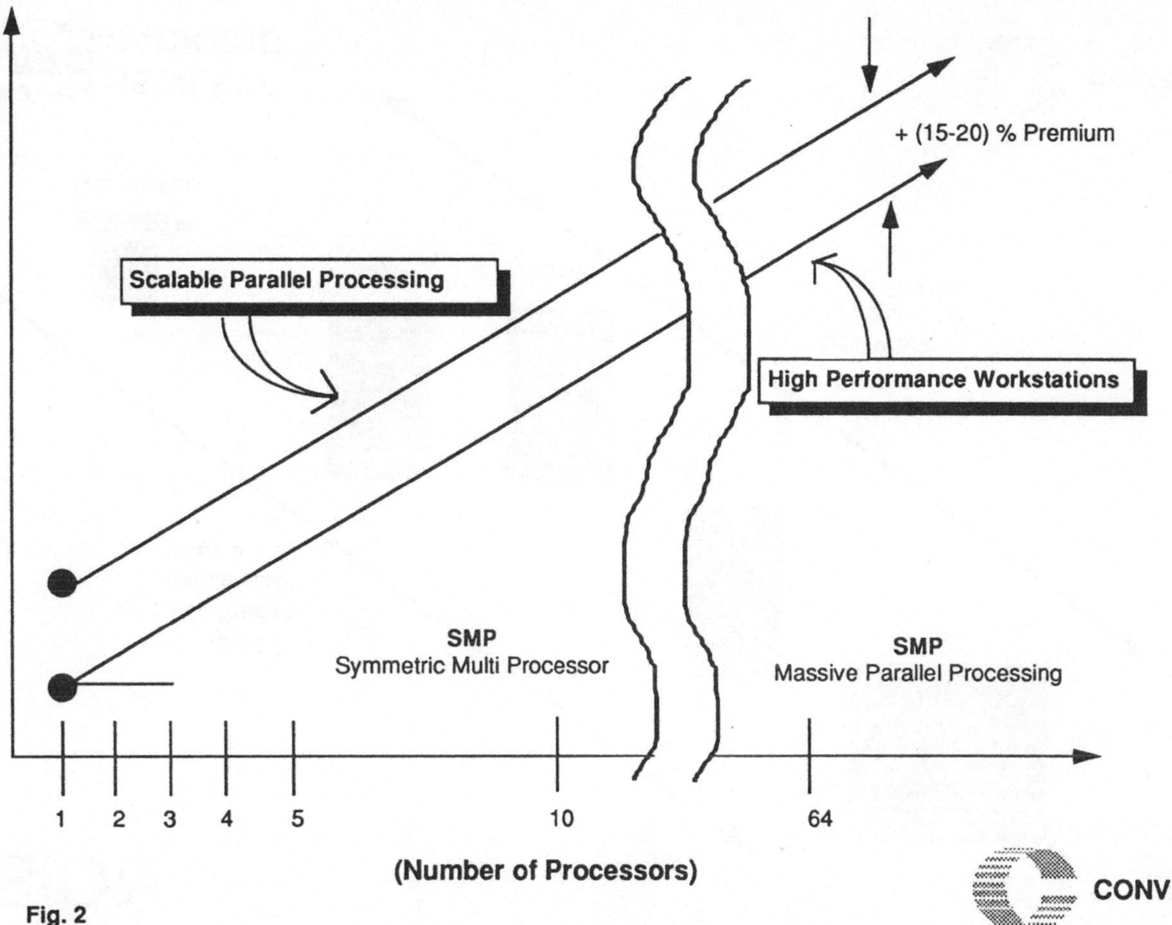

Fig. 2

VISION

HP/UX
Software
Single Thread
Binaries
HP/UX
Software
Parallel/Multiple
Thread Binaries
Workstation
SMP
Cluster
MPP-1
MPP
HEWLETT
PACKARD
CONVEX

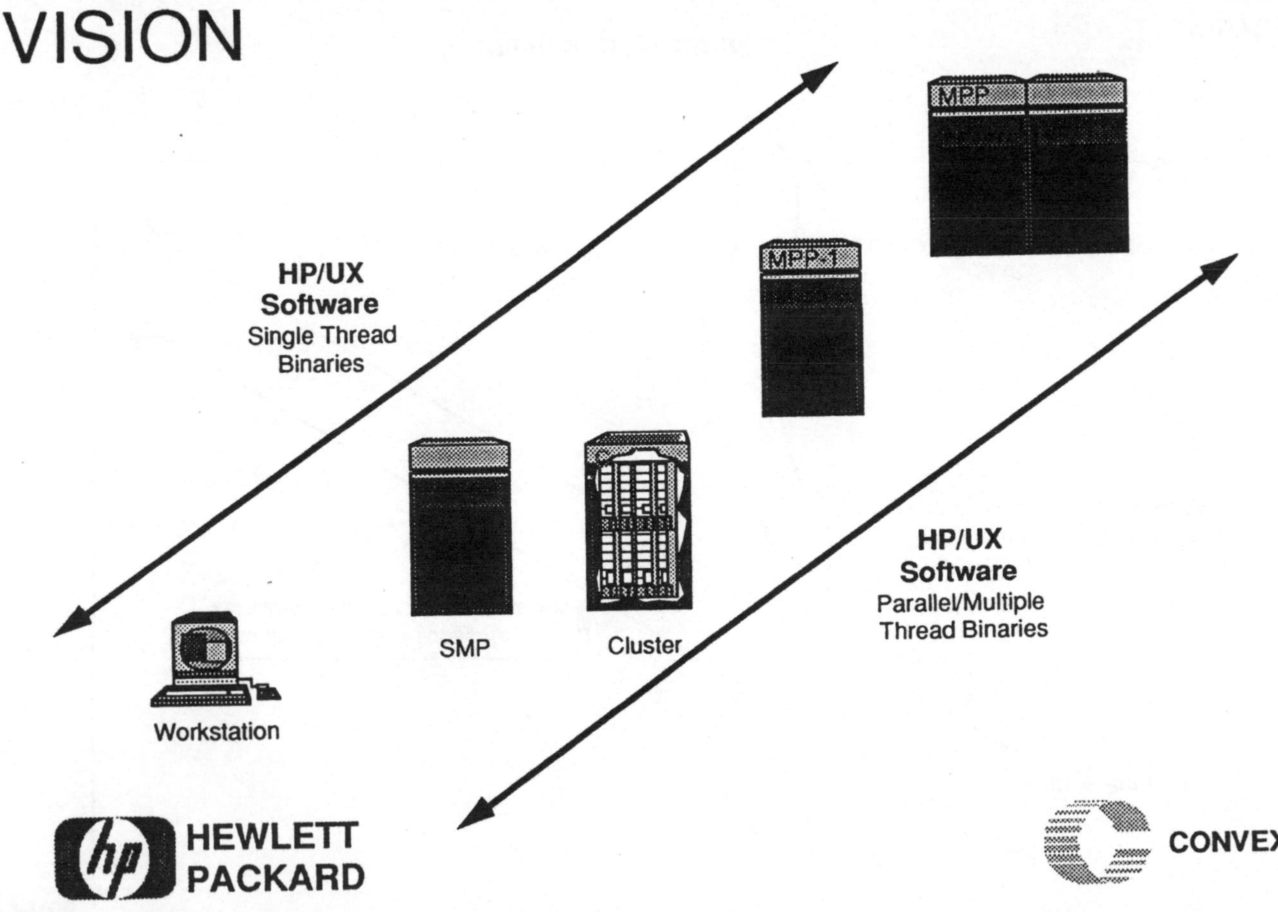

Fig. 3

Scalable POWERparallel Systems

IBM 9076 SP1

Ferenc Szelényi

IBM Deutschland Informationssysteme GmbH
WV Technisches Rechnen
Postfach 800880
7000 Stuttgart 80
E–Mail: szelenyi@stutvm3.vnet.ibm.com

Die IBM 9076 SP1 ist das erste Produkt einer neuen Familie von IBM Parallelrechnern, der Scalable POWERparallel Systems, deren Leistung in den kommenden Jahren bis in den TeraFlops Bereich gesteigert wird. Basis sind heute bis zu 64 RISC System/6000 Prozessoren als Knotenrechner und AIX als UNIX Betriebssystem, welche bis zu 8 GFlops leisten. Ein Hochleistungskoppelnetzwerk sorgt für den schnellen Datenaustausch zwischen den Prozessoren..

Einleitung

Die IBM 9076 SP1 ist das erste Produkt aus der Scalable POWERparallel Systems Familie. Der Parallelrechner IBM 9076 bietet eine flexible Architektur mit integriertem Systemmanagement für technisch–wissenschaftliche Anwendungen. Basierend auf dem RISC System/6000 Prozessor ist die IBM 9076 SP1 der Supercomputer, welcher gleichzeitig parallele und serielle Anwendungen ausführen kann und dabei sowohl im interaktiven, als auch Batchbetrieb eingesetzt werden kann.

Die jahrelange Forschungsaktivitäten der IBM im Bereich des Parallelrechnens, wie z.B. das RP3 und GF11 Projekt, wurden in der IBM "POWER Parallel Systems" Unit zusammengefaßt, die massiv–parallele Systeme auf der RISC System/6000 Architektur bis hin zum TeraFlops Rechner entwickelt.

Eine flexible Architektur, welche eine dynamische Systemaufteilung für serielle, parallele und interaktive Anwendungen erlaubt, ermöglicht den optimalen Einsatz der IBM 9076 in heterogenen Umgebungen (siehe Abbildung 1). Programme und Daten der IBM 9076 SP1 sind binärkompatibel mit der Workstationfamilie RISC System/6000.

Die IBM 9076 SP1 besteht aus 8 bis 64 RISC System/6000 Prozessoren, die durch ein Hochleistungskoppelnetzwerk verbunden sind. Jeder RISC System/6000 Prozessor ist mit 62.5 MHz getaktet und ermöglicht jeweils eine Spitzenleistung von 125 MFlops. Jeder Prozessor kann mit 64 MB bis zu 256 MB Hauptspeicher, sowie zusätzlich mit bis zu 2 GB Plattenspeicher für temporäre Daten und Pagingbereiche ausgestattet werden.

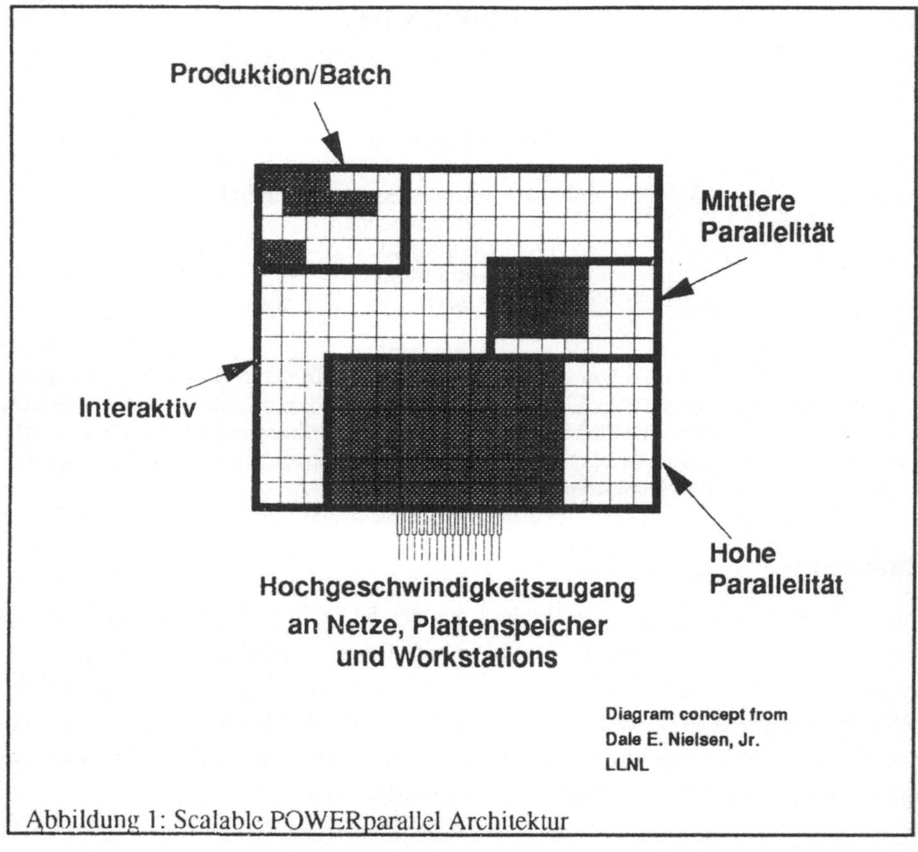

Abbildung 1: Scalable POWERparallel Architektur

Damit leistet ein IBM 9076 SP1 System mit 64 Prozessoren insgesamt 8 GFlops. Ein IBM 9076 SP1 System kann insgesamt mit bis zu 16 GB Hauptspeicher und 128 GB Plattenspeicher ausgestattet werden. Die Überwachung und Steuerung der Hardware erfolgt über eine – mit einer Ethernetverbindung angeschlossenen – Bedienerkonsole (siehe Abbildung 2). Diese Konsole ermöglicht eine zentrale Systemsteuerung und Systemverwaltung: dies beinhaltet die Hardwareüberwachung und –steuerung, die dynamische Partitionierung in serielle, parallele und interaktive Prozessorpools, sowie die Benutzerverwaltung und Softwareinstallation. Die Einbindung in das Netz erfolgt standardmäßig über Ethernet, kann zukünftig auch wahlweise über FDDI, dem Block Multiplex Kanal für den direkten Anschluß an S/390 Systeme, oder dem FCS ("Fibre Channel Standard") erfolgen. Der Fileserver für die IBM 9076 ist ein AIX oder UNIX Fileserver, der die Systemprogramme, die Benutzerprogramme und –daten speichert. Voraussetzung für den Fileserver ist TCP/IP als Standardprotokoll, sowie "bootp" für den Booten des Systems und NFS für den Dateizugriff.

Das Hochleistungskoppelnetzwerk ist ein mehrstufiges Omega–Netzwerk, welches eine direkte Punkt–zu–Punkt Verbindung von jedem Prozessor zu jedem beliebigen Prozessor

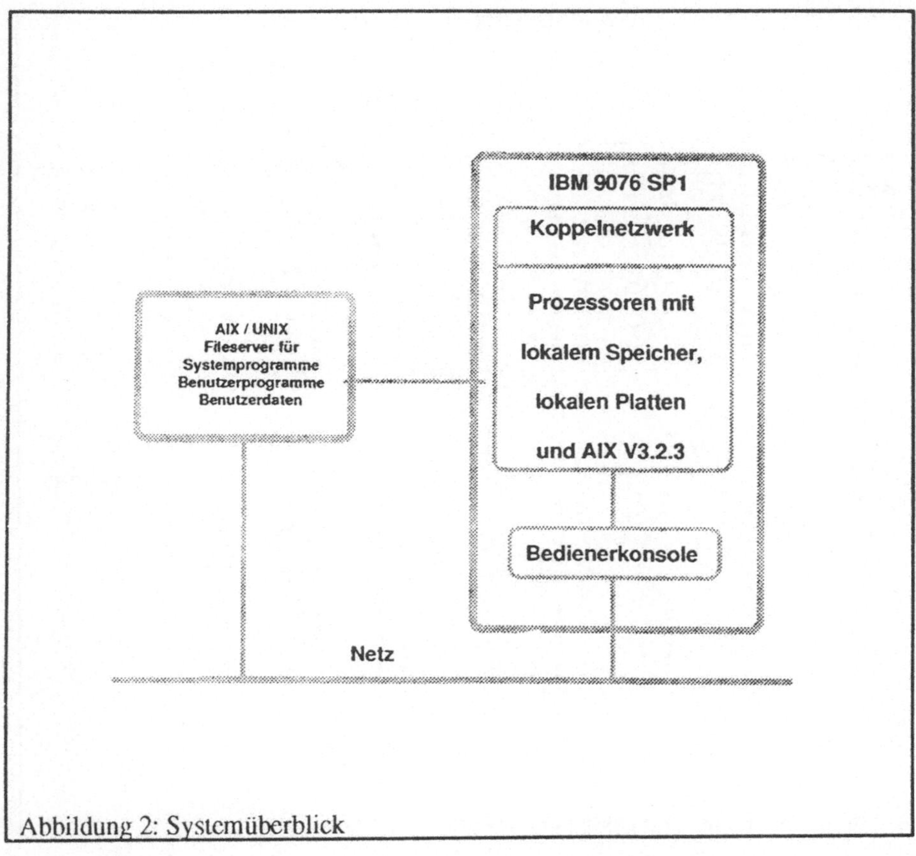

Abbildung 2: Systemüberblick

im System ermöglicht (siehe Abbildung 3). Das Hochleistungskoppelnetzwerk ermöglicht eine bidirektionale Bandbreite eines jeden beliebigen Prozessorpaares von 40 MB/s. Die Latenzzeit beträgt hierbei 500 ns. Die Bandbreite und Latenzzeit sind für jede Verbindung konstant, gleich welche Kommunikationslast auf dem Koppelnetzwerk liegt und welche Prozessoren miteinander kommunizieren. Zu jedem Zeitpunkt können heute 32 Prozessorpaare direkt miteinander kommunizieren: damit beträgt die Gesamtbandbreite des IBM 9076 Koppelnetzwerkes 1.28 GB/s.

Die Fehlererkennung und das Routing zum Zielprozessor erfolgt innerhalb des Koppelnetzwerkes. Ein eigenes "Light–weight" Protokoll unterstützt die schnelle Kommunikation innerhalb der IBM 9076. Die Architektur des Koppelnetzwerkes ist bereits heute für eine weit größere Anzahl von Prozessoren entwickelt. Das Koppelnetzwerk wird vom den "Message–Passing" Routinen des IBM AIX Parallel Environments, sowie von Express und PVM unterstützt werden.

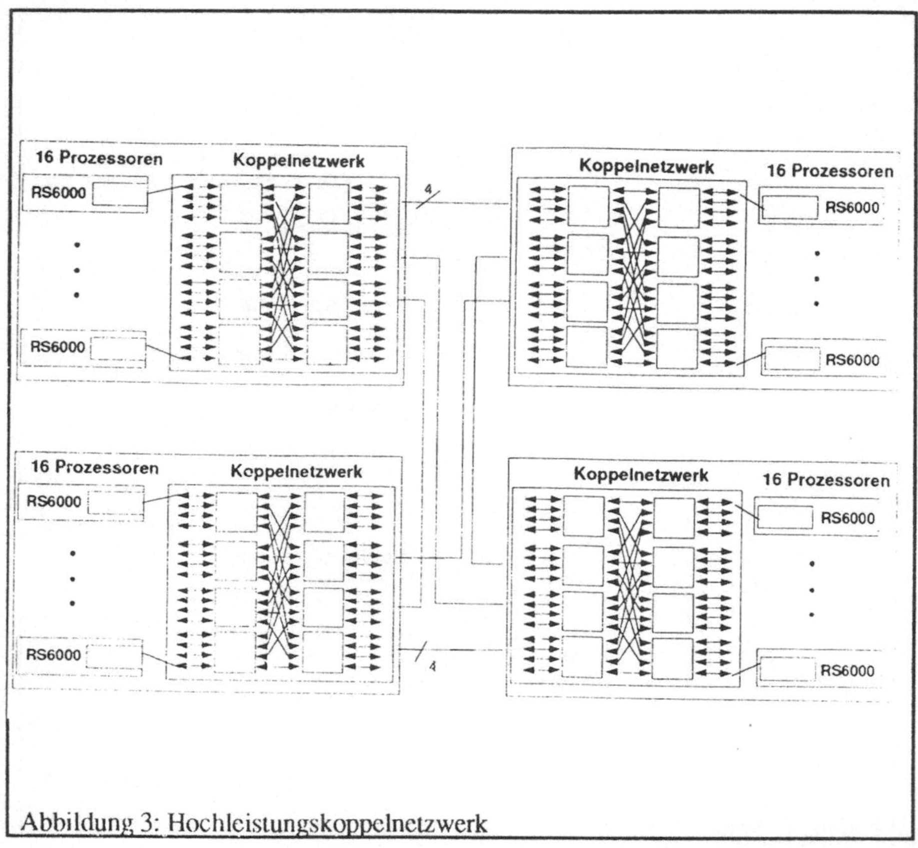

Abbildung 3: Hochleistungskoppelnetzwerk

Softwareübersicht

Die IBM 9076 SP1 wird mit dem AIX Version 3 Betriebssystem betrieben. Jeder Prozessor hat ein "Image" eines vollwertigen AIX Version 3.2.2. Damit sind heute praktisch alle RISC System/6000 Anwendungen auf IBM 9076 SP1 sofort lauffähig.

Die IBM 9076 "System Support Programs" ermöglichen dem Systemverwalter und Operator eine "Single Point of Control". Die Hardwaresteuerung und –überwachung ist in einer graphischen Oberfläche eingebettet, welche die wichtigsten Daten wie z.B. Prozessorstatus und Prozessorbelastung, Wärme, Verfügbarkeit und Belastung des Koppelnetzwerk anzeigt. Falls ein Problem auftreten sollte, werden Warnmeldungen an den Operator ausgegeben. Der Verwalter kann aber auch das System entsprechend den Anforderungen dynamisch in verschiedene Prozessorpools partitionieren. Die Softwareinstallation erfolgt nur einmal und ist damit für alle Prozessoren gültig. Ein Benutzereintrag wird nur einmal für alle Prozessoren eingerichtet; die Passwörter, Filesysteme und Umgebungsvariablen sind auf allen Prozessoren gleich. Dadurch wird dem Benutzer ein "Single System Image" geboten, d.h. der Benutzer hat eine transparente

Programmpaket, das die parallele Laufzeitumgebung, die parallele Anwendungs-
schnittstelle (API) und weitere Entwicklungswerkzeuge enthält. Das IBM "Parallel API"
ist eine Bibliothek von Message–Passing Routinen und weiterem
Kommunikationsprogrammen (z.B. Broadcast von Nachrichten), welche für das
Koppelnetzwerk der IBM 9076 SP1 entwickelt wurden. Die Laufzeitumgebung
ermöglicht die parallele Ausführung von C und FORTRAN Programmen auf der
parallelen Hardware. Die UNIX Entwicklungsumgebung wurde für die parallele
Programmierung erweitert: eine Erweiterung des "pdbx" Debuggers mit
Kontextsteuerung, Gruppierung von Prozessen, "attach / detach" von Prozessoren, und
gemeinsamen Breakpoints. Der Profiler "gprof" wurde um einen parallelen "Callgraph"
erweitert. Das Visualisierungswerkzeug ist ein "trace–driven" Werkzeug zur Ermittlung
der Leistung und anderer Charakteristika paralleler Anwendungen. Damit können
anhand des Quellprogrammes z.B. die Prozessorauslastungen, das Loadbalancing, und
die Kommunikationseigenschaften einer parallelen Anwendungen graphisch dargestellt
werden. Eine CD Steuerung erlaubt eine detaillierte Analyse in den verschiedenen
Ansichten. Das IBM AIX Parallel Environment ist auch auf RISC System/6000 Clustern
und Workstations lauffähig.

Für die IBM 9076 SP1 wird es eine optimierte Version der Parallelisierungswerkzeuge
PVM, Express, FORGE 90 und Linda geben. Zusätzlich ermöglicht die "Basic Linear
Algebra for Distributed Environments" (BLADE) Bibliothek die parallelisierte
Ausführung von numerischen Kernen wie z.B. Matrixmultiplikation, LU und Cholesky
Faktorisierung.

Bereits heute werden über 40 Programmpakete von verschiedenen Herstellern aus den
Anwendungsbereichen der Chemie, Mathematik, Ingenieurswissenschaften, Elektronik
und Seismic für die IBM 9076 SP1 parallelisiert.

Verfügbarkeit und Zuverlässigkeit

Die IBM 9076 SP1 hat die gleiche hohe Verfügbarkeit wie ein RISC System/6000. Durch
eine Reservestromversorgung ist der Weiterbetrieb der IBM 9076 auch dann
gewährleistet, wenn ein Transformator ausfallen sollte. Einzelne Prozessoren können im
laufenden Betrieb (unterbrechungsfrei) gewartet, ausgetauscht oder erweitert werden.
Das Hochleistungskoppelnetz hat eine eigene interne Fehlererkennung und ermöglicht
den Weiterbetrieb durch ein alternatives Routing auch beim beim Ausfall einzelner
Komponenten.

Durch eine zentrale Systemverwaltung ist der gleiche Systemzustand auf allen
Prozessoren sichergestellt: es können z.B. Systemressourcen dynamisch rekonfiguriert
werden. Die Checkpoint/Restart Möglichkeiten des IBM LoadLevelers erlauben das
Wiederaufsetzen von Jobs beim Ausfall einzelner Prozessoren, sowie die Jobmigration.

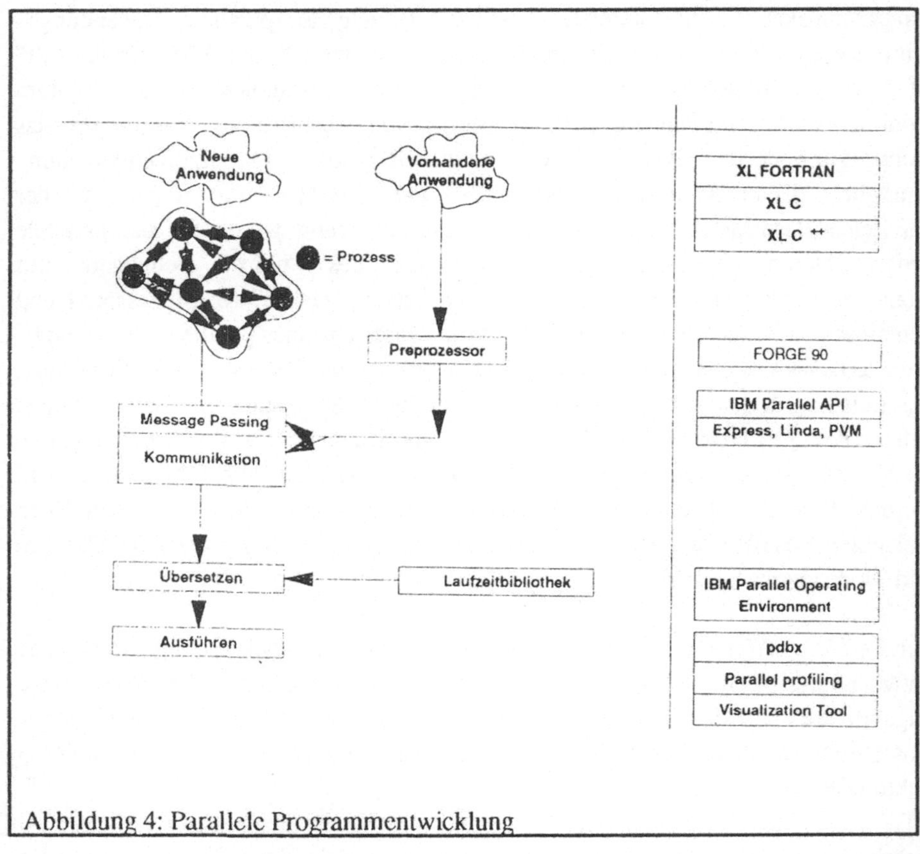

Abbildung 4: Parallele Programmentwicklung

Sicht des Systems und findet immer die gleiche Umgebung vor, unabhängig auf welchem Prozessor gearbeitet wird.

Der IBM LoadLevler ist ein Job Scheduling System für verteilte Ressourcen. Damit können serielle und parallele Anwendungen optimal auf die Prozessoren im Batchbetrieb verteilt werden. Zusätzlich können RISC System/6000 Cluster und Workstations, sowie zukünftig weitere UNIX Workstations integriert werden. Die Schedulingregeln erlauben eine flexible Aufteilung entsprechend den Speicheranforderungen, dem CPU Bedarf, der Prozessoranzahl, einer speziellen Hardware, etc. Die Ressourcen können der Verwaltung durch LoadLeveler zeit– oder lastgesteuert, oder fest zugeordnet werden. Eine grafische Oberfläche erleichtert die Benutzbarkeit für den Systemverwalter und –benutzer. Mit Hilfe der "Checkpoint/restart" Möglichkeiten können auch Programme auf anderen Prozessoren im Fehlerfalle wieder aufgesetzt werden, ohne daß das gesamte Programm neu gestartet werden muß. Außerdem ist eine Jobmigration möglich.

Die Entwicklungswerkzeuge für das parallele Programmieren auf der IBM 9076 SP1 sind in der Abbildung 4 zusammengefaßt. Das IBM "AIX Parallel Environment" ist ein

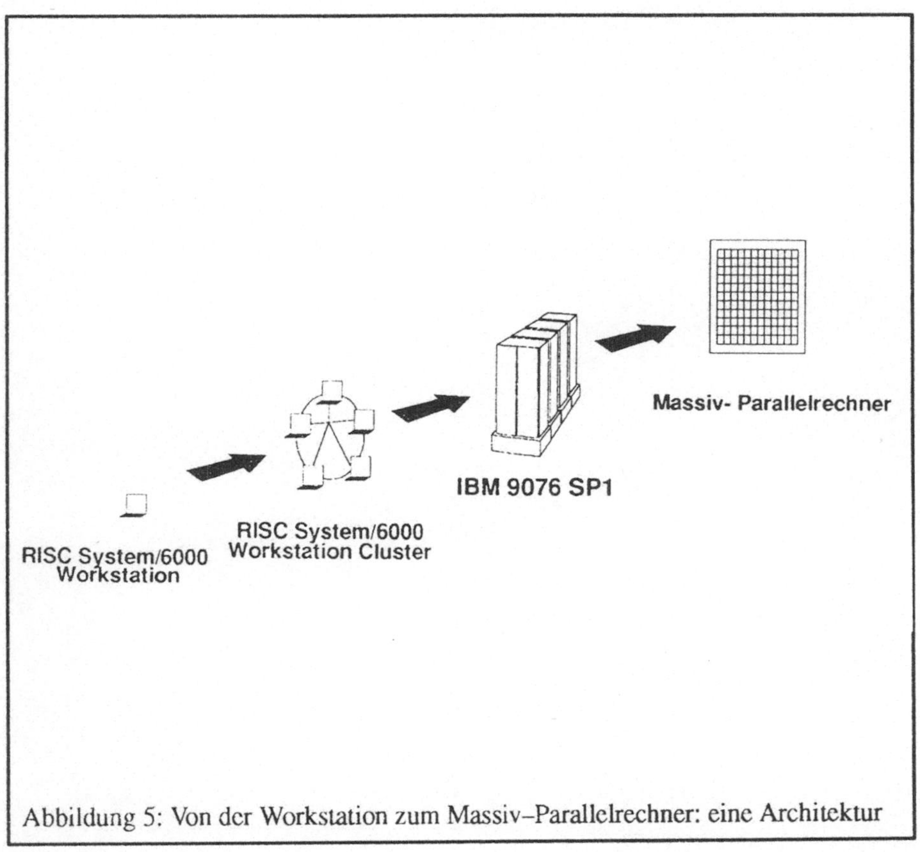

Abbildung 5: Von der Workstation zum Massiv–Parallelrechner: eine Architektur

Falls ein Fehler bei der "Master Task" eines parallelen Programms auftritt, findet ein automatisches "Cleanup" aller Subtasks statt.

Zusammenfassung

Die IBM 9076 SP1 ist der Anfang einer neuen Supercomputerfamilie von skalierbaren Parallelrechnern. Von der Workstation bis zum Massiv–Parallelrechner wird für das technisch–wissenschaftliche Rechnen die gleiche Prozessorarchitektur verwendet. Damit sind Daten und Programme binärkompatibel. Die IBM 9072 SP1 leistet heute mit 64 Prozessoren 8 GFlops. Auf dieser Architektur aufbauend, wird in den nächsten Jahren ein Massiv–Parallelrechner mit TeraFlops Leistung angeboten werden. Durch die flexiblen Aufteilungsmöglichkeiten kann die IBM 9076 SP1 als UNIX Produktionsrechner für parallele, interaktive und Batch Anwendungen eingesetzt werden.

AIX, LoadLeveler, RISC System/6000, Scalable POWERparallel, S/390, 9076 SP1 sind Warenzeichen der International Business Machines Corporation
UNIX ist ein Warenzeichen der UNIX Systems Laboratories, Inc.
Ethernet ist ein Warenzeichen der XEROX Corporation
NFS ist ein Warenezcichen der SUN Microsystems Inc.
PVM ist ein Public Damain Package von Oak Ridge National Laboratory
Express ist ein Warenzeichen der Parasoft Corporation
FORGE 90 ist ein Warenzeichen der Applied Parallel Research, Inc.

RISC-Technologie erreicht den Supercomputer-Bereich

Bernd Kosch

Siemens Nixdorf Informationssysteme AG
Otto-Hahn-Ring 6
8000 München 83

Abstract. Mit der kommenden Generation von superskalaren Rechnerarchitekturen erreichen mikroprozessorbasierte Systeme ein Leistungsniveau, das bislang als Supercomputing klassifiziert wurde. Der vorliegende Artikel beschreibt die grundlegenden Merkmale
des neuen MIPS-SSR-Prozessors und die Eckdaten des SNI SC900, in dem dieser Prozessor erstmals zum Einsatz kommt. Auf der Basis dieser Beschreibung wird eine grundsätzliche Positionierung der unterschiedlichen Systemkonzepte für numerisch intensive Anwendungen im Hinblick auf die Einordnung von RISC-MP-Systemen in die künftige
Struktur des Marktes für numerische Hochleistungsrechner

1 Einführung

Auf der Grundlage der rasanten und ineinandergreifenden Fortschritte von Prozessorarchitektur, Compilertechnologie und CMOS-Halbleiterprozesstechnik folgen die
Leistungsdaten von RISC-Systemen einem steilen, kontinuierlichen Wachstumspfad
in die höchste Gerätekategorie für numerisch intensive Einsatzgebiete. Mit der
künftig verfügbaren MIPS-SSR-Prozessortechnologie öffnet der SNI SC900 einen
neuen Abschnitt der technisch-wissenschaftlichen Datenverarbeitung.

SSR bedeutet "Streaming Superscalar RISC" und bezeichnet eine völlig neue RISC-
Technologie, die in einem 4-fach superskalaren Prozessor bei 75 MHz Taktfrequenz
eine numerische Spitzenleistung von 300 MFLOPS und eine Speicherbandbreite von
1,2 GByte/s auf einem großen 4-fach assoziativen Cache liefert.

Der SC900 verfügt über bis zu 18 MIPS-SSR-Prozessoren, die kumulativ eine numerische Höchstleistung von 5,4 GFLOPS und eine Speicherbandbreite von 21,6
GByte/s auf der Ebene des Sekundär-Cache bieten. Der SC900 definiert damit eine
neue Leistungsklasse für RISC-Systeme und eine neue attraktive Alternative im
Feld der numerischen Höchstleistungsrechner.

Der SC900 ist ein Produkt, das den aktuellen Stand der Basistechnologie in allen
Bereichen repräsentiert: Prozessor-, Speicher-, Peripherie- und Schnittstellentechnik
entsprechen der jeweils neuesten Komponentengeneration: der SC900 verbindet die
technische Aktualität und das überlegene Preis-Leistungs-Verhältnis des Worksta-
tionbereichs mit der Leistungsklasse der großen Systeme.

2 Neue Basistechnologie: MIPS SSR

In mehreren Forschungsprojekten, die in den Jahren nach 1980 zu Ergebnissen führten, wurde deutlich, daß sich durch Orientierung an quantitativen Leistungsaspekten und unter Berücksichtigung des jeweiligen Standes der Halbleiter- und Compilertechnologie neue Instruktionssätze definieren lassen, die ein drastisch verändertes Verhältnis von Hardwareaufwand zu Prozessorleistung ermöglichen.

RISC-Prozessoren verbinden neue Aspekte grundlegender Technologien mit innovativen Architekturprinzipien, wie Superskalar oder Superpipelining, in extrem kurzen Designzyklen. Seit rund zehn Jahren verdoppelt sich die Leistungsgrenze von RISC-Prozessortechnik jeweils in etwa 18 Monaten, in ausgewählten Leistungsmerkmalen, insbesondere in numerischer Leistung, liegen noch weitaus höhere Steigerungsraten vor.

Auf diesem Hintergrund zeichnet sich seit langem eine Situation ab, in der RISC-Prozessoren über konventionelle Technologien hinauswachsen. Keine andere Art von Rechnerarchitektur gewinnt auch nur mit annähernd ähnlicher Geschwindigkeit an Leistung und außerhalb des Bereichs der Vektorsysteme ist im Hinblick auf praktisch alle für Numerik relevanten Performance-Kriterien RISC seit langem die eindeutig führende Architekturkategorie. Mit dem MIPS SSR dringt RISC-Technologie in den Bereich numerischer Höchstleistungssysteme vor.

Der MIPS-SSR-Prozessor arbeitet auf einem erweiterten MIPS-III-Instruktionssatz, der Mehrfach-Gleitpunktinstruktionen (multiply-add) enthält. MIPS-III ist der Instruktionssatz des 64-bit R4000; er ist abwärts kompatibel zu allen früheren MIPS-Prozessoren und damit zur heute weltweit erfolgreichsten RISC-Architektur. MIPS-Prozessoren werden von 6 führenden Halbleiterherstellern produziert, in Europa von Siemens.

Der MIPS-SSR-Prozessor verfügt über sechs Pipelines:

> 2 Integer,
> 2 FP-Load/Store,
> 2 FP-Execute.

In jedem Takt können die Pipelines des SSR gleichzeitig vier Instruktionen starten, beispielsweise zwei FP-Arithmetik- und zwei Lade-Instruktionen, so daß (unter Einbeziehung von Mehrfach-Instruktionen) insgesamt sechs Operationen parallel pro Zyklus initiiert werden können. In der üblichen Terminologie bezeichnet man einen Prozessor dieser Art, der pro Takt vier Instruktionen verarbeiten kann, als 4-fach superskalar. Andererseits ist der SSR ein Prozessor, der im Hinblick auf die Zahl seiner Pipelines und auf die Zahl der Operationen, die pro Takt durchgeführt werden können, intern 6-fach parallel arbeitet.

Mit diesem Umfang an Mikroparallelität stellt der SSR eine neue Klasse superskalarer Architektur dar. Bei einer Taktfrequenz von 75 MHz bietet dieser Prozessor eine numerische Spitzenleistung von 300 MFLOPS.

Der SSR verfügt über 32 KByte Cache für Instruktionen und über 16 KByte Cache für Integer-Daten auf dem Chipsatz des Prozessors. Die Gleitpunktregister werden direkt aus dem großen "Streaming Cache" geladen, der auch als globaler Cache für den gesamten Prozessor fungiert. Dieser Streaming Cache ist 4-fach assoziativ und besitzt im SC900 eine Kapazität von 2 MByte (pro SSR). In jedem Takt können zwei Load/Store-Operationen zwischen dem FP-Registersatz und dem Streaming Cache gestartet werden. Dies entspricht einer Speicherbandbreite von 1,2 GByte/s für Gleitpunktdaten auf dieser Ebene der Speicherhierarchie.

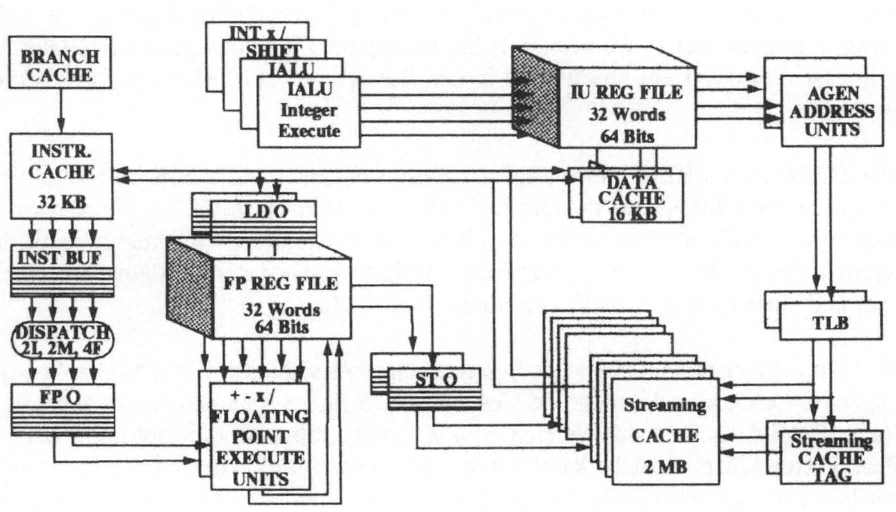

Abbildung 1: *Funktionale Struktur des MIPS SSR*

Der SSR ist ein echter 64-bit-Prozessor, mit 64-bit-Integer- und Gleitpunktoperationen, 64-bit-Mehrzweck- und Gleitpunktregistern und mit (bis zu) 64-bit virtuellen Adressen. Er begegnet Pipeline-Konflikten mit einem großen Registersatz (32 Gleitpunktregister und 32 Mehrzweckregister), mehrfachen Cache-Ports, hochentwickelter Puffertechnik aller Daten- und Adresspfade und mit einer hardwaregestützten Verzweigungsvorhersage (Branch Cache). In jedem Takt kann eine Verzweigung mit dieser Einheit unterstützt werden.

Der SSR ist in einem Chipsatz aus zwei Komponenten implementiert; dieser enthält alle genannten Verarbeitungs- und Speichereinheiten außer dem Streaming Cache, der auf dem Prozessorboard realisiert wird. Der SSR-Chipsatz enthält außerdem eine integrierte Speichersteuerung (MMU) mit einem 3-fach assoziativen TLB (384 Einträge, konfigurierbar) sowie eine System-Schnittstelle mit Cache-Kohärenz-Unterstützung. Über vier Millionen Transistoren sind in diesen zwei Bauelementen realisiert; dies entspricht etwa der Transistorzahl, die ein Prozessorboard heute gängiger Vektorrechner in der Summe aller Komponenten enthält.

3 Neue Systemtechnik: SNI SC900

Der SC900 ist ein mikroprozessorbasiertes System, dessen Konfigurationen Leistungsmerkmale bieten, die bisher als Supercomputing klassifiziert wurden. Gleichzeitig ist dieses System abwärts bis in den Bereich der Hochleistungsworkstations skalierbar.

Der SC900 ist ein RISC-System auf der Basis des neuen MIPS SSR, das an einem extrem leistungsfähigen Systembus mehr Prozessorleistung, mehr Speicherkapazität und mehr E/A-Bandbreite verbindet, als bislang in dieser Grundstruktur realisiert wurden. Der SC900 ist ein symmetrisches Multiprozessorsystem mit globalem Speicher und einer mehrstufigen Cache-Hierarchie.

Es existieren zwei Varianten des Systems: eine Version mit 5-Slot-Systembus im Deskside-Gehäuse und eine große Version mit 15-Slot-Systembus im erweiterbaren Rack. Bereits die Deskside-Version erlaubt Konfigurationen, die nach numerischer Peak-Performance, Speicherkapazität und E/A-Konfiguration den gesamten Bereich der heute noch existierenden Mini-Supercomputer überdeckt. In seinen vollen Ausbaugrenzen kann dieses System, zumindest nach nominalen Leistungs- und Kapazitätswerten, fast mit allen heute installierten Supercomputern konkurrieren.

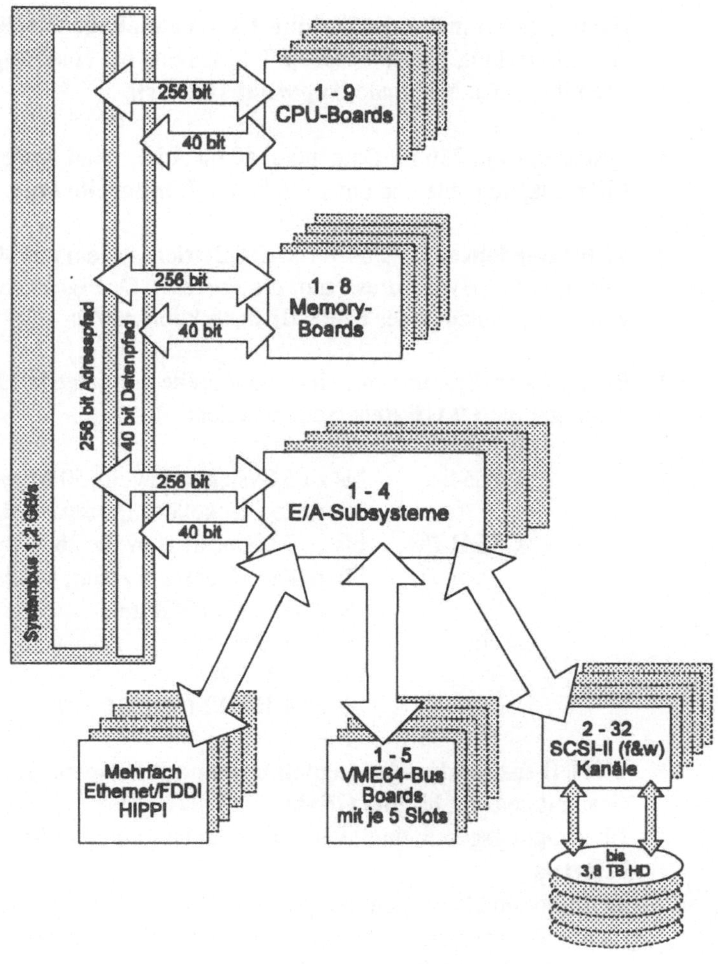

Abbildung 2: *Schematischer Aufbau des SNI SC900*

Im einzelnen verfügt das System SC900 über folgende Hauptmerkmale:

* **MIPS-SSR-Prozessortechnik** , Skalierbarkeit bis **18 Prozessoren** mit
  jeweils 300 MFLOPS Peak-Performance, 48 KByte on-Chip Cache und 2
  MByte on-Board 4-fach assoziativer Streaming Cache mit 1,2 GByte/s
  Bandbreite zum Gleitpunktregistersatz

* **Kumulativ 5,4 GFLOPS** numerische Spitzenleistung und **21,6 GByte/s**
  Bandbreite auf der Ebene des Streaming Cache

* Hauptspeicher in 4- oder **16-Mbit-Chiptechnologie** mit ECC-Fehlerkorrektur, bis zu 8-fachem Interleaving bei einer Zugriffsbreite von 512 bit (netto), maximale **Kapazität 16 GByte**

* Systembus mit 256 bit Datenpfad, 40 bit Adresspfad (jeweils netto), 47,6 MHz Taktfrequenz und einer effektiven **Bandbreite über 1,2 GByte/s**

* **64-bit Betriebsmodus,** 64-bit SVR4 Betriebssystem mit 40-bit virtuellen Adressen (1 TByte Adressraum pro Prozess), Dateigröße bis 1 TByte, volle Unterstützung des MIPS-III-Instruktionssatzes

* Bis zu **4 E/A-Systeme** mit einer Bandbreite von **jeweils 320 MByte/s**, Aggregat bis **1,2 GByte/s**, Schnittstellen:

  - **VME64:**   bis zu 5 Systeme (jeweils 50 MByte/s),
                     bis zu 25 Steckplätze (kompatibel zu bis VME32)
  - **SCSI-II-f/w:** bis zu **32 Kanäle (jeweils 20 MByte/s)**,
                     bis zu **480 Geräteadressen**, nominale Aggregat-Bandbreite **640 MByte/s**
  - **LAN:**   bis zu 8 Ethernet
                     bis zu **4 FDDI**
                     bis zu **4 HIPPI** (100 MByte/s)

* **SCSI-II fast-and-wide Magnetplattenperipherie** mit einer Gesamtkapazität bis **960 GByte**,
Übertragungsgeschwindigkeit im Gesamtsystem über Striping bis ca. **450 MByte/s**,
alternativ und koexistent integrierte SCSI-II **RAID**-Subsysteme (hardwaregesteuert, wahlweise Level 3 / Level 5), maximale **RAID-Kapazität bis 3,8 TByte** im Gesamtsystem

Das UNIX V.4 Betriebssystem des SC900 unterstützt symmetrisches Multiprocessing, unterliegt nicht der bisher üblichen 32-bit-Grenze der Speicheradressierung und verfügt über extrem effiziente Implementationen performance-kritischer Teilbereiche (File-system, TCP/IP, ...). Beispielsweise wird bei File-Transfer über FDDI fast die nominale Netzgeschwindigkeit erreicht (über 90 Mbit/s).

Die FORTRAN-Umgebung des SC900 umfaßt neben einem mächtigen Compiler, der Parallelisierungsdirektiven unterstützt (Obermenge der marktüblichen Direktiven im Bereich der Vektorsysteme),

  - einen autoparallelisierenden Präcompiler (Obermenge der üblichen KAP-Version),
  - eine mächtige Case-Umgebung für paralleles Programmieren (Basis SGI Case-Vision),

- parallelisierte BLAS,
- parallelisierte mathematische Unterroutinen (IMSL)

und einen Umfang an betriebsbereit verfügbarer Anwendungssoftware, wie es heute im Workstationbereich üblich ist.

Hard- und Software des SC900 sind kompatibel zu anderen offenen Systemen im Sinne des SVR4 API und des MIPS ABI. Alle Systemsoftware-Komponenten und Werkzeuge sind lauffähig unter entsprechenden IRIX-Versionen auf SGI Workstations. Deshalb ist der SC900 kein isolierter Spezialrechner, sondern ein System, das sich in eine Umgebung offener Systeme effizient und wirtschaftlich eingliedert. Der SC900 ist kein elitäres, esoterisches System für wenige auserwählte Anwender, sondern vielmehr ein allgemein beherrschbares, komfortabel programmierbares und in moderne Workstation-Umgebungen wirtschaftlich integrierbares Produkt, das numerische Höchstleistung für weite Anwenderklassen erreichbar macht.

4 Positionierung: die neue Kategorie des Compute-Servers

Die Struktur des Marktes im Bereich des technisch-wissenschaftlichen Rechnens hat sich in den vergangenen Jahren deutlich verändert. Vektorsysteme stellten in den achtziger Jahren die einzig praktikable Form des numerischen Höchstleistungsservers dar, MiniSuper verdrängten den klassischen Mainframe aus allen Bereichen numerischer Anwendungen, und RISC-Workstations lösten den Supermini ab. Mit dem Aufkommen weitergehender Systemkonzepte auf der Basis von RISC-Technologie schreitet dieser Veränderungsprozeß weiter voran. Die Grundlagen dieser Entwicklung sind bekannt und beispielsweise in dem Standardwerk von Hennessy und Patterson [2] umfassend beschrieben.

Seit Beginn der neunziger Jahre werden einerseits zunehmend Cluster-Konzepte auf Workstation-Basis diskutiert. Es erscheint inzwischen absehbar, daß solche Lösungen in gewissen Anwendungsbereichen, getrieben von softwaretechnologischen Fortschritten, eine Perspektive mit längerfristig stabilem Bestand besitzen. Der bekannte Aufsatz von Bell [1] schildert diesen Aspekt der sich abzeichenden Rechnerlandschaft.

Andererseits stellen RISC-MP-Server in der Art des SNI SC900 eine weitere neue Rechnerkategorie dar; MPP-Systeme auf ähnlicher Prozessorbasis und mit innovativer Verbindungstechnologie bilden eine inzwischen ebenfalls praktikable Abrundung des Spektrums für Anwendungen mit hoher Parallelisierbarkeit (>99%).

Während MPP-Systeme für numerische Aufgaben eine offensichtliche Kategorie des Spezialrechners für eine definierte Klasse von Problemstellungen bilden, konkurrieren die anderen genannten Systemarchitekturen weitgehend im gleichen Marktsegment. Seitdem RISC-Prozessoren über so weitgehendes Pipelining der FP-Operationen verfügen, daß in jedem Takt eine entsprechende Instruktion gestartet werden kann, hat sich die relative Position der Vektorarchitekturen stark verändert. Da moderne RISC-CPUs in der Regel keine Engpässe im Bereich der Instruktionsbandbreite ("Flynn Bottleneck") kennen, denen mit dem Konstrukt der Vektorinstruktion zu begegnen wäre, muß heute im Hinblick auf Performance-Aspekte die unterschiedliche Speicherarchitektur als das eigentlich differenzierende Merkmal zwischen Vektorsystemen, RISC-MP-Systemen und Workstation-Clustern gesehen werden.

Natürlich unterscheiden sich diese Systemkonzepte auch in wesentlichen anderen Kriterien, im Programmiermodell und in anderen Handhabungsaspekten, die klare Auswirkungen auf die Effizienz des Rechnereinsatzes haben. Für grundsätzliche Aussagen über die anwendungsbezogene Leistung (bei gegebener Halbleitertechnologie) ist die prinzipiell andere Struktur des Speichers jedoch der wesentlichste Unterschied.

Workstation-Cluster verfügen heute in der Regel über eher rudimentäre Verbindungstechnologien (FDDI-LAN), die nur für sehr grobkörnig parallele Anwendungen den praktischen Einsatz dieses Konzeptes gestatten. Gleichzeitig beschränkt die Segmentierung des Speichers auf einzelne separate Systeme und das Fehlen einer übergreifenden Adressierung im Gesamtsystem (kein virtuell globaler Speicher) die Größenordnung der (realistisch) behandelbaren Probleme. Die Überwindung dieser Schwächen ist derzeit noch Gegenstand der Forschung (siehe beispielsweise Lenoski et al. [3] mit einer Beschreibung des Stanford DASH). Die heute für die Praxis zu diskutierende Positionierung alternativer Systeme liegt deshalb vorrangig im Vergleich zwischen cache-orientierten Strukturen und den bei Vektorsystemen üblichen Speicherstrukturen.

Vorraussetzung für die Effizienz eines Cache ist Lokalität (in Daten und Code) der jeweiligen Anwendung. Potentiale für Lokalität zu realisieren, ist eine software-technologische Problematik und stellt ein Gebiet dar, auf dem heute noch fundamentale Fortschritte erzielt und erwartet werden. Der KAP-Präprozessor, der seinerzeit die Redefinition der SPEC-Suite ('89 / '92) erforderlich machte, ist ein Beispiel für eine solche Basisinnovation. Die Abschätzung des Potentials an sich ist ein noch grundlegenderer Aspekt.

Eine Klassifizierung von Anwendungen aus diesem Blickwinkel ist heute noch nicht in hinreichender Allgemeinheit erfolgt. Es ist jedoch offensichtlich und durch Messung nachweisbar, daß Codes, die im wesentlichen auf Matrixmultiplikationen und ähnliche Operationen zurückführbar sind, mit zunehmender Problemgröße (n) wachsendes Potential an räumlicher Lokalität der Daten besitzen. Die Anzahl der FP-Operationen steigt überproportional gegenüber dem Datenvolumen bei wachsender Dimension des Problems; $2n^3$ Operationen sind notwendig, um quadratische $n \times n$-Matrizen mit einem Gesamtspeicherbedarf für $3n^2$ Koeffizienten zu multiplizieren. BLAS-Implementationen auf den R4000/R4400-Systemen SNI RW4xx und SNI SC800 realisieren solche Potentiale und liefern numerische Leistungswerte von rund

80% der theoretischen Peak-Performance mit sehr guter Skalierbarkeit für MP-Systeme (SC800 mit 2 bis 36 R4400), sofern die Dimension des Problems hinreichend groß ist (>1000). Mit Hard- und Softwarearchitekturen jenseits der 32-bit-Grenze, so wie sie bei dem SC900 realisiert ist, bilden RISC-MP-Systeme die Basis für eine weite Klasse der wirklich großen Problemstellungen.

Der SC900, und allgemein der High-end-RISC-MP, verändert den Markt der Höchstleistungsrechner in der Hinsicht, daß im Zuge absehbarer Fortschritte der Softwaretechnologie der heutige Vektorrechner zunehmend den Charakter des Spezialsystems für Anwendungen mit geringer arithmetischer Dichte annimmt. Nur solche Anwendungen bedürfen seiner aufwendigen Speicherarchitektur und werden auf ihm, auch in längerfristiger Sicht, in den Grenzen der adressierungsbedingten Speicherbegrenzungen die geeignetere Hardwarebasis finden.

Der SC900 ist das universelle Hochleistungssystem für eine weite Klasse technisch-wissenschaftlicher Anwendungen. Er bringt GFLOPS-Performance in einen Preisbereich, der für breite Anwenderkreise erreichbar ist, und er markiert den Anfang der Epoche, in der RISC-MP-Systeme zur dominierenden Kategorie des universellen technisch-wissenschaftlichen Hochleistungsrechnens werden.

Literatur

[1]   Bell, G.:"ULTRACOMPUTERS - A Teraflop Before its Time", ACM, **1992**

2]   Hennessy, J.L. and D.A. Patterson: "Computer Architecture -
        A Quantitative Approach", San Mateo, California, **1990**

[3]   Lenoski, D., J.Landon, T.Joe, D.Nakahira, L.Stevens, A. Gupta and
        J. Hennessy: "The DASH Prototype: Implementation and Performance",
        ACM, **1992**

Cenju 3: A Parallel Computer for Research from NEC Corporation

Wolfgang Bez
NEC SX Center
Mathias-Brüggen Str. 160, 50829 Köln
e-mail: mail@sxc.nec.de

Abstract. Cenju is the long term research project in parallel computing by NEC Corporation. Cenju 3, the third generation of parallel computers in this project has up to 256 processors VR4400 connected through a multistage crossbar network. The main emphasis in the Cenju project is development of system software, in particular language environments, and applications.

1   Introduction

Cenju[1] is the development project by the NEC Central Research Laboratories to explore parallel computer technologies for the use in commercial computer systems, which was started in 1986 [1]. The first two product generations in this project, Cenju and Cenju 2, were developed almost exclusively for NEC internal use [2 - 4]. Cenju 3 is the third generation of computers in this project and is the first product, which NEC Corporation makes widely available to the scientific community.

The basic ideas in the Cenju project are:

1   Design of hardware and system software derived from actual application requirements.
2   Several hundred RISC processing nodes with large cache.
3   Distributed / Shared Memory Scheme.
4   Multi-Stage Crossbar Networks.
5   Extensive use of Cenju for development of parallel system software and applications.

Cenju 3 configurations employ from 8 to 256 NEC microprocessors VR4400SC connected through a multistage crossbar network. Cenju 3 is a general purpose parallel computer system with a peak performance of 12.8 Gflop/s.   The employment of a general purpose crossbar network, which allows most flexible routing, and the user friendly distributed / shared memory concept give programmers easier access to a large variety of different application uses.

The main development goal in Cenju is system software, in particular language environments, and application packages. A programming environment for parallel supercomputers is developed, which addresses new important questions of non-uni-

---

[1]Cenju is named after a Buddhist goddess, Cenju-Kan'non, which has one thousand arms.

form memory access and data transfer management for a distributed memory architecture.

Cenju 3 is an NEC announced product, also for the European market, and will be installed at European research institutions.

Various applications studied by NEC Central Research have concentrated on applications which are hard to vectorize. While it was not a design goal that Cenju 3 must achieve similar sustained performance as the NEC SX-3R multi-vector supercomputer in vectorizable applications, it seems likely that Cenju 3, or a successor, can deliver performance comparable to high performance vector supercomputers in applications, which are hard to vectorize, but can be parallelized in MIMD fashion.

2   Cenju and Cenju 2

Cenju, the first computer in the Cenju project, was originally conceived in 1986 for a specific application purpose [1]. NEC Central Research Laboratory intended to come up with an idea for speeding up the very time consuming process of numerical circuit simulation. Application packages for circuit simulation such as SPICE [5] can be vectorized to some extent [6], but vectorization is limited strongly by the degree of detail in the device model.

An algorithm was chosen which allowed good parallelization and then general purpose hardware was developed, using standard microprocessor components for cost-effective development. A four processor prototype system was completed in 1987.

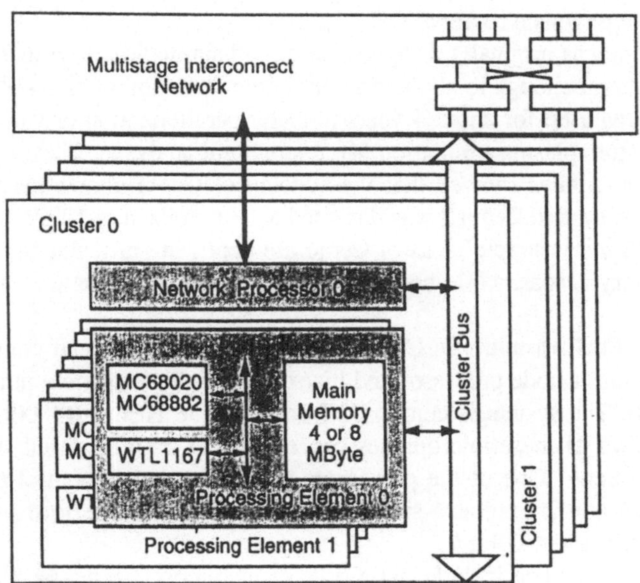

Figure 1
Cenju Architecture (1988)

A four processor prototype system was already completed in 1987 [1]

A block diagram of Cenju is shown in Figure 1.

Cenju is constructed from 64 processing nodes, which are arranged in 8 clusters of 8 processors. The processors within a cluster are connected by a cluster bus. The clusters are connected through a network processor by a two stage interconnection network made from 4x2 switching units. The processing nodes consist of 20 MHz Motorola 68020 microprocessors and floating point co-processors, achieving a peak performance of 1.6 Mflop/s for a total of about 100 Mflop/s of the 64 processor system. The following architectural features were embedded in the design.

Distributed / Shared Memory Scheme: It was decided early in the design, that a shared memory addressing scheme would be necessary for higher performance and also from a programming point of view. However, a tightly coupled shared memory is impossible, because memory conflicts would be a bottleneck in the algorithms considered. Therefore a *distributed* memory scheme was chosen with a unique *global* address for the whole system, addressing all memory of each processor. In this way each of the processors can directly write the data to the other processor's memory, without the need for processor synchronization or system buffers.

Hierarchical Bus System: A hierarchical bus system was chosen with a local bus that connects each processor to its own local memory and a cluster bus, which connects the 8 processors in a cluster. Inter-cluster communication is based on a dedicated network processor for each processor. The network, which connects the clusters is composed of two stages with a 4-in-2-out switch and a 2-in-4-out switch connected through queue buffers.

While Cenju was originally designed for circuit simulation, it turned out that the design was general enough to allow efficient implementation of many other applications. Cenju was used for about 4 years to study parallelization of various applications ranging from plasma simulation [4] to structural analysis. Because experience gained in these studies showed that the concept of Cenju allows general purpose use, a successor system Cenju 2 was designed and completed in 1992.

In Cenju 2 the principle ideas of Cenju are kept , in particular the global non-uniform memory access, while both the network interconnection and performance are improved.

Enhanced Performance: In Cenju 2 performance is enhanced considerably by using a much faster node processor and by expanding the maximum number of processors to 256. The system is composed from 8 to 256 NEC VR3000/3010 microprocessors. Two of these microprocessors, connected on a local bus, form a node processing element. One of the processors is mainly used to control the network, while the other one is used as a simulation processor. Peak performance of a 256 processor system is 6.4 Gflop/s.

The processing node includes 64 KByte of instruction cache, 64 KByte of data cache and a local memory of 32 or 64 MByte, in two memory banks.

Multistage Crossbar Network: The hierarchical bus system is replaced by a multistage crossbar network with 2 to 4 stages constructed from 4x4 switching units. The multistage network offers the advantages of a crossbar at a much reduced hardware cost. The network design is explained in section 4.

Network access is through a direct memory access unit and a remote access unit. Communication processing is software based, and a second processor is included in order to free the simulation processor from communications overhead.

A block diagram of Cenju 2 is shown in Figure 2.

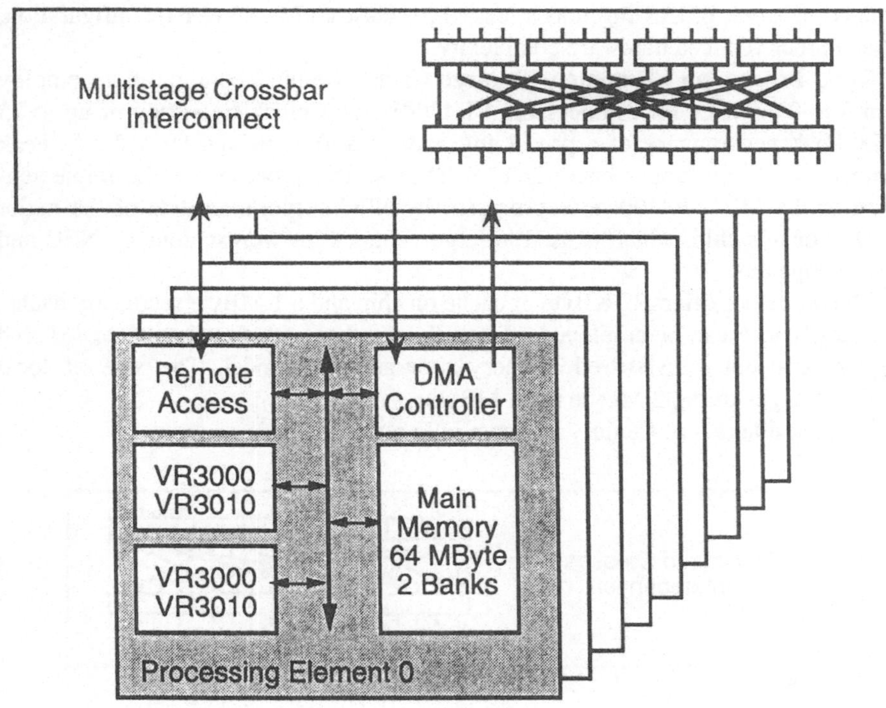

Figure 2
Cenju 2 Architecture (1992)

3   Cenju 3

In Cenju 3 the same design principles are applied as in Cenju 2, but performance is enhanced in the processor and in the network. The following architectural features characterize Cenju 3.

Distributed / Shared Memory Scheme: Cenju3 is based on *distributed* memory scheme, where each processor has its own local memory, but has access to the other processor's memory, because a unique *global* address is assigned in the system. This memory scheme offers substantial advantages for systems and applications programming, because the computer can be treated as a shared memory multiprocessor system, if non-uniform memory access speed and memory synchronisation are properly taken into account. There is also a performance gain, because a processor can write directly into the other processors' memories, without the need of processor synchronization or copying of system buffers.

Multistage Crossbar Network: The Cenju 3 network is composed of 4x4 crossbars, which are arranged in 2 to 4 stages, depending on the number of processors. The multistage network offers the highest degree of flexibility in configuration and routing. It has all the advantage of a crossbar, like constant distance between processing nodes, easy broadcast and processor reconfiguration, but at a much reduced hardware complexity.

RISC Processing Elements with large Cache: Cenju 3 configurations employ from 8 to 256 NEC microprocessors VR4400SC at a clock frequency of up to 75 MHz. Peak performance of a processing node is 150 Mips and 50 Mflop/s. Peak performance of the total system is 12.8 Gflop/s. The processor is the implementation of the MIPS R4400 microprocessor by NEC corporation, one of the major supplier of this chip, which is used in large volumes for workstations by NEC and other companies.

The processor offers 32 KByte of cache on chip and a 1 MByte secondary cache. The large cache can be employed effectively together with the distributed / shared memory concept in a shared memory programming model. The size of local memory ranges from 32 MByte to 64 MByte.

A block diagram of Cenju 3 is shown in Figure 3.

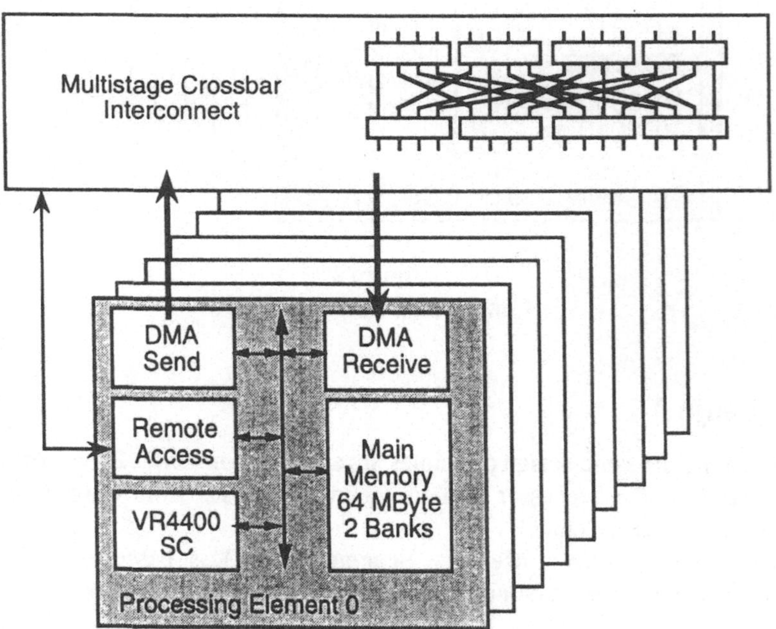

Figure 3
Cenju 3 Architecture (1993)

4   Multistage Crossbar Network

A multistage network based on 4 x 4 crossbar switching units is used as an interconnect network in Cenju 3. For N processors $k = log_4(N)$ stages are required for interconnection and $k*N/4$ basic switching units. A full Cenju 3 configuration with 256 processors requires 256 switching units in 4 stages of 64. The smaller example of a 64 processor configuration, which requires 3 stages of 16 crossbars each, is shown in figure 4.

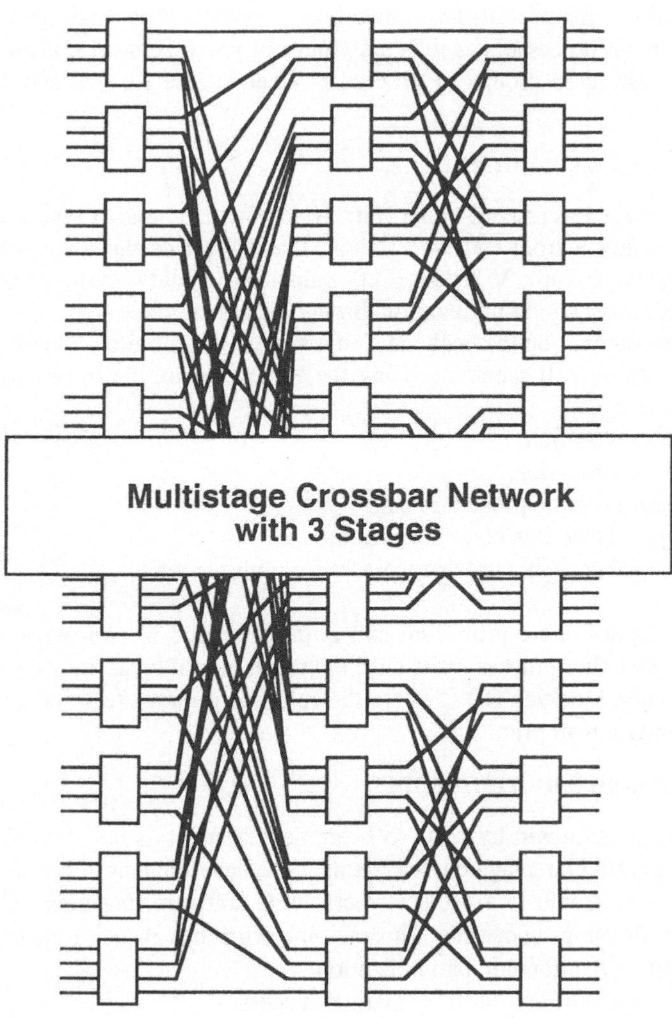

Figure 4
Multistage Crossbar Network for 64 Processors

The multistage network topology allows to separate processor configurations from network configurations and assures most flexible routing. The main topological difference to a crossbar is the distance between processors, which is log N in the multi

tion, because software communications overhead is usually larger than the hardware latency in the network. Both network topologies are very similar in all other aspects, in particular the network latency is constant for both, and therefore access to all processors is homogenous.

This allows easier implementation of multi-user access, load balancing and splitting of processors into processing groups.

An important feature of the multistage crossbar is a high efficiency for broadcasting to all processors or selected groups of processors. A multi-cast feature allows broadcasting to groups of processors at about the same speed as a single transfer.

5 System Environment

Cenju 3 is delivered as a stand-alone Unix system, where most of the operating system resides within a front-end workstation, that is part of the total system. The operating system is Unix V Release 4.0, enhanced to allow system management, processor assignment and initialization through a host interface.

The kernel running on the backend Cenju system is a monitor, which is based on a remote procedure call scheme. Using the RPC scheme, the following functions are implemented:

Process invocation,
Process termination,
User level remote procedure call,
Inter-processor data communication,
Partitioned assignment of processors for multiple jobs.

The user level remote procedure call is implemented in two ways, a blocking RPC, where the caller process waits until the result is sent back from the called procedure and a non-blocking RPC, where the caller continues execution and synchronizes later using a wait primitive.

6 Language Environments

Cenju has been chosen by NEC software development as the NEC development platform for parallel language environments. The development of parallel language environments for Cenju is a project where NEC software *development* divisions and *research* divisions cooperate. This ongoing effort has as major goals:

Explicit and automatic parallelization,
Management of non-uniform memory access,
Support tools for parallelization and data distribution,
Standardization.

Non-uniform memory access is a major new feature which distinguishes parallel computers with a large number of processors from conventional shared memory multiprocessor systems with a small number of processors. The Cenju project is allowing NEC software development to implement and test new compiler technologies and support tools to manage this feature from a language processor point of view.

The issues of support for explicit parallelization and data distribution have been addressed in the PCASE project, which is a software research project closely connected to Cenju. PCASE has two important features: a hierarchical and distributed memory view, and explicit parallelization based on dependence analysis and performance prediction.

Users can parallelize programs using a hierarchical memory view without considering the physical memory outline on a distributed memory machine. PCASE inserts automatically the required data transfer operations.

For explicit parallelization, users can select the best optimization based on dependency analysis and performance prediction. For each loop the most suitable optimization (e.g. scalar execution, vectorization, parallelization, reserve and release processors, macros) is selected from candidates suggested by the dependency analysis. Interprocedural analysis, data access locality extraction, program information display and loop iteration scheduling are provided. Using these functions, users can interactively enhance automatic parallelization results generated by PCASE through a graphical user interface.

```
      !  Program excerpt to calculate sum(i), i = 1,N

call cjfork(16,LogId)                          !Request 16 Cpus

   ! Program image executed on all processors
 `call cjprocinfo(NoWorkers)                    !Check how many Cpus
free
   BegWorker = N*LogId/NoWorkers                !Loop to calculate
   EndWorker = N*(LogId+1)/NoWorkers            !local sums
   LocSum = 0                                   !
    do i = BegWorker, EndWorker                 !
      LocSum = LocSum + i                        !
    enddo    !end
   if(LogId.ne.0) then                          !Transfer data to Buffer
     call cjrdmawr(0,LocSum,ShBuf(LogId),1)
   endif
   call csysbarrier()                           !Barrier synchronisation
   if(LogId.eq.0) then                          !Loop to calculate
   TotSum = LocSum                              !global sum
    do i = 1, NoWorkers-1                        !
      TotSum = TotSum + ShBuf(i)                 !
    enddo    !
   endif                                        !end
```

Figure 5
Cenju Programming Example

Programming on Cenju is based on parallelization primitives, which are collected in a library Paralib/CJ. These primitives provide parallel execution functions such as fork, barrier or synchronous and asynchronous memory transfer. Paralib/CJ primitives can be called from Fortran and C.

A simple programming example is shown in Figure 5. In this example the sum of N integers is calculated. The programmer first requests the number of Cpus by executing a cjfork. The cjfork call initiates the available number of processors, and distributes a program image to these processors. Then a cjprocinfo call is executed on each processor to check, how many Cpus have been allocated by the system. The sum is then calculated on each node processor in strip-mining fashion. Results are transferred back to a global buffer, and a barrier synchronisation is executed. The total sum is then calculated by the master processor using the data from the shared buffer.

7   Application Performance

Cenju was conceived as a vehicle to evaluate parallelization of actual applications, both existing programs and new algorithms. Some examples of achieved speed-up are summarized in Figure 6.

Parallel efficiency on 64 Processors	
Circuit Simulation	x 26
Structural Analysis	x 60
Magneto-hydrodynamic Plasma Simulation	x 44
Monte Carlo Plasma Simulation	x 48
Neural Network	x 33
LSI Router	x 43

Figure 6
Cenju Parallel Application Efficiency

The original problem to be parallelized on Cenju was circuit simulation. This problem has been deeply investigated using Cenju [2,3].

Parallelization is achieved by decomposing a circuit into subcircuits which are connected through an interconnection network (modular circuit simulation). The subcircuits can be assembled and solved in parallel, which leads to a large granularity of the problem. However, there is also a serial step, namely the solution of the interconnection network. While more than 95% of the simulation time is spent in the parallel subcircuits, the serial phase does contribute around 4% even in larger circuits. Parallelization of the subcircuits leads to a speed-up of 15.8 on 64 processors, which is a very good result for this kind of problem [6].

The time consuming part of the serial step is LU decomposition of the interconnection matrix, which is again a hard problem because of fine granularity. By also parallelizing LU decomposition, a speed-up of 25.8 was achieved on 64 processors.

In addition to the inherently hard problem of circuit simulation other applications were investigated, which can be parallelized more easily.

Plasma Simulation was parallelized on Cenju in collaboration with the Japan Atomic Energy Research Institute. Both a Monte Carlo model to simulate particle confinement and a fluid model to simulate magneto-hydrodynamic behaviour were implemented [4]. A speed-up between 40 and 50 can be achieved for these models on 64 processors.

Acknowledgements

This article is a summary of work and of publications by the NEC Central Research Laboratories. Among the persons who have contributed directly to this paper we would like to thank in particular N. Koike, T. Nakata, and Y. Seo. Many others have contributed equally much in a less direct way.

References

1. Nakata, N. Tanabe, H. Onozuka, T. Kurobe, N. Koike, A Multiprocessor System for Modular Circuit Simulation. In Proceedings of ICCAD 87, pp. 364 - 367, Nov. 1987

2. Nakata, N. Tanabe, H. Onozuka, T. Kurobe, N. Koike, Cenju: A Multiprocessor System with a Distributed Memory Scheme for Modular Circuit Simulation. Proc. Int. Symp. on Shared Memory Multiprocessing, pp. 82 -90, April 1991

3. Nakata, N. Tanabe, H. Onozuka, T. Kurobe, N. Koike, Parallel Programming on Cenju: A Multiprocessor System for Modular Circuit Simulation. NEC Res. & Develop., Vol 32, No. 3, July 1991

4. Matsushita, M. Narusawa, G. Kurita, T. Tsunematsu, T. Takeda, N. Koike, Nonlinear MHD Plasma Simulator on Cenju. Proc. 42nd Annu. Conv. of JPS Japan, 4H-6, pp. 6-70 - 6-71, Mar. 1991 (In Japanese)

5. Nagel, SPICE2 A Computer Program to Simulate Semiconductor Circuits. Technical Report ERL-M520, University of California, Berkeley, May 1975

6. Berry, et. al., The International Journal of Supercomputer Applications, Vol. 3, No. 3, Fall 1989, pp. 5-40

A Comparison of Some Current Parallel Computer Architectures

Friedrich Hertweck
Max-Planck-Institut für Plasmaphysik
D-85740 Garching bei München

Summary

Ten or twelve years ago parallel computing was a topic for research and parallel computers were mostly built in laboratories [1]. In 1986, Intel started to market a hypercube, the iPSC/1, a commercial product built after the original design of the Cosmic Cube at CalTech, [2]. From there on there was a continuous growth in the spectrum of parallel computers being offered, and also the maximum number of processors a machine could have was steadily increasing. Typically, the manufacturers were either start-ups or electronic companies that had the technology to embark on such development. For a survey of the status of 1990, see [3].

This situation has changed radically. The number of mostly smaller companies that offer parallel computers have now been joined by the traditional manufacturers of vector computers: Cray, Convex, Fujitsu, IBM. At the same time there is a growing number of companies that offer software for parallel computers. In this paper the architectures of some current parallel computers will be reviewed.

1. Parallel Computers Today

In our review Flynn's classification will be used. The traditional sequential computer is termed SISD - single instruction stream, single data stream. The parallel machines are termed SIMD and MIMD, where the M stands for *multiple*. A new classification for parallel computers has been introduced in [4].

One may debate whether the multiprocessor mainframes like IBM/370 or Amdahl computers are MIMD machines: Though they have instructions that permit them to be used as MIMD machines, they practically never are. In this paper, we are only concerned with machines where *multiple* CPUs (and usually a large number, not just 4 or 8) are working on *one* problem.

1.1 SIMD Computers

Single instruction stream, multiple data stream machines are indeed the simplest parallel computers and the ones that have been around for the longest time, like the ILLIAC IV. They are conceptually simple because they only use *data parallelism*, while the program they execute is a normal *sequential program*. So all processing elements execute the same operation synchronously. The vector processors are conceptually also SIMD machines, though they don't exhibit any more parallelism than any advanced scalar processor. So when using a vector processor, the programmer can think of a data parallel machine with a dynamically varying number of processing elements, indicated by the vector length. It is convenient to think of SIMD machines as having as many processing elements as there are data elements.

Unfortunately this conceptual clarity is not too visible to the user because there are no standard programming languages to express vector operations directly. All attempts to introduce vector constructs into active programming languages have failed so far, with one exception: FORTRAN 90 (however, though defined in 1990, it is, in 1993, still not widely available).

Because SIMD machines work synchronously, there is the *if-then-else*-problem: when an *if*-statement depends on the (parallel) data, for some points the *then*-branch needs to be executed, for other points the *else*-branch. Because on a SIMD machine all processing elements must execute the same instruction, the only solution is to disable alternatively a subset of the processors. On a vector machine this is done by *vector masks*.

1.2 MIMD Computers

The multiple instruction stream, multiple data stream machines are the truly parallel computers where many *different* program threads may be executed in parallel to solve *one* problem. Obviously, these machines are more general, because as a special case they may execute like SIMD machines.

If we think of hundreds or thousands of processors, it is hard to imagine the programmer to write hundreds or thousands of programs. The normal way of using a MIMD machine therefore is in the SPMD mode: single program, multiple data.

Because on a MIMD machine each processor executes its own program thread, the if-then-else problem of the SIMD machine disappears if the processor node is a scalar processor; then either the *then*-branch or the *else*-branch is executed (the problem reappears on vector nodes). But now there is another problem to cope with: While it is fine for the processing nodes to execute asynchronously, they must not do so all the time (remember, we are trying to solve *one* problem). So the requirement arises that the processors must be synchronized - once in a while. The if-then-else problem then shows in another form: where we had disabled processors on a SIMD machine and had to run the *then/else* branches sequentially, we now have to wait for those processors that execute the longer branches, while the other processors are idle.

1.3 A Simple Parallel Program

To illustrate the differences between SIMD and MIMD program execution, take the following simple example. We may assume that there are more data points per processing element than just one; for convenience let N just be a multiple of P, the number of processors (this avoids the problem of load balancing due to uneven distribution of data). Suppose further that a compiler is available that will intelligently handle the program. The program contains some parallel or vector constructs: the *where*-statement, the *dot product* function, and the *synchronize* statement.

```
real  a(N), X(N), S

where (a > 0)
   X = ...
else
   X = ...
end where

synchronize

S = dot_product(X,X)
```

SIMD execution

- evaluate (a>0) => mask; enable/disable processing elements with mask
- perform *then*-branch on all data selected by the mask
- invert mask; enable/disable processing elements with mask
- perform *else*-branch on all data selected by the mask

- o on the average, 50% of the processing elements
  are idle, but execution time is predictable
- the above steps are iterated, depending on the number of data values per processing node
- synchronization is trivial
- execute the dot product
  - o note that the dot product requires data movement between processing elements

MIMD execution

- evaluate $(a>0)$ => boolean for the one or more data points on the processor
- perform normal *if*-statements sequentially for all data points on the processor
  - o the processing element is busy until all data have been exhausted; processing time depends on the relative frequency and the duration of the *then/else* branches
- synchronize: wait until all processors done (= barrier synchronization)
  - o note that even if all processors take the same time, there is an overhead incurred with execution of the barrier
- execute the dot product
  - o note that the dot product requires data movement between processing elements

Some additional remarks are in place: The dot product is defined by the traditional FORTRAN program

```
S = 0
do   i=1,N
     S = S + X(i) * X(i)
end do
```

While all multiplications can be done in parallel or, if there are more data points per processor, the dot products of the partial vectors, we end up with one partial dot product per processor which must be added to give the total dot product S. This can be done in a cascade summation where in each successive step (there are $\log_2 P$ of them) only half of the processors of the previous step are used. Moreover, data must be communicated. Performance largely depends on how fast that can be done. In general, we may expect the movement of a word to take at least a time comparable to the add operation itself. So the dot product - basically a sequential operation - will see a degradation of $1/(2 \log_2 P)$.

2. Implementations

In this section we shall look at some current parallel computers that are offered in the market. Due to a lack of space not all of them can be treated.

2.1 Interconnection Architectures

What sort of processor is needed for a parallel computer? The answer is: almost any kind will do, as long as some basic requirements are fulfilled (for instance, floating point is a must for number crunching applications). So it is not surprising that many standard microprocessors are used and they seem to be interchangeable. The situation is however completely different when we look at the way the processors are interconnected: there every computer has a different unique and innovative interconnect architecture.

There are several decisions to be made regarding the interconnection, [5]. Shall the network have static or dynamic topology, shall it be circuit switched or packet switched, how should nodes be addressed, should there be (in static networks) dynamic routing, etc.

The SIMD machines that exist all have static network topology. Data communication in these machines is simpler because also the communication network is under the supervision of the central controller and working synchronously.

With MIMD machines the story is completely different. There are two basic kinds of interconnection architecture that are related to the way the address space of the computer is organized: some systems use a private address space for each processing node (i.e. it can not access another node's address space), other systems use a global address space that can be accessed from any node. This implies different communication architectures. The first kind of machines can share information only by explicitly sending or receiving messages. They are therefore called *message passing* systems. The second kind of system may read from or write into any location of the global address space. They are therefore called *shared memory* systems. It would be a mistake to assume that the shared memory systems always have a central, physically localized, memory with uniform access to all locations from all processors. This has been attempted and achieved only for the very powerful (and very expensive) vector processors with a moderate number of CPUs. As the number of processors in a system grows, it is getting harder to build the necessary switches to access the shared memory with the same rate as a single processor would access its private memory. So the shared memory systems normally have physically distributed memory, with longer access times for memory farther away. For this reason they are also called *virtual shared memory* systems.

2.2 SIMD Computers

In this section we shall look at two SIMD machines, the Connection Machine CM-2, which is not produced any more but still around, and the MasPar-2 computer which is still offered today. The earliest machine of the SIMD kind, the DAP (distributed array processor) of ICL, Britain, designed in the mid-seventies and later produced and marketed by Active Memory Technology, is no longer available.

Connection Machine CM-2

The CM-2 (and its upgrade version, the CM-200) consists of 4096 to 65536 processors with a word length of 1 bit. Floating point capability is added by Weitek coprocessors, each shared by 32 CM-2 processors. Because the processor word length is only 1 bit, the CPU is simple and so 16 CPUs are placed on one chip, including a switch to interconnect them. The topology of the machine is a hypercube, and so 12 links leave each chip to be connected to other processor chips. The chip also contains a message router. Depending on the size of the machine, one, two, or four sequencers are available to supply the machine with instructions. Each sequencer is connected to a host computer (a UNIX work station).

In order to provide reasonable efficiency for communications within the machine, the processors may be arranged in multi-dimensional grids (this is possible in a hypercube topology) and data may be moved (simultaneously for all processor nodes) in any of four directions in a plane (the NEWS grid). The routing mechanism may also perform the operations needed to get global sums, to compute scalar products, to find minima/maxima, etc.

The architecture of the processor makes it possible to invent new instructions (because any three bit inputs may produce any two bit outputs). So there are many unusual applications that may be tackled.

MasPar-2

This is the other SIMD machine available today. It may have up to 16384 4-bit processors. Floating point is done by microcode, so no additional chips are required. The machine actually consists of a DECstation 5000 front-end processor that is connected to the parallel processor array; it issues instructions to the array and performs sequential operations.

The interconnect topology is a two-level structure: The "Xnet" is a two-dimensional nearest neighbour connection that links a node to each of its 8 neighbours in the directions

N, NW, W, SW, S, SE, E, and NE. Links of processors at the edge of the processor array are connected in wrap-around fashion to processors of the opposite edge, thus forming a toroidal topology. This net is fast, but it supports only regular communication structures like shifting a whole data field in one direction. Because all processors perform the same operation, a processor simultaneously sends and receives data.

The second communication scheme is based on a 3-stage routing network, that permits random communications between any two nodes. It is used for irregular communication patterns or patterns that are computed at run-time. Its performance is about one order of magnitude slower. When data is to be transmitted, a bi-directional link is established between two processing elements. Communication time is independent of the distance of the nodes. There is only one router channel for each set of 16 processing nodes, hence contention may occur. So whenever possible and the distances are small, the programmer should use Xnet.

A reduction network between the processor array and the front-end helps to speed-up operations like finding global maxima, etc.

2.3 MIMD Distributed Address Space Machines ("Message Passing Machines")

We now turn to MIMD machines with distributed address spaces. On these machines, a processor can directly access only its own address space and associated memory. Access to data on other processors must be done by explicit message passing. These architectures have been around for the longest time, the first commercial products being the iPSC/1 and the nCUBE-1.

Topologies and Message Passing Techniques

The interconnectivity of distributed memory, message passing, architectures depends on the number of links the designer is willing to provide (or what the designer thinks the customer can afford). Hypercubes potentially need the largest number of links, because the links per processor must be $\log_2 P$, where P is the maximum number of processors to be supported. On the other hand, two-dimensional systems only need four links per processor to form a 2d-grid, and three-dimensional systems require six links.

One often hears the opinion that hypercube systems are not really scalable, because there is a limit to the number of processors that can be connected (hypercube topology to be maintained), while the 2d-systems are scalable (a plane may be extended ad infinitum). In the second case the integral data transfer capability is usually quoted. This is grossly misleading.

It is true that the buyer of a hypercube system, if only a small system is required compared to the maximum possible size, pays for links that will never be used. But for a larger system, because of the additional links that can actually be used (and these are connected to processors farther and farther away), the communication bandwidth per processor increases logarithmically.

The proponents of 2d or 3d systems seem to make the implicit assumption that communication is mostly to nearest neighbours. This is true for some relaxation methods for solving partial differential equations, or for some other even more embarrassingly parallel applications.

But we certainly have not yet explored all the algorithms that we would like to run on parallel machines. Especially the more advanced numerical algorithms, developed while only conventional machines were around, display sometimes quite a complex structure that is not easily parallelisable.

Hypercubes: Intel iPSC/860, nCUBE-2

Hypercubes have been studied thoroughly and they have been shown to be quite useful, [6]. The two major manufacturers have been Intel and nCUBE, but with the advent of the Intel Paragon machine there is more or less only nCUBE in this field.

The **Intel iPSC/860** is built with the "off the shelf" microprocessor i860 of Intel with a peak performance of 60 MFLOPS. The hypercube interconnect, called the Direct-Connect, is added as separate hardware on the processor board, giving a maximum data rate of 1.4 MBytes/s per link. The data paths between nodes are created dynamically for the time of transmission, so that transmissions between non-adjacent nodes do not affect the intermediate nodes. The total communication bandwidth scales as $P \log_2 P$, where P is the number of processors.

The **nCUBE-2** system is built with proprietary 1-chip microprocessors that include a fixed point ALU, a floating point unit, and 14 communication channels. Thus a CPU "board" only needs additional memory chips to be operational; its size is only about 30 x 100 mm^2. Because one link of each processor node is reserved for i/o (including connection to a host), there are 13 links to connect the processors into a hypercube of up to 8192 nodes. The links are bi-directional and have DMA capability, so data communication can take place along with CPU activity. The CPU delivers about 7 MIPS and 3 MFLOPS peak (of which usually 75% are realisable), the links transmit with 2 MBytes/s. The nCUBE design looks very attractive from the standpoint of technology, because a 64 processor system will fit on one 50 x 60 cm^2 motherboard. At present 4 MByte, 8 MByte, or 16 Mbyte nodes are available nCUBE have announced that they are working on an nCUBE-3 machine, to be available towards the end of 1994. It is expected to have a performance increase by a factor of 30.

When comparing the two hypercubes, there are many similarities, resulting from the identical hypercube topology. Therefore also the communications software is similar. The systems provide both blocking and non-blocking communication primitives (though it seems that the trend is to have non-blocking sends and blocking receives as the norm). Primitives like get_cubesize, my_node_id, etc., help to write scalable programs in the SPMD mode.

2d-Topologies: Transputers, Paragon XP/S

The **Transputer T800** is a one chip microprocessor that includes a fixed point ALU, a floating point unit, 4K bytes of memory, and 4 communication links. The architectural ideas are very similar to the nCUBE design, with the advantage that the chips themselves are available to the end user to build his/her own systems. This permits the construction of very low cost parallel computers, because only the memory chips have to be added. A drawback is (besides lower CPU performance of about 1 MFLOPS) that there are only four links, which suggests the restriction to a 2d topology. Indeed, many systems have been built that way. The situation is somewhat amended by the link switch, a chip that is a 32 x 32 crossbar for the links, and the availability of a link adapter, that transforms bytes into a data packet for the link (and vice versa). Another problem is that communication is strictly node to node between directly coupled neighbours; any communication beyond the next node must be done in (time consuming) software. The most wellknown company that produces large T800 systems is Parsytec (their MegaCluster may have several hundred nodes).

Another 2d topology is exploited by a very new machine that tries to reach into the realm of teraFLOPS: the **Intel Paragon XP/S** with a planned peak rate of 300 GFLOPS (to be achieved by 1000 nodes, each with four i860XP microprocessors). Each node has at least two processors: one dedicated to communication, the other node(s) used for computation. The interconnect abandons the hypercube philosophy of the earlier iPSC/x machines; it uses a 2d-grid of communication channels instead. Communication latency is 25 µsec between any two nodes, and message throughput is 200 MBytes/s on 16 bit wide data paths. Messages may move in any of four directions along the network. Due to the 2d-network, it is quite easy to expand the machine with more nodes. The nodes may be specialized to do computing, i/o, etc. The first Paragon XP/S systems have already been installed.

3d-Topologies: Parsytec GC

The Parsystec GC is also a new system (first customer shipment is expected later this year) that is based on the Inmos T9000 transputer chip as processor. An essential feature of the architecture is the C104 routing switch that will be used to interconnect the processors into a 3d network. The T9000 will have a peak performance of about 25 MFLOPS, and, as its predecessor the T800, again only has four links but with a fivefold increase in speed. While the CPU is largely compatible to the T800, the most important deviation from the earlier transputer is that the four physical links now support an arbitrary number of virtual links, and the buffered C104 routing switches can dynamically link any of 32 inputs to any of 32 outputs. In principle, all possible 32 bi-directional paths through the router switch can work simultaneously (giving a total throughput of 640 MBytes/s). A GC board contains 16 + 1 processors, one added for redundancy. The processors on a board are connected to four C104 switches which handle both the communications within a board and the communications to remote boards.

Multistage Switches: CM-5, Meiko CS-2, IBM SP-1

The **CM-5** of Thinking Machines Corporation is a machine that attempts to combine both CM-2/CM-200 SIMD processing with MIMD processing. CM-2 programs can be run after recompilation. The processor nodes are standard SPARC microprocessors, optionally augmented by 4 vector units. Memory size per node is 8, 16, or 32 MBytes. The latter size is always standard with the vector units which at the same time execute also scalar operations (much faster than the SPARC). Performance is 4 x 32 MFLOPS per node with the vector units (for multiply /add), memory bandwidth is 4 x 16 Mwords/s. The processor has a 64 kByte cache for instructions and data. The microprocessor feeds instructions to the vector units.

There are two networks visible to the user: a control network, built for low latency for tightly coupled SIMD operation, and a data network, built for bulk data transfer. A processor can send a message concurrently to CPU activity, and received messages are either polled or the processor is interrupted. The control network performs such operations as synchronisation, broadcasting of data, reduction operations, etc.

The data network is a *fat tree*, [7], where branches nearer the root show higher bandwidths. The CM-5 fat tree is implemented as a 4-pronged fat tree, where each node has four children; so a fat tree of height 3 has 4^3 = 64 network addresses, sufficient for 32 or more processing nodes plus control processors and i/o processors. The network interface is able to perform dynamic routing with load balancing. Due to the redundancy in switches, the network shows some fault tolerance if links break or switches fail.

The control network may be thought of as a binary *skinny tree*, at least as far as seen from a single user program (at any rate not as fat as the data network). Every control network operation sends information up the tree to the root, and then back down to the leaves; this is done on separate paths, so that pipelined operation is possible. The control network can also perform the reduction operations required frequently in parallel computations (global sums, min/max, etc.).

The **Meiko CS-2** is in many ways similar to the CM-5. A processing element contains a superscalar SPARC RISC processor and two Fujitsu μVP vector units sharing a three-ported memory system. The two vector units, that operate independently of the SPARC, deliver a peak rate of 200 MFLOPS (64 bit), and the SPARC 40 MFLOPS. The vector units have a register-to-register architecture. The memory of a node has 16 banks in order to provide the bandwidth required for the vector units. The fourth element of a node is the proprietary communications module that shares its memory access with the SPARC and has two data links to the communications network, each providing 100 Mbytes/s of bi-directional user bandwidth. Latency is reduced in two ways: first, all remote data accesses are done without copying the data, without kernel intervention or interrupts; second, the use of remote store access primitives avoids the overhead incurred with normal message passing. This gives a remote store latency of about 10 μsec. The communications processor supports remote read and write operations specified by virtual processor number and virtual address. Latency hiding is supported by non-blocking transfer instructions, instruction sequences, and completion tests.

The interconnection network is a multi-stage packet switched fat tree, where the bandwidth between stages remains constant. Each switching node is a full 4 x 4 crossbar switch. The number of network stages is 3 for $4^3 = 64$ nodes, etc. Each network stage causes a delay of 200 nsec. The network offers point-to-point connectivity, hardware broadcast at full bandwidth, and low latency bulk synchronization. The network may have 8 independent layers, of which 2 are used at present; adding more enhances throughput.

The third machine we shall look at in this group is the **IBM 9076 SP-1** scalable POWERparallel computer system. It may have 8 to 64 nodes, each consisting of a RS/6000-580 processor node. Peak performance of one node is 125 MFLOPS, giving a total of 1 - 8 GFLOPS. Each node may have a memory of 64 to 256 MBytes.

The interconnect is a two level network of eight 4 x 4 crossbar switches for each group of 16 processors; for larger systems they may be interconnected, so the longest distance in the network are 4 switches that have to be passed. Any point-to-point connection is possible, and the latency does not exceed 500 nsec. An established link has a data rate of 40

MBytes/s and the bi-section bandwidth is 1.28 GBytes/s. The network does error checking and, if necessary, alternative routing.

2.4 MIMD Global Address Space Machines ("Shared Memory Machines")

We now turn to the MIMD "shared memory" machines. It has already been pointed out that the term *shared memory* in fact refers to a *global address space* accessible to (shared by) all processors, while the underlying physical memory is distributed. The topology of such a machine is in fact the topology of the interconnecting network between processors and the memory modules.

At this place one may pose the question: what is the difference between for example a Cray Y-MP and a shared memory MIMD machine? Indeed, the Cray Y-MP *is* a multiprocessor machine *with* shared memory. The difference is that the Y-MP has a memory with uniform access characteristics, while the MIMD machines with many processors display non-uniform memory access (NUMA).

Memory Consistency

Because memory must be distributed if a large number of processors is to be supported, the computer architect must decide on how to connect the set of memories to the set of processors. Several questions arise: should all memory be sharable, or should one also have local memory (for programs and private data)? What amount should be sharable - can it be determined dynamically? How is synchronization to be achieved? If the processors have caches - what should be the cache consistency strategy?

Ring Topologies: KSR-1 AllCache, Convex MPP-1

The Kendall Square Research machine, the KSR-1, has now been installed in about 20 places. It has several architectural features that are unique. The processor is a custom designed CMOS superscalar RISC microprocessor with a dual instruction stream and a peak rate of 40 MIPS or 40 MFLOPS in 64-bit precision (there is no 32-bit floating point). There are 32 integer registers, 32 address registers, and 64 floating point registers (all registers have 64 bits). Each processor has 32 MBytes of memory and the standard minimum configuration are 32 processors interconnected by a fast ring interconnect.

The unique and innovative feature is the "AllCache" memory design: in principle, the memory of each processor consists *only* of cache, called the *local cache* of 32 MByte, and a first level cache, called the *subcache*, comprising 256 kByte of instruction subcache and 256 kByte of data subcache. Address space is allocated in pages of 16 kBytes, but memory is allocated in subpages of 128 Bytes. A subpage may be copied, so that for programs and shared data every processor may have its own copy. When a processor decides to store into a subpage, all other copies are made invalid and the change is done; subsequently, other processors may obtain the new copy. If a page is not available on a processor, it is automatically searched in all other processors. This is done via the ring, and the hardware, distributed over all processors, is called the *search engine*. So a subpage may be floating around the memory; there is no permanent "home" or owner for it. Latency over the ring is about 10 µsec, and total bandwidth 1 GBytes/s. Mechanisms like *atomic access* to a subpage are available to help synchronization operations.

The ring is in fact a hierarchical structure: the lowest order ring structure is called *search engine:0*, and several of them (up to 34) may be connected by *search engine:1*, etc. Latency increases to about 30 µsec if a search must be extended over ring:1, but ring:1 may be configured for 1, 2, or 4 GBytes/s bandwidth.

Convex has started the development of **Convex MPP-1** systems; they entered an alliance with Hewlett-Packard with the goal to use their PA-RISC microprocessor as the compute engine in the parallel system. This single chip processor is providing 200 MFLOPS peak performance.

The machine is a "global shared distributed virtual memory" system; it is supposed to model a tightly-coupled shared memory machine. The address space is 64 bit; the memory is subdivided into cache, local memory, and remote memory - clearly a NUMA design. Cache coherence throughout the MPP complex is provided and the architecture is claimed to be scalable to tens of thousands of processors.

The first customer shipment is targeted for early 1994, with a peak performance of 24 GFLOPS (128 processors). Contrary to other vendors, it is a stand-alone machine - no host processor is required. The machine has a two-level structure: 8 processors are connected into one node, and up to 16 nodes are connected into a one-dimensional ring. A node has a local memory, shared by the 8 processors via a fast intranode interconnect, and contains a part of the global memory which is shared between all nodes. Access to the global memory is via an internode cache.

3d-Topology: Cray T3D

The massively parallel machine of Cray Research, the Cray T3D, is expected to be available soon. At the time of writing this paper, no detailed information is available. The processor used is the DEC alpha microprocessor with 160 MHz clock rate, giving a peak performance of 160 MFLOPS per processor. The total peak rate quoted, 300 GFLOPS, suggests a machine of about 2000 processing elements. The processors are interconnected into a 3d torus (very much like the Parsytec GC) with a proprietary interconnect architecture built with existing Cray technology.

For the time being, the machine is intended as a backend number cruncher for the Cray Y-MP, with interfaces that connect to both the CPU and the IOCs. The data rate across that interface is 400 MBytes/s.

The machine features a shared address space, where global data (shared data) are distributed over the memories of the processing elements; private data (task stacks, instructions) are replicated and held locally. The possibility to access data independently from the processor (*latency hiding*) suggests message passing techniques. Synchronization mechanisms like barriers, locks, critical regions, events, as well as global reduction operations are also provided.

From the information available it is difficult to discern hardware features and software add-ons.

Crossbar Topology: VPP 500

This machine, built by Fujitsu, Japan, is designed as a high power backend to the Fujitsu VP-2000 vector machines. First customer shipment is expected to be sometimes later this year, and the system will be marketed in Europe by Siemens-Nixdorf.

It is interesting to note that Fujitsu was very conservative regarding the multiprocessor capabilities of their VP-2000 vector computers. Instead of duplicating complete CPUs, they duplicated merely the scalar unit, and only then did they provide a 2-processor system (4 scalar units and 2 vector units).

It seems to be consistent with their design philosophy to start with an MPP system of very powerful vector computer nodes (a maximum of 222 is possible): each processing element is a fully-fledged scalar + vector unit of new design (the scalar unit is a long instruction word RISC machine able to perform three instructions simultaneously) with 128 or 256 MBytes of SRAM memory. The IEEE floating point standard is used. The scalar unit is expected to deliver 300 MIPS or 200 MFLOPS peak, the vector unit 1.6 GFLOPS peak. Memory bandwidth is 12.8 GBytes/s.

When more processing elements work jointly to solve one problem, part of the memory of a processor can be declared as global, called *virtual global memory*. This is a logical address space of P x 4 GBytes, where P is the number of processors. The interconnect between the processors is a crossbar network that can move 2 x 400 MBytes/s (bi-directional) between two procssors; of course, all possible pairs of processors may transfer simultaneously. The communication protocol includes several transfer modes: contiguous blocks, blocks with stride, subarrays, indirect access. No OS intervention is needed for data transfer and several requests may be queued. Latency should be a few μsec.

3. Comparison

I shall now try to compare the *architectures* of the dozen or so machines that we have looked at. The comparison will have to exclude several points: first of all, the prediction of *real* performance (if only within a factor of 2) is impossible without doing some benchmarking (some of the machines are still under development) and a more detailed study of the architecture on the basis of more reliable and complete data; then, secondly, the software systems have to be excluded, because each machine would demand at least a couple of weeks of thorough hands-on experience (the situation as seen by a - potential - user is that there are only vendors out there that offer the finest leading edge software with no problems whatsoever . . .); finally, any price comparisons are unreasonable when looking at the enormous range of (peak) performance of 1 : 1000 of the offered systems.

So I will confine myself to the discussion and the comparison of the architectures themselves and try to get some insight. Inevitably, my own preferences and philosophical views will show: I am not the typical user with dusty decks or enormous investments in programs - so I will rather look at the potential weaknesses and strengths of the various machines.

If we try to put the machines into general categories, it seems we can identify five:

(1)   the SIMD machine MasPar-2

(2)   the hypercubes nCUBE-2 and iPSC/860

(3)   other distributed address space machines

(4)   the AllCache KSR-1

(5)   other global address space machines

The most interesting fact about this list is the difference in population density: categories 1 and 4 have only one member, category 2 has two, while categories 3 and 5 have 3 - 5 members.

The obvious question arises: are in the first three categories systems that are (tiny) dinosaurs, or some deviations or excursions in the normal course of evolution? Let us look at them in turn:

- The MasPar SIMD machine, as already pointed out, is certainly easy to program - comparable to programming a single CPU vector computer; this should even become easier when FORTRAN/90 is available. Given a reasonable price/performance ratio, I can see a lot of applications in image and signal processing, etc. Because of the simple CPUs involved, even specialised processors may seem feasible, as the technology of computer aided chip design makes further progress.

- The hypercubes nCUBE-2 and iPSC/860 are very typical examples of message passing machines. One drawback is common to all machines of this kind: the program has to be replicated for all the processors involved - this may just consume too much memory needed for data. The hypercube topology requires a certain communication structure in the program - in my view this is beneficial because it imposes right from the beginning a certain programming discipline when developing a program. Because of the mathematically clean structure of the topology many communication patterns are straightforward.

- The KSR-1 AllCache machine is probably a milestone in the evolution of parallel machines. If we want to have global address space machines, this seems to be the right direction into which to proceed. The problem of controlling the consistency of data has been implemented in hardware at the cache level, right where the problem shows, but at the expense of building proprietary processing nodes. Here again, if the right CAD tools are available, one can believe that this is feasible also in the future (many people argue that it only pays to use standard off-the-shelf microprocessors). The problem of program replication (and shared read-only data replication) has a natural solution, because the automatic cache mechanism copies what is needed and releases what is not longer needed.

The global address space machines have one advantage that cannot be matched by the distributed address space machines: the user need not be concerned with bulk data in his/her program, because it can be placed anywhere in memory. One process on one processor may greedily take away address space and thus memory from other processors, but an advantage is that a program may execute. On a distributed address space machine data of a very large program *must* be spred over a set of processors before it can run.

When looking in a general way at the parallel machines, it is obvious that they all have one terrible deficiency: data communication (whether via messages or by direct read/ writes) is always too slow compared to the speed of computation, and so far automatic tools for parallelising FORTRAN programs (the normal programming language for number crunching users) are in their infancy. I personally feel not enthusiastic about a FORTRAN program that is cluttered with compiler directives in order to make the program run efficiently on a parallel machine, and I also cannot see that this approach is much better than that of explicit message passing - it requires continuous two-level thinking by first determining or realizing what the sequential program is going to do or doing, respectively, and then to imagine how it should run in parallel.

If language development (FORTRAN/90+, HPF, ...) and compiler technology are going to help the users at all, they can do that independently of the *detailed* architecture of the parallel machines. A message passing machine - and that has been mentioned by several manufacturers in their brochures - has the chance to implement latency hiding or concurrent data transfer, while on those machines that directly access data when needed that task is harder (remember the problem of anticipated page fetches in virtual memory systems).

As far as architectures are concerned, all manufacturers will have to cope with the problem of making their machines balanced with respect to CPU power, memory latency and bandwidth, interprocessor communication latency and bandwidth, and i/o bandwidth.

Regarding software again a personal view: I think we should concentrate on new things we would like to do and develop the parallel algorithms for them, and for that we need a programming language that can express parallelism clearly (both data parallelism and control parallelism). The task of parallelizing an algorithm is an intellectual exercise and not a mechanical task done by compilers or by invoking debuggers. These things are helpful tools, but not solutions.

Acknowledgement

I am grateful to the computer manufacturers who supplied me with information on their parallel computer systems.

References

[1]   F R Hertweck, "Vektor- und Parallel-Rechner: Vergangenheit, Gegenwart, Zukunft", Informationstechnik it 31 (1989), 1

[2]   C L Seitz, "The Cosmic Cube", CACM 28 (1985), 22

[3]   A Trew, G Wilson (Ed), "Past, Present, Parallel", Springer (1991)

[4]   H W Meuer, E Strohmaier, "Aktuelle Parallelrechner-Konzepte und Architekturen", Informationstechnik it 34 (1992), 1

[5]   T Y Feng, "A Survey of Interconnection Networks", IEEE Computer, Dec 1981, 12

[6]   G Fox, "Solving Problems on Concurrent Processors", Prentice-Hall (1988)

[7]   C E Leiserson, "Fat-trees: Universal networks for hardware-efficient supercomputing", IEEE Trans. Computers C-34 (1985) 892

Intel Paragon XP/S - Architecture and Software Environment

Rüdiger Esser and Renate Knecht

Central Institute for Applied Mathematics
Research Centre Jülich (KFA)
P.O.Box 1913, D-5170 Jülich, Germany
e-mail: r.esser@kfa-juelich.de, r.knecht@kfa-juelich.de

Abstract. The paper describes the hardware and software components of the Intel Paragon XP/S system, a distributed memory scalable multicomputer. The Paragon processing nodes, which are based on the Intel i860 XP RISC processor, are connected by a two-dimensional mesh with high bandwidth. This new interconnection network and the new operating system are the main differences between the Paragon and its predecessor, the iPSC/860 with its hypercube topology. The paper first gives an overview of the Paragon system architecture, the node architecture, the interconnection network, I/O interfaces, and peripherals. The second part outlines the Paragon OSF/1 operating system and the program development environment including programming models, compilers, application libraries, and tools for parallelization, debugging, and performance analysis.

1 Introduction

The Paragon, which was first delivered in September 1992, is a product of Intel Corporation's Supercomputer Systems Division. As its predecessors, the prototypical Touchstone Delta system and the iPSC/860, the Paragon is a scalable distributed multicomputer. Its nodes are also based on Intel's i860 RISC processor and it also primarily supports message-passing as a programming model. The most significant differences between the Paragon and the iPSC/860 with its hypercube topology are the new fast rectangular interconnection network and the new OSF/1 based operating system.

This paper intends to give a tutorial survey of the Paragon hardware and software architecture. At the time of writing (April 1993), more than 25 Paragon systems have already been delivered to customers. The system, however, is still under development. This is especially true for the operating system, the first commercial version of which will be available in May, 1993. The first release of the complete operating system is announced for fall 1993. At this time most of the hardware features and tools for software development will also be available. As it is difficult to give a valid description in such a fast changing situation, we chose to describe the Paragon system as it will exist in late 1993. The features which are currently missing are listed in a separate chapter.

2 System architecture

The Paragon's processing nodes are arranged in a two-dimensional rectangular grid. The memory is distributed among the nodes. The system contains nodes for three different tasks: compute nodes, service nodes, and I/O nodes. Compute nodes are used for the execution of parallel programs; service nodes offer the capabilities of a UNIX system, including compilers and program development tools, thus making a traditional front-end computer unnecessary; and I/O nodes are interfaces to mass storage or external networks. All nodes are uniformly integrated in the interconnection network. The network provides fast routing of messages. The bandwidth between two nodes is 200 MB/s in each direction, virtually independent of the distance between the nodes. The communication uses wormhole routing with a deterministic routing algorithm. The start-up latency for a message issued by a program written in a high-level language is 30 μs.

Mass storage devices and external networks are attached to special I/O nodes. Disk arrays (RAIDs) having a capacity of 4.8 GB each provide internal disk space. They are built into the Paragon cabinets; each one is connected to a single I/O node with 5 MB/s bandwidth. For external disks, tapes, and networks SCSI-1, HiPPI, and Ethernet interfaces are available. A built-in Diagnostic Workstation is used for diagnostics and for booting the system. It is connected to the nodes by a separate network.

Each Paragon cabinet has a footprint of 56×107 cm, it can contain 64 nodes, each on a separate board, and up to 8 RAIDs or 6 RAIDs plus the Diagnostic Workstation. A full cabinet has a power consumption of about 5 kW; the system is air-cooled. Intel offers Paragon systems with up to 1024 nodes.

2.1 Node architecture

Compute nodes, service nodes, and I/O nodes are all realized by the same General Purpose (GP) node hardware (cf. Fig. 1). All components of the GP node's compute and network interface parts are connected by a 32-bit wide address bus and a 400 MB/s 64-bit wide data bus.

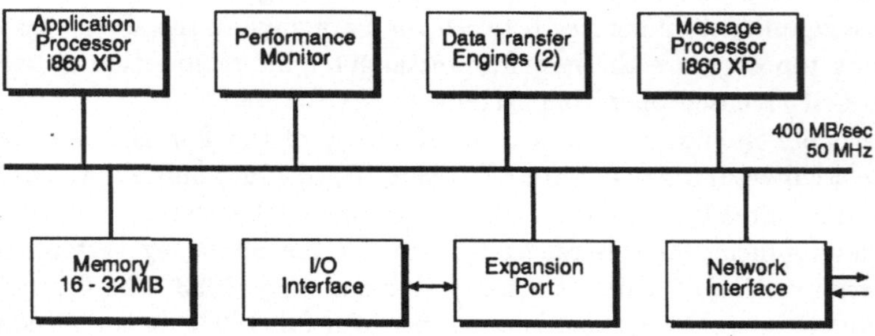

Fig. 1. Paragon node components

Compute part. The compute part includes an Intel i860 XP microprocessor, whose clock speed is 50 MHz (20 ns per cycle), and 16 or 32 MB of memory. The memory is constructed from 4 Mbit, 60 ns DRAM chips. It is organized in two banks and has single-bit error correction and double-bit error detection. The peak speed of data transfer between the memory and the processor caches is 64 bit per cycle, i.e. 400 MB/s.

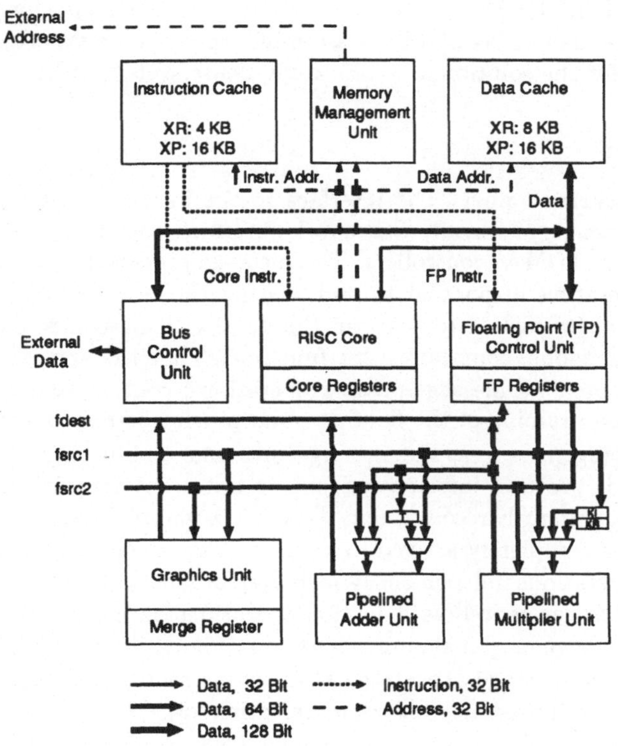

Fig. 2. Components of the Intel i860 processor (from [12])

The i860 XP is a fast compute-oriented RISC processor in 0.8 micron CMOS technology and contains more than 2.5 million transistors (cf. Fig. 2 and [7]). Address paths are 32 bit wide, and data paths are 32, 64, or 128 bit wide. Besides the RISC core, it has two 16 KB caches, one for data and one for instructions, and two integrated vector pipelines for 32-bit and 64-bit IEEE floating-point add and multiply. Furthermore, it has an on-chip memory management unit supporting the caches and virtual memory. Page sizes are 4 KB and 4 MB; the Paragon operating system uses only the small pages.

The data cache and the floating-point registers are connected by a 128-bit wide data path, enabling a data rate of 128 bit per cycle or 800 MB/s. As the pipelines can work simultaneously and the adder can deliver one result every clock cycle and the multiplier one result every two clock cycles the theoretical peak performance of the i860 XP is 75 MFLOPS (64-bit arithmetic).

Remark. Practice has shown that programming the i860 is rather difficult. On the i860 XR, which is used in the iPSC/860 and has a clock frequency of 40 MHz and smaller caches, code generated by the Fortran compiler seldom exceeds 5 MFLOPS even when it vectorizes well, whereas assembler routines may run at nearly 40 MFLOPS [9]. For the i860 XP, up to 10 MFLOPS for pure Fortran code and more than 40 MFLOPS for assembler code can be expected. LINPACK performance for the solution of a 100×100 dense system of linear equations is 22 MFLOPS.

Network interface part. The interface to the interconnection network consists of a message processor, a network interface controller, and two Direct Memory Access (DMA) controllers. The message processor is a second i860 XP processor operating in parallel to and sharing the memory with the application processor. Its task is to perform the details of inter-node communication and to provide global communication functions. Thus the application processor is not interrupted by message-passing operations; context switching and code turbulence and draining of the floating-point pipelines are avoided.

For outgoing messages, the message processor splits longer messages into packages, adds protocol information, and initiates the transfer. Incoming messages are autonomously received and the application processor is informed when a message has completely arrived in memory. The message processor also handles global operations independently including broadcast to and synchronization of a group of nodes as well as reduction operations on integer, floating-point or logical operands (e.g. global sum, global minimum, global and). The program executed by the message processor fits in its instruction and data caches, thus keeping the start-up latency for communication low.

The actual transmission of data between the memory and the network is effectuated by a special Network Interface Controller (NIC). It is assisted by two DMA controllers, one for inbound and one for outbound messages, which can operate in parallel. This aggregate provides a bandwidth of 200 MB/s for traffic in each direction.

Additional hardware. The Paragon GP node contains a data capture chip (RMP) that non-intrusively collects node performance data by monitoring bus activities. The data are read by the message processor and transmitted to a service node through the interconnection network. They are made available to the user through the Performance Visualization System (iPVS). They are also made visable on the front panel of the Paragon cabinets.

Furthermore, every GP node is equipped with an expansion port. On I/O nodes, this is used to attach a special I/O interface card.

2.2   Interconnection network

The Paragon has two communication networks: the high-speed data network
and the diagnostic network. The diagnostic network is used for booting and
diagnostics. It conforms to the IEEE 1149.1 JTAG specification [6]. This implements serial scan strings which provide access to the various Paragon hardware
components.

The data network is the main communication vehicle between all nodes. For
its topology, Intel has chosen a 2-dimensional mesh (cf. Fig. 3). It is constructed
from Paragon Mesh Routing Chips (iMRCs) which are connected by high-speed
channels. The channels are 16 bit wide and support a bandwidth of 200 MB/s.
To each iMRC, one node may be attached. The iMRCs can, however, route
messages autonomously and are independent of the attached node, and in most
Paragon systems there is a number of iMRCs which have no node attached to
them. Routers and channels are combined into backplanes carrying 16 routers
(4 rows and 4 columns). Four of these active backplanes accomodate the nodes
of one cabinet.

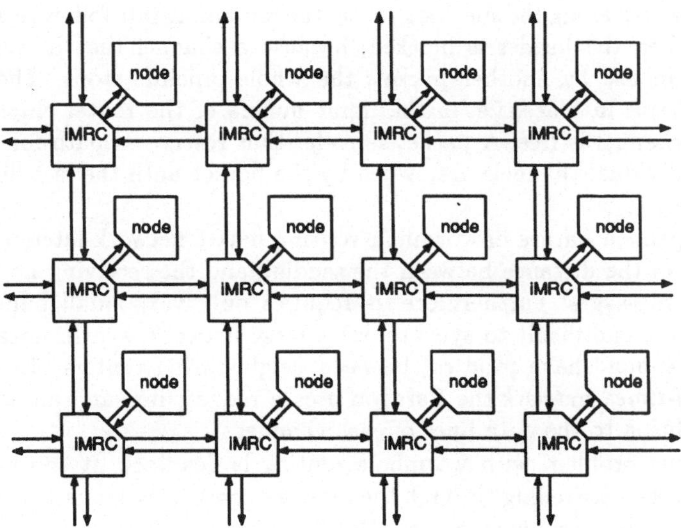

Fig. 3. Paragon interconnection network

The Paragon Message Routing Chip (iMRC). The iMRC is a message
routing chip with 5 input and 5 output channels. One input and one output
channel are connected to each of the 4 neighbouring nodes (east, west, north,
south). The last pair of channels is connected to the Network Interface Controller (NIC) on the attached node. A 16-bit buffer on the iMRC is assigned to
every input channel. The iMRC can route a 16-bit quantity of data from an

input buffer to any output channel. If the direction does not change, it takes 40 ns to make an individual routing decision and to close the resulting switches. The iMRC hardware supports broadcasting by automatically routing a message to all nodes in the rectangle between the sending and the receiving nodes.

Wormhole routing. The unit to be transmitted between nodes is one *packet*. The message processor on the node partitions the messages into packets of 8 to 1984 bytes (user controlled, default 1024 bytes); it also adds the necessary routing information to the packets and controls the transmission of packets between the network and the node.

Wormhole routing has been introduced as a fast switching technique for direct networks by Seitz and Dally [3, 13] to combine a pipelined transmission of packages with low storage requirements on the routers. In wormhole routing a packet is divided into a sequence of *flits* (flow control digits). The flit size in the Paragon system is 16 bit. A flit can be transmitted between adjacent routers in parallel in a single step.

The header flits of a package determine its path in the network. As the header advances along the specified route, the remaining flits follow in a pipelined fashion. When the header is blocked, because a channel that it wants to use is already in use by another packet, the whole pipeline stops. The sequence of flits remains in place, i.e. in the input buffers of the router chips until the requested channel is free. A packet's header thus reserves a path for its packet, and the individual channels are owned by the packet until the last flit has been transmitted.

The pipelined nature of wormhole routing makes network latency nearly independent of the distance between the sending and the receiving node, at least for longer messages. Furthermore, it requires only very small buffers on the routers. As it is difficult to synchronize a large network, synchronization is replaced by a handshake protocol between neighbouring routers. To implement such a *self-timed network* the Paragon uses a request line and an acknowledge line in addition to the data lines of each channel.

A serious problem with wormhole routing is deadlock. It can easily occur because packets travelling through the network constantly request new resources (channels) while occupying others. Deadlock is avoided by selecting adequate routing algorithms. The Paragon uses a simple but effective approach: messages are first sent in the horizontal direction and then in the vertical direction. A change of direction is allowed only once on the path. This algorithm is *minimal* (it uses a path of minimal length) and *deterministic* (as opposed to adaptive algorithms which can take collisions into account and make detours).

In detail, routing on the Paragon works as follows. A packet has two header flits containing the orientation of the path and the number of intermediate hops to be passed. The first flit contains the orientation and the number of hops in the horizontal direction. After deciding at the sending node whether to go left or right, the flit proceeds from router to router being decremented by one at every router it passes. When its value is zero, the first header flit is stripped off, the direction is changed to vertical, and the second flit is used to determine the orientation and the number of hops to the destination.

Network performance. The bandwidth of each channel is 200 MB/s. This figure is virtually independent of the path length for longer messages. The start-up time for a message is 30 μs. This time is mainly used by the sending and the receiving nodes, e.g. for forming packets, adding routing information, recombining the packages, etc. The bisection bandwidth of the Paragon with fully equipped backplanes is $400\sqrt{n}$ MB/s (n number of nodes). This is a great advantage over the iPSC/860 that uses a circuit-switched network with a hypercube topology and has a bisection bandwidth of $2.8n$ MB/s. For 128 nodes, this means 4500 MB/s for the Paragon vs. 358 MB/s for the iPSC/860.

2.3 I/O and mass storage

Specialized I/O nodes located anywhere in the processor network act as interfaces between the processing nodes on one side, and mass storage and external networks on the other side. Their number is in principle arbitrary and does not depend on the number of compute and service nodes. An I/O node is built from a regular GP node by plugging a specialized adaptor card into the node's expansion port.

For different I/O requirements, two types of I/O nodes are available: the MIO node and the HiPPI node. The MIO node provides a SCSI-1 interface (5 MB/s, e.g. for internal disk arrays), an Ethernet interface (10 Mbit/s), and a V24 interface. The HiPPI node (100 MB/s) consists of two physical nodes; it serves to attach external disk arrays or frame buffers as well as FDDI networks (100 Mbit/s).

Every I/O request issued by a node is serviced by an I/O node. When, for example, a program requires data from a disk file, the data are read and buffered by the I/O node to which the physical device is attached, and are transferred to the requesting node via the interconnection network. All this happens transparently to the user program.

The primary mass storage systems of the Paragon are disk arrays (RAIDs) which are integrated in the Paragon cabinets. Each disk array has its dedicated MIO node to which it is connected via the SCSI interface. The RAIDs consist of five 3.5-inch commodity disk drives with a capacity of 1.56 GB each, which hold the data and parity information. The data are striped bytewise over the disks. In total one disk array can accomodate 4.8 GB of data. The RAID controller offers Levels 3 and 5 RAID functionality. In the event of a drive failure, the Paragon operating system, together with the controller, provides routines to rebuild the data. The file system remains intact and can be used while the reconstruction is performed.

In addition to the internal disk systems, connections and services to support external disk storage and backup systems are also available for the Paragon, including HiPPI, FDDI, and UniTree. Furthermore, there is a QIC-150 streamer on the Diagnostic Workstation, and another internal 4 mm streamer tape can be attached to an MIO node.

Remark. For a medium size Paragon configuration with, for example, 140 compute nodes and a theoretical peak performance of 10 GFLOPS, Intel recommends four RAID systems, each attached to one MIO node. According to an optimistic estimate, one MIO node can sustain a bandwidth of 5 MB/s. Thus the I/O bandwidth of the whole system would be 20 MB/s. Divided by the number of nodes, this yields 140 KB/s for a single node. This rate is very low compared to the floating point performance of 10 to 20 MFLOPS per node usually achieved by well tuned applications. As all the I/O traffic has to go through the interconnection network with its 200 MB/s bandwidth concurrently to the ordinary message-passing, a simple increase in the number of MIO nodes with additional RAID systems will probably not alleviate the problem for large systems. The situation can even be aggravated if virtual storage that is offered by the operating system is actually used by programs and increases the I/O load. So the I/O performance may prove to be a major bottleneck of the Paragon.

2.4 Fault tolerance

The strategy on the Paragon for achieving a certain level of fault tolerance is twofold: there are several means for online diagnostics on one hand, and there are ways of concurrent repair and operation on the other hand.

A separate diagnostic network controlled by a Diagnostic Workstation monitors important system components including CPUs and memories on the nodes, iMRCs, I/O interfaces, and power supplies. The Diagnostic Workstation is also used for booting the system. Online diagnostics can test groups of nodes without disturbing the computational activities of other nodes. The interconnection network provides error detection capabilities in both hardware and the message-passing protocols.

When a fault has been detected in a node, a disk array, or a communcation component, the system administrator can reconfigure the system so that the rest of the machine can still be used. A faulty node is marked so that it is no longer allocated to users. This does not affect the communication network, since the mesh routing chip to which the node is attached can continue operation. The system must, however, be powered down, when the node is replaced. In case of a faulty disk in an internal RAID system the disk can be replaced during operation of the rest of the machine and the contents of the disk can be rebuilt online while normal disk I/O goes on.

3   Operating system

The Paragon operating system was designed to provide an application interface compatible with the OSF/1 operating system developed by the Open Software Foundation [14], the NX message-passing interface compatible with the iPSC/860, and a parallel file system extending the Concurrent File System of the iPSC/860.

3.1 Paragon OSF/1

To realize the application interface an "Advanced Development" multiprocessor version of OSF/1, called OSF/1AD, was developed. Like OSF/1, OSF/1AD is based on the Mach 3 *microkernel* developed at Carnegie Mellon University [11]. However, to support an environment without shared memory, the NORMA (NO Remote Memory Access) version is used. The Paragon operating system architecture is shown in Fig. 4.

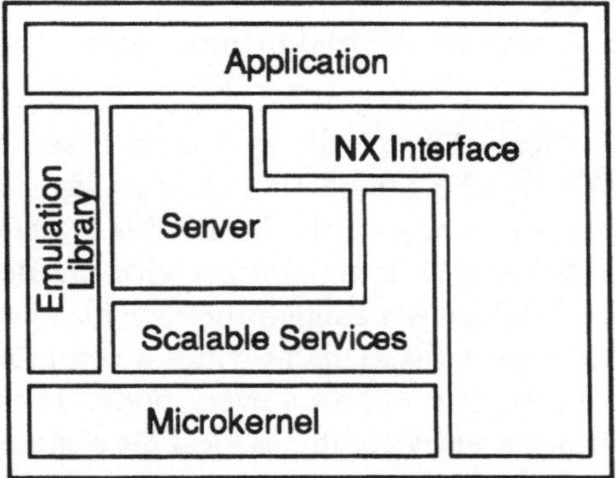

Fig. 4. Paragon OSF/1 operating system architecture

The Mach kernel provides threads, tasks, and ports as key mechanisms for building higher-level system services. These mechanisms are not usually directly exposed to the user. A *thread* constitutes a basic unit of execution. A *task* is a virtual address space in which a set of related threads execute with protected access to system resources. Threads can be executed concurrently with other threads, even within the same task. The conventional notion of a *process* is, in Mach, represented by a task with a single thread of control. Communication between tasks is based on a client/server system structure in which tasks (clients) access services by making requests of other tasks (servers) via messages sent over a communication channel called *port* (Inter Process Communication, IPC). A port is a unidirectional channel consisting of a queue holding messages managed and protected by the kernel. A task holds rights to these ports that specify its ability to send or receive messages. Only one task can hold the receive right for a port.

Each Paragon node runs the microkernel that supports basic system services. An OSF/1 *server*, implemented outside the kernel, runs on every node and provides access to all OSF/1 services including process management, file system, and network access.

In addition, an *emulation library* is linked to an application, implementing those parts of the operating system that can be executed in the same task as the UNIX process. There are three kinds of operations:

- Those which can be performed completely locally to the task, such as returning the process identifier.
- Those which use Mach services directly, such as creating a new thread.
- Those which call on the OSF/1 server.

These OSF/1 servers and libraries cooperate to offer the view of a single UNIX-like system to the user.

The *NX interface* provides a superset of the NX/2 message passing-interface. Applications use the fast kernel-level NX interface rather than the microkernel IPC for message-passing.

The Paragon OSF/1 supports virtual memory on all nodes.

File systems. The Paragon OSF/1 file system is based on the Berkeley 4.3 Virtual File System (VFS). VFS provides an abstract layer interface to different UNIX file system types, especially to the UNIX File System (UFS) and to the Network File System (NFS). UFS is compatible with the Berkeley 4.3 Tahoe release. On top of the VFS, which is a single-processor file system, the Distributed File System (DFS) has been built. This provides a common logical view of the file system structure for every process on every node. There is only one global directory tree which transparently combines local file systems of RAID disks and NFS mounted file systems.

In addition to its support for UNIX-type file systems, the Paragon operating system offers the Parallel File System (PFS), which provides file services at high data transfer rates by striping files across multiple I/O nodes and their attached RAID systems. PFS can be used with standard OSF/1 system calls and commands. For parallel applications there are also parallel I/O system calls including those of the Concurrent File System (CFS) that exists on the iPSC/860.

The UniTree client interface is available for access to servers for file exchange as well as backup and restore.

Single system image. A single system image across the multicomputer system for management of processes, files, user authorization, accounting, etc. is realized by *scalable services* which integrate the individual services of all nodes. For example, users are able to obtain status information regarding all processes in the system using the *ps* utility, killing a process is possible wherever the process may be. The DFS allows all I/O devices to be equally accessed from any node. The system is managed as a conventional one-processor system.

3.2 Partitioning and scheduling

The Paragon operating system allows the processor mesh to be divided into sets of nodes, called partitions. Partitions provide a means of restricting access to

portions of the mesh for particular users or types of jobs and a way to specify
different scheduling characteristics on different portions of the machine. In principle, a partition may comprise any arbitrary set of nodes. At least the following
partitions which are established by the system administrator must always be
present (cf. Fig. 5):

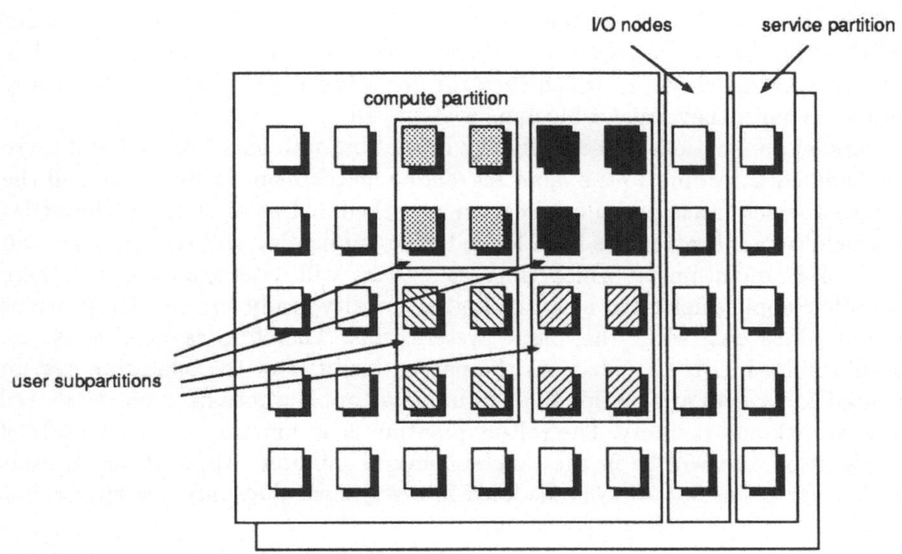

Fig. 5. Paragon partitions

- The root partition; this consists of all the nodes in the machine.
- The service partition; this supports general user services, such as editors,
  compilers and UNIX shells. Operating system services, such as the file server,
  are physically located on service nodes. Load levelling is supported within
  the service partition by automatically moving processes to less loaded nodes.
- The compute partition; this consists of the majority of the nodes in the
  system. Here the users' parallel applications are executed. The compute partition is hierarchical; i.e. it may be divided into subpartitions, which themselves may have subpartitions and so on. Subpartitions may also overlap.
  Subpartitioning of the compute partition can be done by the system administrator as well as by the user.

The I/O nodes can be grouped into an I/O partition. Normally, however,
these nodes are added to the service partition.

Subpartitions are defined by specifying the parent partition from which to
allocate the nodes, the specific nodes to allocate, access permissions, and the
scheduling characteristics of the partition. Attributes similar to the UNIX file
system modes control the access to partitions (for user, group, all):

- r allows the subpartitions of a partition to be displayed,
- w allows the attributes of the partition to be changed and to create and remove subpartitions, and
- x allows applications to run in the partition.

If access permissions or scheduling characteristics are not explicitly assigned they are inherited from the parent partition.

Depending on the type of the partition, different scheduling mechanisms are available. In the service partition, processes are scheduled in the usual UNIX-style timesharing mode, in which they run for a short period of time (typically 100 ms) or until they issue a blocking system call.

Parallel applications will usually run in the compute partition and will there be scheduled according to the *gang scheduling* mechanism. In this model all the processes which make up an application are scheduled at once on all the nodes on which the application has been loaded. The application will run until the end of its roll-in quantum, at which time the system will determine whether there is another application with equal or higher priority ready to run. Applications are not rolled out, when they issue system calls. Therefore asynchronous, i.e. non-blocking, I/O is provided. As the paging facilities of the operating system are used to page an application in and out, small applications need not be moved between disk and memory. The roll-in quantum is an amount of time specific of the partition and will be in the range of several minutes. Applications in over-lapping partitions are always scheduled in a way such that only one application runs on any single node at one time.

In the compute partition, an additional scheduling mechanism is available, called *tenniscourt scheduling*. This allows a fixed timeslot in a partition to be reserved for a specific application. When on a single node more than one process is associated with an application, this set of processes is scheduled by the normal UNIX scheduling, while the application is active.

Remark. Subpartitioning of the compute partition together with gang scheduling and the Network Queueing System (NQS) provide a flexible and effective means to manage a workload of jobs with different resource requirements. It will, for example, be possible to create separate subpartitions for jobs requesting different numbers of nodes. To accomodate both long and short running jobs utilizing a large portion of the machine, gang scheduling with long time-slices seems to be a good choice as it avoids both frequent context switching and waiting for messages from other processes which are currently inactive.

3.3 System access and accounting

The user can develop and run parallel applications on the Paragon system either interactively with remote login facilities or by submitting batch jobs. The Paragon appears as a stand-alone UNIX system on the network connected to his workstation. After login, the user is running his shell somewhere in the service partition. Although some cross development tools are offered, the Paragon requires no front-end, neither for program development nor for system administration.

The Paragon utilizes the Multi-User Accounting, Control, and Scheduling (MACS) system developed by the San Diego Supercomputer Center to manage the system resources and the Network Queueing System (NQS) developed at NASA Ames to manage batch jobs. It provides flexible, automated job scheduling schemes for assigning system resources. MACS allows simultaneous batch and interactive scheduling and control, using separate partitions for each. The scheduler allows jobs to be executed from the NQS queues. The system administrator specifies for each queue the number of nodes, the priority, and the number of jobs permitted to wait for execution. MACS can monitor and account for system resource usage, e.g. number of nodes and execution time of the job, producing data for analysis and reporting purposes. MACS includes facilities for automatic or selective preemption of jobs that have exceeded their resource allocations.

3.4 Message-passing

Processes in parallel applications use several facilities both in hardware and in software to exchange information. As mentioned earlier, these include the message processor, a second i860 processor on every node. The message processor shares memory with the application processor, and the two processors communicate with each other via shared variables. When the application processor wants to make a message-passing call, it places the parameters into these variables. The message processor regularly polls them and executes the call when it finds the information. The basic message-passing software, which, e.g. packetizes the messages and controls the transfer, runs on the message processor at the kernel level and can directly address the hardware. Thus, the involvement of the OSF/1 operating system in message-passing is minimal keeping the startup latency low.

Outgoing messages are sent directly out of the process memory. For incoming messages, a system buffer is provided on every node. It contains a distinct buffer for each node in the Paragon system. Every sending node knows the status of its associated buffers on all receiving nodes. A process sends the first packages of a message into this buffer. As soon as a receive is posted, the message processor will transfer the data into process memory, thus freeing space for subsequent packages. It will also inform the application processor when the message has completely arrived by setting a shared variable. If a receive has been posted before the message arrives, the packets go directly to the process memory. The various buffer sizes can be selected by the application.

4 Program development environment

Diverse programming models are supported by the Paragon system's development environment. A broad range of programming languages, optimized mathematical libraries, and a set of tools assisting the user to create new applications or to port existing codes are available from Intel or as third party products. Most tools can be used on the Paragon service nodes or as cross-development tools on Silicon Graphics and Sun workstations. Several components of the Paragon system's development environment have been ported from the iPSC/860.

4.1   Programming models

The Paragon system supports several programming models. Besides the message-passing model, which is basic for most distributed memory multicomputers and is also the Paragon's primary programming model, the Paragon supports the data parallel model through High Performance Fortran (HPF) and the shared memory model through Shared Virtual Memory (SVM).

Message-passing. In this programming model independent processes are running asynchronously. They communicate by explicit message-passing. Messages are also used to synchronize processes. On the Paragon, several processes belonging to one application can run concurrently on one compute node.

In principle, the processes can be totally different programs. The most common programming style, however, is the *Single Program Multiple Data (SPMD)* style where the same program runs on each node in the application, but each node works on only part of the data. For *perfectly parallel problems*, each process can do its work without access to data held by other processes. For other types of problems, the processes must exchange data with each other to do their work. Another popular programming style is the *manager/worker* concept. One manager process starts several worker processes and assigns them their tasks. As soon as a worker process has finished its task it reports to the manager which accepts and interprets the results and assigns it a new task.

Data parallel. For the data parallel programming model, Intel provides High Performance Fortran (HPF) [5], an extension to Fortran 90. Parallelism is expressed in the program by array operations. Data distribution directives describe how arrays are to be distributed to the parallel processes. The programmer also specifies a mesh of processes which is then mapped to the real hardware. The compiler takes responsibility for inserting the explicit communication instructions required for running the code on a distributed memory system. The amount of communication and load balancing is determined by the mapping of data to processes. Each process is responsible to perform the computation for its assigned data. Therefore, the programmer can control the communication costs and load balancing with the help of the distribution directives. HPF provides two important benefits for the parallel programmer: a familiar programming model and portability by machine-independent specification of the data distribution.

Shared memory. The Paragon system also incorporates Shared Virtual Memory (SVM) [10] that allows building parallel applications in which data are logically shared between processes on one or more nodes. The distributed physical memory forms a uniform global address space accessible on every node. There is no need of explicit message-passing. This facility simplifies the porting of large application programs but will not usually yield the performance obtainable by using the message-passing routines directly. On the Paragon, SVM can be used via the standard UNIX System V shared segment interface. Shared segments can be mapped into the virtual address space of different processes.

4.2 Message-passing libraries

The message-passing programming model is widespread, and many message-passing libraries have been developed. Some of these are related to a special distributed memory machine, e.g. Intel's NX message-passing library. Others are portable in a sense that they allow the user to specify processes and inter-process communication in a machine-independent way.

NX message-passing library. The Paragon OSF/1 operating system includes the NX message-passing library which is known from the iPSC series. Some extensions are supported on the Paragon including the possibility of allocating more than one process of a parallel application to a node. Synchronous (csend, crecv) and asynchronous (isend, irecv) messages, as well as messages producing interrupts (hsend, hrecv) are supported. Additionally, global operations for performing operations that use data from every node, e.g. for a global sum, are available.

Other message-passing libraries. Portable message-passing libraries on the Paragon include PVM of Oak Ridge National Laboratory, EXPRESS of Parasoft, PARMACS of the Gesellschaft für Mathematik und Datenverarbeitung (GMD), and TCGMSG of Argonne National Laboratory.

4.3 Languages and compilers

The Paragon system offers a set of programming languages. The languages are interoperable, allowing compiler output to be linked irrespective of the source language. Compiler switches allow different code generation strategies (e.g. scalar code, software pipelined loops, and vector code) to be selected, as well as different optimizations (e.g. scalar optimization, loop transformation, and cache management). The compilers exploit the advanced hardware features of the i860, such as dual instruction mode, dual operation instructions, and the arithmetic and load pipelines. They were originally developed for the iPSC/860 and have been adapted to the Paragon.

Fortran 77 and High Performance Fortran. Version 4.0 of the Paragon Fortran 77 compiler for Paragon OSF/1 is available. Compilation can be performed on the service nodes and using the cross compiler on Sun or SGI workstations. A precompiler for HPF, called xHPF, has been announced by Applied

Parallel Research. It takes as input a subset of Fortran 90 with HPF directives and produces a Fortran 77 program with embedded calls to a communication library.

C, C++, and Ada. Version 4.0 of the Paragon optimizing C compiler for Paragon OSF/1 is available on the service nodes and as cross compiler on Sun or SGI workstations. For object oriented programming Paragon C++ is available which is based on the AT&T cfront preprocessor which translates C++ into C. For the installation of this compiler a license of AT&T is necessary. An Ada compiler for Paragon OSF/1 is also available.

4.4   Program development tools

The tools available on Paragon are based on the Tools Application Monitor (TAM). This is a per-node, per-application server for tools that perform application process monitoring on the Paragon system. Figure 6 shows the co-operation of the program development tools.

Program analysis and restructuring. For the parallelization step Applied Parallel Research has developed the FORGE 90 parallel CASE tools [2], a set of interactive tools for parallel programming. These tools help the user to convert sequential Fortran programs into parallel programs and to design and implement new parallel algorithms. FORGE 90 is an analytical tool for understanding the concept and structure of sequential Fortran programs and supports the user in program restructuring and parallelization. FORGE 90 is available on the Paragon as a third party product.

Debugging. The Interactive Parallel Debugger (IPD) is a source-level debugger for large parallel application programs written in Fortran, C, or Assembler. The IPD allows context debugging to access and control selected groups of processes spread across multiple nodes. The IPD has a data reduction mechanism and facilities to examine the message-passing events and structures. Breakpoints can be set in some or all of the application's processes. The current version of the IPD on the Paragon is the same as the one available on the iPSC/860. An enhanced version, the IPD GUI supports a graphical user interface based on Motif.

Performance analysis. The runtime profiling tool prof860, which is a special version of the UNIX profiler prof for the Intel i860 processor, can be used to analyze an application program. By specifying a compiler switch, profiling data are collected on every node during the run. These are presented in tables and provide the user with information about the number of subroutine calls and the execution time of these routines.

For performance tuning of large parallel applications Intel has developed the Performance Visualization System (iPVS). It uses the hardware performance

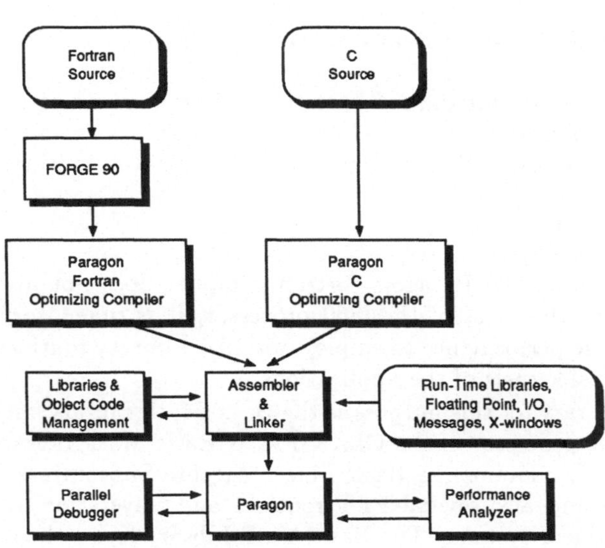

Fig. 6. Paragon Program Development

monitor RPM on each compute node, to collect data on runtime hardware performance and to provide low-overhead collection of software events. The user can control the data collection through compiler switches. The results can be presented in tables, graphs, or bar charts. Furthermore, the Paragon's front panel animation of the message-passing traffic and node activity can also be viewed in more detail on a workstation.

For software-based performance monitoring of applications, the Paragon offers a tool built on the ParaGraph display system developed at the Oak Ridge National Laboratory. This system presents an animation of the execution of parallel applications as derived from trace information gathered during program execution. In addition, the user can request graphical summaries and statistical analyses of overall program behaviour in a variety of display formats. ParaGraph which uses Motif replaces the Performance Analysis Tools (PAT) which are provided on the iPSC/860 for identification of time intensive parts in an application program.

Utilities. A parallel make utility, pmake, that maintains up-to-date versions of target files and performs shell programs in parallel, is available on the Paragon. It is an extension of GNU make. The pmake command updates multiple target files in parallel. Parallel execution may occur either in the service partition or the compute partition. In the service partition, pmake relies on process migration and load balancing to ensure efficient parallel execution. In the compute partition, pmake places commands on the available nodes within a partition and executes as a parallel application.

4.5 Optimized mathematical libraries

To ease the process of porting software to the Paragon and to provide means of exploiting the machine's computational power, Intel offers several libraries of mathematical routines, both node libraries with sequential routines and parallel libraries.

Node libraries. As the Paragon Fortran compiler does not always produce code that makes the most of the i860 processor, it is mandatory in order to achieve high node performance to employ optimized library routines, at least for the mathematical kernels of the applications.

The main library for this purpose is the Basic Math Library, an implementation for the i860 processor of the CLASSPACK Basic Math Library from Kuck and Associates. It contains the Basic Linear Algebra Subroutines (BLAS) Levels 1, 2, and 3 and also several FFT routines and solvers for tridiagonal and pentadiagonal linear systems. The Basic Math Library forms the basis for other libraries such as the public domain Linear Algebra PACKage (LAPACK) [1] that contains routines for the solution of dense linear systems and eigenvalue problems or for general commercial libraries like the NAG library.

The Signal Processing Library (SEGlib) includes a collection of signal processing routines that are compatible with the SEGlib Seismic Subroutine Standard Library.

The performance of the routines in the Basic Math Library ranges from 10 to over 40 MFLOPS (64-bit arithmetic). First timings for some BLAS routines gave the following results (MFLOPS, 64-bit arithmetic).

n	daxpy	ddot	dgemm
100	17.5	29.2	41.5
300	21.2	34.8	43.1
500	21.9	40.7	44.0

Parallel libraries. Intel has developed the ProSolver software package for the solution of large systems of linear equations. The matrices can be stored either on disk or in local memory. There are three separate products: ProSolver-DES applies a direct method to dense matrices, ProSolver-SES is a skyline direct solver for sparse matrices, and ProSolver-IES is an iterative solver for general sparse matrices using the conjugate gradient algorithm. The dense solver is expected to achieve 35 MFLOPS per node, the skyline solver 20 MFLOPS per node. For the iterative solver, which has been newly developed for the Paragon, a special distributed matrix interface has been designed including routines for basic manipulations of distributed matrices.

There is a collection of mathematical software developed for Intel machines by institutions outside Intel. References to this software can be found in the software catalog [8].

4.6 Visualization tools

The Paragon system provides several levels of support for network-transparent, client/server visualization. The X Window System X11 Release 5, PEX, and Motif are included in the system software. These tools enable client applications to run on the Paragon system and direct their output to a graphics workstation server. Additionally, the Distributed Graphics Library (DGL) is available for interactive graphical viewing of application results.

5 Hardware and software status, future developments

More than 25 Paragon systems have been installed to date (April 1993), one with 512 nodes and the others with 56 to 192 nodes. The Paragon hardware and software, however, are still under development and do not yet meet all design goals. Two milestones for the future development are the delivery of Releases 1.0 and 1.1 of the Paragon OSF/1 operating system. Release 1.0 is the first commercial version and will be delivered in May, 1993 and Release 1.1 is the first complete version and planned for fall, 1993.

Hardware. The hardware of the Paragon is fairly complete and stable. Hardware features scheduled for summer 1993 include the 32 MB memory extension, the HiPPI I/O node, and the 10 MB/s SCSI-2 I/O interface.

The most important enhancement planned for 1994 will be the multiprocessor node which will contain four i860 application processors sharing 64–128 MB of memory. Furthermore, Intel plans to implement a fast SCSI-2 I/O interface (20 MB/s) and a special network with nodes dedicated to performance monitoring.

Operating system. The operating system has been newly developed for the Paragon and is currently not yet up to its specifications. A significant problem for Paragon systems with 16 MB node memory is the fact that the operating system and associated buffers require a large part of the memory on the compute nodes. In the near future this amount probably cannot be reduced below 7 MB. Part of this is migrated to disk, but current experience shows that programs with more than 10 MB per node start paging.

High communication performance is currently prevented by the fact that instead of the message processor the application processor is still used for controlling the message traffic. This will change in Release 1.1.

The Parallel File System will be supported in Release 1.1. Currently the operating system provides an UFS-based emulation of the Concurrent File System (CFS) from the iPSC/860. Files greater than 2 GB are not supported. The asynchronous I/O calls (iread, iwrite) are provided for source compatibility, but do not operate asynchronously. I/O in general is rather slow, as it uses Mach IPC calls for the communication with the I/O nodes.

The NQS batch system is supported in the current release, but the MACS resource control and accounting system will only be available in Release 1.1. Gang scheduling will also be supported in Release 1.1.

A Shared Virtual Memory interface for Fortran has not yet been determined. In a future release there will be a possibity to exchange messages between different programs running on a single Paragon system or running on different systems connected via ethernet (Remote Message Passing).

Programming tools. Many components of the Paragon's programming environment were developed for the predecessor systems and have been adapted for the Paragon. The following table gives an overview of the availability of software scheduled by Intel for 1993.

Product	Release 1.0 May 1993	Release 1.1 Fall 1993
NX	•	
Fortran 77	•	
C	•	
C++ preprocessor	•	
IPD	•	
IPD GUI		•
prof860	•	
iPVS		•
ParaGraph		•
parallel make	•	
BLAS	•	
FFT	•	
LAPACK		•
SEGlib		•
ProSolver		•
DGL	•	
X11 Motif	•	

From independent software vendors, the NAG library and FORGE 90 are available in Release 1.0. Intel's plans for 1994 include a compiler for High Performance Fortran (HPF).

Acknowledgement

The authors would like to thank H. Bast and J. Finger from Intel for their substantial support. Fruitful discussions with our colleagues, especially R. Berrendorf, U. Detert, H.M. Gerndt, and I. Gutheil are gratefully acknowledged.

References

1. Anderson, E., et al.: LAPACK User's Guide. Philadelphia, SIAM, 1992

2. Applied Parallel Research: FORGE 90, Version 8.0, User's Guide. 1992

3. Dally, W.J., Seitz, C.L.: The Torus Routing Chip. J. Distributed Computing, Vol. 1, No. 3 (1986) 187–196

4. Esser, R., Knecht, R. (eds.): Applications on KFA's Intel iPSC/860. Interner Bericht, KFA-ZAM-IB-9218, Forschungszentrum Jülich, 1992

5. High Performance Fortran Forum: High Performance Fortran Language Specification (DRAFT), Version 0.4. Rice University, Houston TX, 1992

6. IEEE STD 1149.1-1990: IEEE Standard Test Access Port and Boundary Scan Architecture.

7. Intel Corporation: i860 Microprocessor Family Programmer's Reference Manual. Order No. 240875-002, 1992

8. Intel Supercomputer Systems Division: iPSC/860 Software Resource Catalog. Beaverton OR, December 1991

9. Lee, K.: On the Floating Point Performance of the i860 Microprocessor. Int. J. High Speed Computing, Vol. 4, No. 4 (1992) 251–267

10. Li, K.: Shared Virtual Memory on Loosely-coupled Multiprocessors. PhD Thesis, Yale University, Technical Report YALEU-RR-492, October 1986

11. Loepere, K.: Mach 3 Kernel Principles, Open Software Foundation and Carnegie Mellon University, 1992

12. Mlynski-Wiese, A.: Die Architektur der Prozessorfamilie i860. Interner Bericht KFA-ZAM-IB-9214, Forschungszentrum Jülich, 1992

13. Ni, L.M., McMinley, P.K.: A Survey of Wormhole Routing Techniques in Direct Networks. IEEE Computer, February 1993, 62–76

14. OSF/1 Operating System, User's Guide. Open Software Foundation, Prentice Hall, 1992

Parallel Solution Schemes for the Navier-Stokes Equations

Matthias Meinke, Jörn Hofhaus *

Aerodynamisches Institut, RWTH-Aachen, 5100 Aachen, Germany

Abstract. Two programs for the simulation of viscous flows were implemented on Parsytec Transputer and Intel i860 systems.
The first case is an explicit solution scheme with possible multigrid acceleration for the computation of three dimensional steady or unsteady flows. Parallelization of this algorithm is straightforward. Efficiency values for different processor numbers are presented and discussed. Overall computing times are compared to those of different super vector computers.
The second algorithm is an implicit scheme for unsteady incompressible flows based on the artificial compressibility approach. The linear system of equations arising in this problem is solved with a Gauß-Seidel line relaxation technique. This involves the inversion of a big number of block-tridiagonal equations. Six different methods for their solution were applied and compared with each other.

1 Introduction

Parallel computers seem to have the largest potential to increase the available computer power substantially in the next future. In addition the cost to theoretical megaflop ratio of massively parallel systems is smaller than for conventional super vector computers. Algorithms in Computational Fluid Dynamics demand extensive computer resources especially for the simulation of three dimensional flows. For the simulation of unsteady incompressible and compressible viscous flow a variety of different solution techniques exist. The applicability of these algorithms on parallel computers is generally accepted, but there is little experience, whether these new architectures can be used efficiently.

Here, two different programs suited for a simulation of the above described problems were implemented on massively parallel MIMD machines. Originally they were developed for vector computers and consist of up to 99% vectorizable loops. The flow problems, which are investigated with these programs are the unsteady flow around curved bodies, for instance the three dimensional flow around a circular cylinder, and the well known problem of vortex breakdown.

The implementation on parallel machines was done for the Intel Delta system and the Parsytec SuperCluster-256 (Parix1.1) for the implicit scheme and

* Part of this material is based upon work supported by the NSF under Cooperative Agreement No. CCR-8809615. Access to the Intel Touchstone Delta was provided by the Concurrent SuperComputing Consortium.

for the Intel Gamma system and the Parsytec GC (Parix1.2) for the explicit scheme. Efficiency values are measured and presented as a function of the number of processor nodes. Comparison of execution times with those on vector computers are presented. In the implicit scheme the resulting system of equations is solved with a Gauß-Seidel line relaxation technique. The resulting block tridiagonal problems were solved with six different algorithms. The efficiency values obtained, enable an evaluation of the different methods.

2 Method of Solution

2.1 Governing equations

The Navier-Stokes equations describe the conservation of mass, momentum, and energy for gaseous or liquid fluids. They represent a set of coupled nonlinear partial differential equations. For three dimensional time-dependent flows the dimensionless equations in curvilinear coordinates are given by

$$\overline{R} \cdot \frac{\partial \hat{Q}}{\partial t} + \frac{\partial \hat{E}}{\partial \xi} + \frac{\partial \hat{F}}{\partial \eta} + \frac{\partial \hat{G}}{\partial \zeta} = \frac{1}{Re} \cdot \left(\frac{\partial \hat{R}}{\partial \xi} + \frac{\partial \hat{S}}{\partial \eta} + \frac{\partial \hat{T}}{\partial \zeta} \right), \qquad (1)$$

with the conservative variables, $\hat{Q}$, the Euler fluxes $\hat{E}$, $\hat{F}$, $\hat{G}$, the viscous fluxes $\hat{R}$, $\hat{S}$ and $\hat{T}$ and the Reynoldsnumber Re.

For compressible flows the matrix $\overline{R}$ in (1) is the identity matrix and the vector of the conservative variables contains five elements:

$$\hat{Q} = J \begin{pmatrix} \rho \\ \rho u \\ \rho v \\ \rho w \\ e \end{pmatrix} .$$

Herein, J is the Jacobian of the metric terms, which can be interpreted as the cell volume.

For incompressible flows with constant viscosity the conservation equation for the energy is decoupled from the momentum equations and the dependent variables are the pressure and the velocity vector. The lack of a time derivative for the pressure results in a singular matrix $\overline{R}$:

$$\hat{Q} = J \begin{pmatrix} p \\ u \\ v \\ w \end{pmatrix} \qquad \overline{R} = \begin{pmatrix} 0 & 0 & 0 & 0 \\ 0 & 1 & 0 & 0 \\ 0 & 0 & 1 & 0 \\ 0 & 0 & 0 & 1 \end{pmatrix} .$$

In [3] the artificial compressibility method, proposed by Chorin [4], was extended to unsteady flows by applying a dual time stepping scheme. A derivative of the flow variables with respect to the artificial time, $\overline{\overline{R}} \cdot \frac{\partial \hat{Q}}{\partial \tau}$, is added to (1), with:

$$\overline{\overline{R}} = \begin{pmatrix} \frac{1}{\beta^2} & 0 & 0 & 0 \\ 0 & 1 & 0 & 0 \\ 0 & 0 & 1 & 0 \\ 0 & 0 & 0 & 1 \end{pmatrix}$$

For a steady solution in the artificial time τ the additional terms vanish and a time dependent solution in the physical time t is obtained.

2.2 Spatial Discretization

To preserve the conservative properties in the discretized space, equations (1) are applied to a finite control volume. The result is a set of difference equations approximating the Navier-Stokes equations:

$$\frac{\delta \hat{Q}_{i,j,k}}{\delta t} + \delta_\xi (\hat{E} - \frac{1}{Re}\hat{R}) + \delta_\eta (\hat{F} - \frac{1}{Re}\hat{S}) + \delta_\zeta (\hat{G} - \frac{1}{Re}\hat{T}) = 0 \qquad (2)$$

The difference operators δ_ξ, δ_η, and δ_ζ for the determination of the fluxes at the faces of the control volume in a node-centered scheme read:

$$\delta_\xi f = \frac{f_{i+\frac{1}{2},j,k} - f_{i-\frac{1}{2},j,k}}{\Delta \xi} \, , \ \delta_\eta f = \frac{f_{i,j+\frac{1}{2},k} - f_{i,j-\frac{1}{2},k}}{\Delta \eta} \, , \ \delta_\zeta f = \frac{f_{i,j,k+\frac{1}{2}} - f_{i,j,k-\frac{1}{2}}}{\Delta \zeta}$$

The approximation of the Euler fluxes for the incompressible and compressible flow can be done in a similar fashion. In both cases an upwind discretization based on Roe's approximate Riemann solver [10] and Harten's modified flux approach [6] is used. The discretization, e. g. in ξ–direction reads:

$$\hat{E}_{i\pm\frac{1}{2},j,k} = \frac{1}{2}(\hat{E}_{i,j,k} + \hat{E}_{i+1,j,k}) - \frac{1}{2}R|\Lambda|R^{-1}_{i\pm\frac{1}{2},j,k} \, \Delta Q_{i\pm\frac{1}{2},j,k}$$

Here $\hat{E}$ is the physical flux at the cell interfaces $\Gamma_{i\pm\frac{1}{2},j,k}$ to which a non-linear dissipation term, controlled by the coefficient matrix $R|\Lambda|R^{-1}$, is added. Roe's average is used to determine the states at the cell interfaces.

The viscous fluxes were approximated by central differences with second order accuracy in both cases.

2.3 Explicit Runge-Kutta Time-Stepping Scheme

The integration of the differential equations for compressible flows is carried out with an explicit Runge-Kutta time-stepping scheme. A general solution scheme for a N–step Runge–Kutta method is given by:

$$Q^{(0)} = Q^n$$

$$\vdots$$

$$\left. Q^{(l)} = Q^{(0)} - \alpha_l \, \Delta t \, Res(Q^{(l-1)}) \, / \, J \right\} \quad l = 1, \ldots, N \qquad (3)$$

$$\vdots$$

$$Q^{n+1} = Q^N$$

Herein a 5-step Runge-Kutta scheme was adapted for a maximum Courant number of 3.5 for the upwind scheme. The coefficients α_l were chosen to $\alpha_l = (0.25, 0.1667, 0.375, 0.5, 1)$.

2.4 Implicit Dual–Time Stepping Scheme

The integration of the Navier–Stokes equations for incompressible flows is based on an implicit discretization in the artificial time τ. The resulting discrete system of equations can be written as

$$\text{LHS} \cdot \Delta \hat{Q}^{(\nu)} = \text{RHS}, \tag{4}$$

with the index ν for the artificial time and $\Delta \hat{Q}^{(\nu)} = \hat{Q}^{\nu+1} - \hat{Q}^{\nu}$ representing the vanishing change of $\hat{Q}$ for a steady solution in τ. The left-hand side contains the Jacobian matrices of the fluxes, which arise in the implicit formulation. They are discretized with a first order upwind scheme using a matrix splitting technique to obtain a diagonal dominant coefficient matrix.

The right-hand side contains a second order discretization of the physical time derivative $\partial \hat{Q}/\partial t$ and the terms of the second order discretization of the Euler- and the viscous fluxes. For $\Delta \hat{Q}^{(\nu)} \to 0$ the solution $\hat{Q}$ for each physical time step attains the accuracy of the right-hand side in (4).

Equation (4) represents a large system of equations, which is solved by an alternating Gauß-Seidel line relaxation method.

3 Results of Flow simulations

3.1 Unsteady flow around a circular cylinder

The flow around a circular cylinder exhibits different flow patterns dependent on the Reynolds number of the free stream flow. For Reynolds numbers larger than about 40 the well known Karman vortex street develops behind the cylinder. The explicit algorithm was used to simulate this flow at a Reynolds number of 3000 and a Mach number of 0.3. Although periodic boundary conditions were used at both ends of the cylinder a three dimensional flow structure develops as shown in Figure 1. Here a surface of constant pressure is plotted which partially envelops the cylinder. The simulation was done with $113 \times 71 \times 65$ grid points on an O-type grid.

3.2 Breakdown of a slender vortex

The abrupt change of the inner structure of a vortex embedded in an axial flow is called 'vortex breakdown'. Although the scientific interests in vortex breakdown mainly concentrates on the examination of physical relations in three dimensional flows with an isolated vortex, the phenomenon appears e. g. in aerodynamics or combustion processes. The leading-edge vortex of delta wings at an angle of high incidence can break down and cause a significant change in the lift and

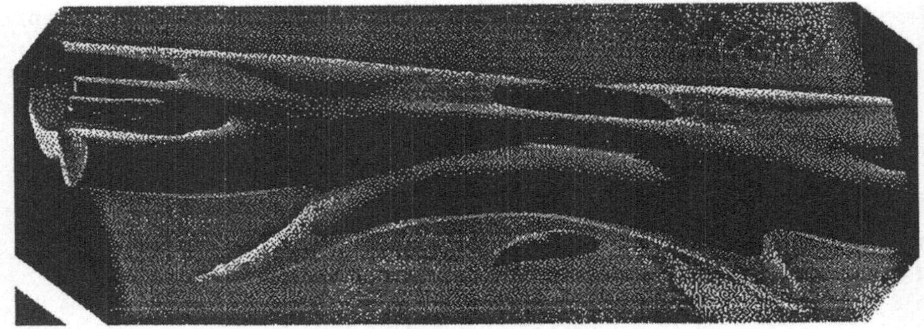

Fig. 1. Surface of constant pressure behind a circular cylinder

momentum characteristics. The breakdown region of swirling flows in combustion chambers might be used as a flame stabilizer.

Numerous experimental and numerical investigations revealed two types of breakdown: an axisymmetric bubble type, which is characterized by a free stagnation point on the axis with a torus shaped vortex ring further downstream, and an asymmetric spiral type, which is characterized by a cork-screw like winding of the vortex core. The program developed in [2], is able to simulate both types of breakdown with a good agreement to experimental observations. The streaklines of one result of the numerical simulation of the bubble-type breakdown is compared with the experiment in Figure 2. The solution was obtained

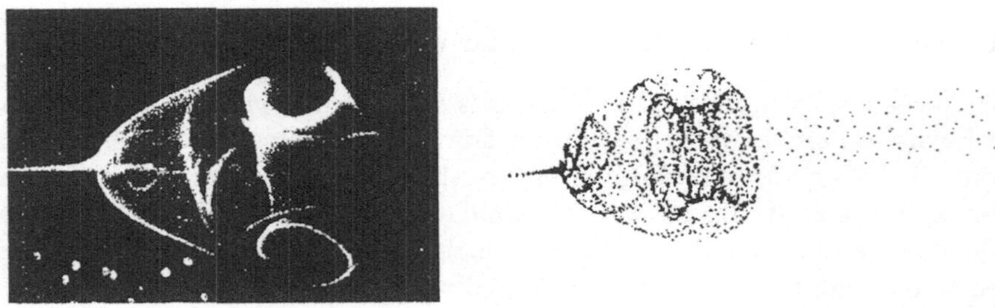

Fig. 2. Streaklines of bubble-typed vortex breakdown; experiment and simulation

on a cartesian stretched grid with $32 \times 32 \times 64$ grid points. The Reynolds number formed with the average axial velocity and the radius of the vortex core is 200 in both cases. For a detailed description of this problem see [2] and [3].

4 Parallel Implementation

An efficient parallelization of an algorithm on MIMD machines requires a distribution of equal sized tasks to the processor nodes. In Figure 3, the domain of integration for the simulation of the vortex breakdown is e. g. divided into 8 partitions, two in each direction. For an optimum partitioning several aspects

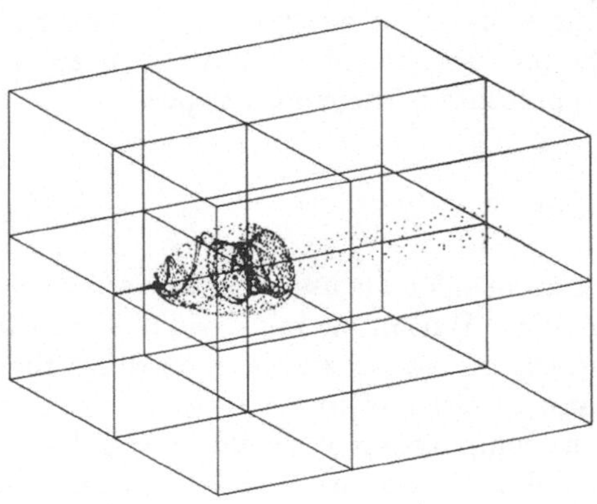

Fig. 3. Partition of the grid for $2 \times 2 \times 2$ processors

have to be considered: The physical problem and the algorithm used for its solution determine the amount of data, which has to be exchanged between the processors during the solution process. In order to avoid a large additional overhead due to the communication of data, the position of the partition boundaries should be chosen properly. The discretization of partial differential equations on structured grids by finite differences create data dependencies between neighbouring grid points. For the computation of e. g. the physical fluxes at a partition boundary, data from the neighbouring partition is required. Using partitions with two overlapping lines –a boundary line on one partition corresponds to an interior line on the neighbouring partition– all derivatives can be computed independently. This technique yields a simple program structure and reduces the amount of data to be exchanged between the processors. It is therefore applied for both algorithms. Fluxes on the boundaries, however, are computed by both neighbouring processors so that in this approach the computational work increases with the number of partitions. The ratio of the additional to the total work is roughly proportional to $D \cdot \left(\frac{No.\ proc.}{No.\ gridp.} \right)^{\frac{1}{D}}$, where D is the number of space dimensions, $No.\ proc.$ is the number of processors or partitions and $No.\ gridp.$ is the number of grid points, respectively. For realistic cases this ratio becomes ≈ 0.3 ($No.\ gridp.=10^6$, $No.\ proc.=10^3$, $D=3$). This estimation is rather pessimistic, because the computation of e. g. the fluxes is only a part of the computational work to be done. For the algorithms described here the result should be corrected by a factor of $\frac{1}{2} - -\frac{3}{4}$. Using non-overlapping boundaries the ratio of the additional time needed for communication to the total work becomes $D \cdot \left(\frac{No.\ proc.}{No.\ gridp.}\right)^{\frac{1}{D}} \frac{T_{com}}{T_{cpu}}$, where T_{com} is the time needed for the communication of all data for one grid point and T_{cpu} is the time needed for the computation of the solution for one grid point. This ratio is dependent on the algorithm and the processor-to-communication speed, a general evaluation of the two different approaches is therefore not possible.

4.1 Explicit scheme

This scheme was programmed for the use on super vector computers with a possible multigrid acceleration. Within the multigrid method the governing equations are solved successively on coarser grid level on which the maximum possible vector length decreases. In order to retain long vector operations even on the coarsest grid levels, the computation of the fluxes was done in one loop over all grid points with a one dimensional array addressing. Hence, the vector length becomes equal to the number of grid points and is still in the order of 10^2-10^3 even on the coarsest grid. Due to the 5 point difference stencil the computation of the fluxes at the first inner point requires an information outside the physical domain. Therefore the grid size is increased by a ghost cell at all boundaries. Using ghost cells and one dimensional array addressing leads to the computation of fluxes outside the physical domain. It should be noted, however, that the unnecessary computation of the fluxes is not done for the ghost cells before the first and after the last inner point in the one dimensional arrays. With the parallelization the amount of unnecessary work increases with the surface of the partition boundaries perpendicular to the first space directions. For the same number of grid points in all space directions the efficiency therefore will be higher with more grid partitions in the last and fewer in the other space directions.

The ratio of additional to the total work is for large numbers of processors and grid points similar to the expression for the additional work due to the overlapping lines, but with a factor of $D - 1$ instead of D.

4.2 Implicit Scheme

This algorithm was also developed for the use on super vector computers. The computationally most intensive part of the program is the solution of the system of equations that arise from the implicit discretization of the Navier-Stokes equations. Vectorization was done for the number of grid points on one grid line perpendicular to the relaxation direction. In order to compute the derivatives of the flux Jacobian, the latter were computed twice for each grid point, so that no additional work arises in the relaxation process by the partitioning of the grid.

4.3 Parallel Solution of tridiagonal systems of equations

The system of equations resulting from the implicit discretization is solved with
an alternating Gauß-Seidel line relaxation method. In each relaxation sweep
many block-tridiagonal systems with the following form have to be solved:

$$a_m\, u_{m-1} + b_m\, u_m + c_m\, u_{m+1} = d_m \qquad m = 1,\ldots,M. \tag{5}$$

or in matrix–vector notation

$$A\,\mathbf{u} = \mathbf{d}, \tag{6}$$

with

$$A = \begin{pmatrix}
b_1 & c_1 & & & & \\
a_2 & b_2 & c_2 & & \mathbf{0} & \\
 & & \cdot & \cdot & \cdot & \\
 & & & \cdot & \cdot & \cdot \\
 & & & & \cdot & \cdot \\
 & \mathbf{0} & & a_{M-1} & b_{M-1} & c_{M-1} \\
 & & & & a_M & b_M
\end{pmatrix}.$$

Herein, a_m, b_m, and c_m are 4×4 matrices. The fastest serial algorithm known
is the LU-decomposition.

   For parallel processing the computational grid is distributed to several processes. As the line relaxation has to be performed in all spatial directions, the
relaxation lines are crossed by partition boundaries at least in one space direction, so that the matrix A is split in rows. Each block of rows is stored on a
different processor node as indicated in Figure 4 for a system of $M = 9$ equations distributed over $n = 3$ processors. Six different concurrent methods for the
solution of the resulting problem were implemented.

$$\begin{pmatrix}
b_1 & c_2 & & & & & & & \\
a_2 & b_2 & c_2 & & & & & & \\
 & a_3 & b_3 & c_3 & & & & & \\
 & & a_4 & b_4 & c_4 & & & & \\
 & & & a_5 & b_5 & c_5 & & & \\
 & & & & a_6 & b_6 & c_6 & & \\
 & & & & & a_7 & b_7 & c_7 & \\
 & & & & & & a_8 & b_8 & c_8 \\
 & & & & & & & a_9 & b_9
\end{pmatrix}$$

Fig. 4. Splitting of A for $M = 9$ equations over $n = 3$ processes

   The solution of many tridiagonal systems offers the possibility to pipeline
the recursive loops in the LU-decomposition. This method has the lowest arithmetic and communication costs. In the forward as well as in the backward loop,
however, it takes n global steps until all processors participate in, and likewise

n steps until all processors finish the computation. These **start-up** losses reduce the concurrency and will show a significant loss of efficiency for a large number of processors.

Subsequently the recursive doubling and cyclic reduction method proposed by Frommer [5] were implemented. The terms are used for two variants of the cyclic odd-even reduction first described by Hockney [7]. The basic idea is to eliminate two unknowns of three neighbouring equations $m - 1$, m, and $m + 1$ in (5). The result is a new tridiagonal system coupling the variables u_{m-2}, u_m, and u_{m+2} in each equation. With a suitable interpretation of coefficients and variables whose indices are not in the range $1 \leq m \leq M$ the reduction can proceed analogously with the new system until at least one equation is solvable. The recursive doubling method computes the reduction for all M equations such that the solution $\mathbf{u}$ is obtained immediately. The arithmetic and communicative expense for this method is high compared with the cyclic reduction method, which reduces the system until only one equation has to be solved. The remaining unknowns are evaluated through back-substitution.

For both algorithms one should distinguish between a local and a global reduction. In the local reduction the equations of A are exclusively coupled with equations on the next neighbours. After the local reduction, each reduced tridiagonal system contains one equation per process. In the subsequent global reduction communication is necessary with the second, fourth, eighth, etc. neighbour. If the grid is partitioned in all three spatial dimensions this requires a complex communication structure.

A more efficient method to reduce the size of the tridiagonal system to one equation per process is Wang's partition method [11]. After a local elimination of the upper and lower diagonal entries of A the matrix has the shape given in Figure 5 with fill–ins in each M/n column which are stored in the same arrays a_m and c_m.

$$
\begin{pmatrix}
b_1 & & c_2 & & & & & & \\
& b_2 & c_2 & & & & & & \\
& & b_3 & & c_3 & & & & \\
\hline
& & a_4 & b_4 & c_4 & & & & \\
& & a_5 & & b_5 & c_5 & & & \\
& & a_6 & & & b_6 & & c_6 & \\
\hline
& & & & & a_7 & b_7 & c_7 & \\
& & & & & a_8 & & b_8 & c_8 \\
& & & & & a_9 & & & b_9
\end{pmatrix}
$$

Fig. 5. Matrix A ($M = 9$, $n = 3$) after eliminating the upper and lower diagonal entries

In the next step Wang transposes A such that the coefficients are distributed in columns over the processes. Then the matrix is triangularized and finally diagonalized. This transposition requires extensive communication. Here, the suggestion of Frommer [5] is applied and the tridiagonal system given by the equation of the last row in each process is solved with recursive doubling. Preliminary investigations have shown that recursive doubling and cyclic reduction show no appreciable difference in their performance if a tridiagonal system with one equation per process is considered. After the results are exchanged among neighbouring processes the rest of the solution can be computed in parallel.

Bondeli [1] obtains in his Divide and Conquer method the solution of (5) by solving a local tridiagonal system on each process concurrently and a global tridiagonal system with one equation on the boundary processes and two equations on the inner processes. The global problem can be solved by eliminating one equation on the inner processes and by computing the solution of the remaining system again with recursive doubling.

Finally an iterative solver was implemented, which computes an approximate solution of each tridiagonal system. For this purpose the matrix A is splitted into two parts $G + H$ given in Figure 6.

$$A = \begin{pmatrix} b_1 & c_1 & & & & & & & \\ a_2 & b_2 & c_2 & & & & & & \\ & a_3 & b_3 & & & & & & \\ & & & b_4 & c_4 & & & & \\ & & & a_5 & b_5 & c_5 & & & \\ & & & & a_6 & b_6 & & & \\ & & & & & & b_7 & c_7 & \\ & & & & & & a_8 & b_8 & c_8 \\ & & & & & & & a_9 & b_9 \end{pmatrix} + \begin{pmatrix} & & & & & & & & \\ & & & & & & & & \\ & & & c_3 & & & & & \\ & & a_4 & & & & & & \\ & & & & & & c_6 & & \\ & & & & & a_7 & & & \\ & & & & & & & & \\ & & & & & & & & \end{pmatrix}$$

Fig. 6. Splitting of A into a sum $G + H$ ($M = 9$, $n = 3$)

Herein, G contains uncoupled tridiagonal blocks whereas H contains the coupling coefficients. With the index μ each iteration step is defined by

$$\mathbf{u}^{(\mu)} = G^{-1} \left(\mathbf{d} - H \, \mathbf{u}^{(\mu-1)} \right). \tag{7}$$

With the initial guess

$$G \, \mathbf{u}^{(0)} = \mathbf{d},$$

the inversion of G can be computed in parallel and the operation $\mathbf{d} - H \, \mathbf{u}^{(\mu-1)}$ requires only next-neighbour communication. The iteration (7) is continued until the maximum change of the solution $|\mathbf{u}^{(\mu)} - \mathbf{u}^{(\mu-1)}|$ falls below a given small value.

5 Results

5.1 Explicit Solution Scheme

The explicit scheme was run on several vector as well as on two parallel computers. As a test case a flow in a grid with $34 \times 34 \times 34$ points was computed. The corresponding vector length amounts to $\approx 4 \cdot 10^4$. The CPU-time for 100 time steps was measured and related to the CPU-time on one T805 processor running under PARIX 1.2 in a Parsytec GC system. As that problem size does not the memory of one processor, the execution time of a run with 16 processors was taken at an assumed efficiency of 0.9, on the Intel machine two i860 processors were used with an assumed efficiency of 0.95. Obviously all parallel processors

Processor	relative time
T805 (PARIX1.2)	1.0
i860	18.9
IBM 3090/VF	61.1
Cray YMP (M-94/4256)	542.8
Fujitsu S-600	4654.4

Table 1. CPU times of the explicit scheme

are still considerably less powerful than those of super vector computers. Taking into account the efficiency decrease for a large number of processors, approximately 400 i860 and 6500 T805 are needed to reach the power of the Fujitsu S600. The overall performance of 160 MFlops (Floating point operations) on the Cray YMP(M-94/4256) shows the good performance on the vector computers.

The maximum CPU time $T(n)$, which n processors need for the integration of 100 time steps was measured. The efficiency $(E(n)$ of n parallel working processors is defined to be:

$$E(n) = \frac{T(1)}{n \cdot T(n)}$$

This value is plotted in Figure 7 for the Intel i860 and the Parsytec GC system. The global problem size was held fixed with the number of grid points stated above. The values on the Intel machine were obtained under a production environment, that is why especially the results with a smaller number of processors exhibit a larger amount of communication than actual would be needed. This is obviously due to the communication of other processes running concurrently on the system. The communication performance can thus be decreased considerably. This effect is not observed on the Parsytec GC, because every user gets a fixed topology of processors, which hardly interferes with other tasks. The efficiency values are satisfactory considering the relatively small problem size.

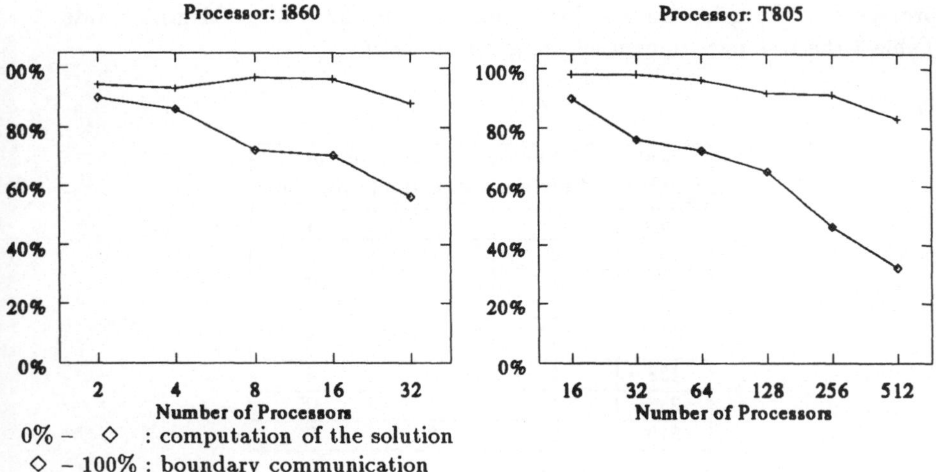

Fig. 7. Efficiency values of the explicit scheme

The minimization of the additional work due to double calculations on the overlapping grid lines demands a grid partitioning, which has a minimal total surface. Due to the one dimensional addressing the additional work done on the ghost cells change these proportions. In table 2 the total CPU times and the time needed for communication on the Parsytec GC is presented for a different partitioning but with the same number of processors: The smaller surface of the

No. of Processors	total time	communication time
2x4x16	3035 sec.	252 sec.
4x4x8	3338 sec.	193 sec

Table 2. CPU times of two different partitions

partition with $4 \times 4 \times 8$ processors yields a smaller communication time. Due to the additional work done on the ghost cells, however, the total CPU time is larger for this partition.

5.2 Implicit Solution Scheme

The implicit algorithm was tested on two different multi computers. The Intel Touchstone Delta with 512 i860–based nodes and an advertised peak performance of 30 GFlops, and the Parsytec Supercluster-256 (Parix 1.1) with 256 Transputers T805 and a peak performance of 560 MFlops. The grid was partitioned in all spatial dimensions when running the program on more than eight processors. The grid size was kept constant with $32 \times 32 \times 64$ grid points. In Table 3 the test partitions used are given in detail.

Total Number	Number of processors in		
	x-direction	y-direction	z-direction
4	1	1	4
8	2	2	2
16	2	2	4
32	2	2	8
64	4	4	4
128	4	4	8
256	4	4	16
512	8	8	8

Table 3. Grid distribution with growing number of processors

5.2.1 Execution times

The parallel computation of one time-step can be divided into four main tasks. The solution of the system of equations (4) with an alternating line-relaxation method, the computation of the right-hand side of (4), the determination of the boundary conditions and the boundary communication of the overlapping grid lines after each relaxation step. During the line-relaxation both computation and communication time (no double-calculations) occur, the computation of the right-hand side can be performed with minor double calculations and without communication. After each relaxation step the boundary conditions must be evaluated with the updated variables. Here, only the processors with grid points on the physical boundary are active. The computation of these conditions in the outflow plane for instance requires an integration of the momentum equations. On the 512 processor partition only four nodes are active at the same time due to the necessary communication.

In Figure 8 the percentage of the execution time of each subroutine is plotted versus the processor number for both parallel computers (solution of the block–tridiagonal systems with the pipelining method). As the floating point performance of the T805 is poor, the ratio of arithmetic-to-communication speed of the Transputer is lower than that of the i860 node. Hence, the shares of the execution times of the four subroutines on the SC-256 remain almost constant with a slightly growing influence of the boundary communication. The higher speed of the i860 leads to a worse load balance during the evaluation of the boundary conditions. With a growing number of processors this part of the code gains therefore an increasing share of the overall execution time. On 512 processors the computation of the boundary conditions takes as long as that of the line-relaxation.

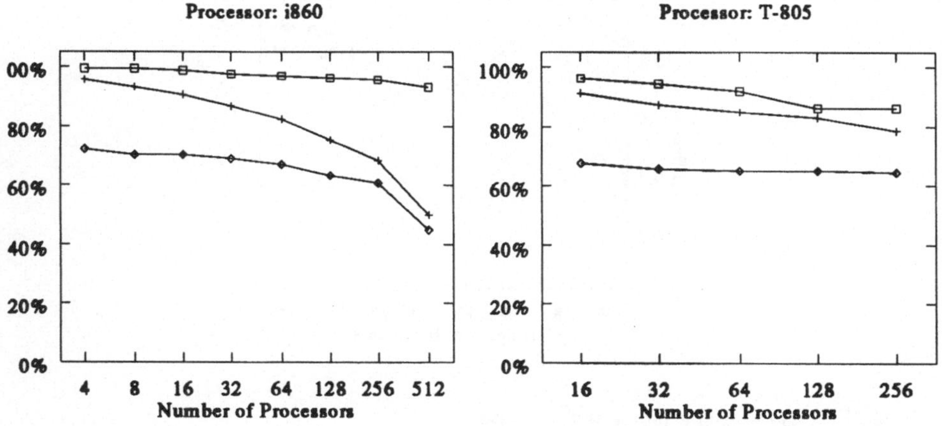

0% – ◇   : computation of the line relaxations
◇ – +   : computation of the right–hand side
+ – □   : computation of the boundary conditions
□ – 100% : boundary communication

Fig. 8. Partition of the execution time

On almost all test partitions, however, the line-relaxations, and, herein, the concurrent solution of the block-tridiagonal systems consumes about 60-70% of the execution time. In the following the efficiency of the different solution methods for this problem will be investigated in more detail.

5.2.2 Performance of concurrent block-tridiagonal solution methods

Exclusively one relaxation-step in each spatial direction is considered. The reference time to evaluate the efficiency of the tridiagonal solvers is typically the execution time of the fastest known sequential algorithm obtained on one node of the same multi computer. The fastest serial tridiagonal solver is the LU-decomposition. Unfortunately one processor is not equipped with enough memory to handle the program. The reference time was therefore obtained by three runs, with a sequential solution in one spatial direction while the grid was partitioned in the other directions. On a n-node partition the efficiency η_n of a tridiagonal solver is here defined as

$$\eta_n = \frac{(\text{reference time of the fastest sequential program})}{n \cdot (\text{execution time of the } n\text{-node program})}.$$

where the same reference time is used for the six methods described in section 4.3.

In Figure 9 the efficiency of the pipelining method obtained with the i860 and the T805 are shown. From all investigated methods the pipelined LU-decomposition has the lowest amount of arithmetic operations and communication. As expec-

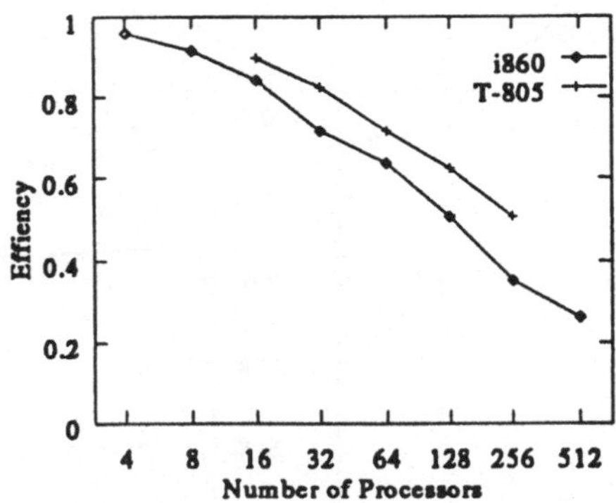

Fig. 9. Efficiency of the pipelining method

ted, the growing start-up times for the pipelining needed until all processors participate in and then finish the computation, cause a progressive loss of efficiency whith an increasing number of processors. The lower ratio of arithmetic to communication speed is the reason for the higher efficiency for the Transputer based machine.

In the following the efficiency of the remaining methods will be compared with the pipelined algorithm. The performance of recursive doubling and cyclic reduction obtained on the Delta system are shown in Figure 10. The large operation count for recursive doubling leads to a constant but poor efficiency of about 15%.

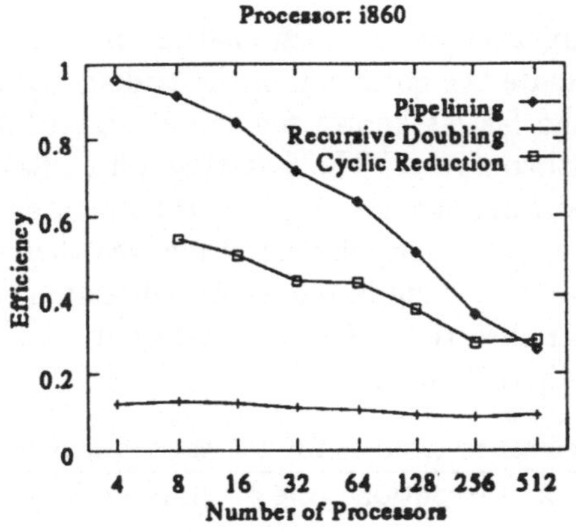

Fig. 10. Efficiency of recursive doubling and cyclic reduction

The cyclic reduction needs less arithmetic operations but is characterized by a bad load balance during the global reduction and the additional communication needed for the back substitution. Hence, the method becomes less efficient with a growing number of processors. However, on all 512 nodes of the computer the method is more efficient than the pipelined LU-decomposition. The efficiency values obtained with 32 and 256 processors are lower than a straight curve would suggest, because the relaxation sweeps in z-direction are inefficient compared to those on the next larger partition (see Table 3).

As mentioned in section 4.3 the local part of the cyclic reduction reduces the system of equations to a new tridiagonal system with one equation per process. The partition method achieves the same goal with less costs for communication. In Figure 11 the efficiency values for this algorithm obtained on the i860-, and the T805-based multi computers are compared. On the Delta system the method

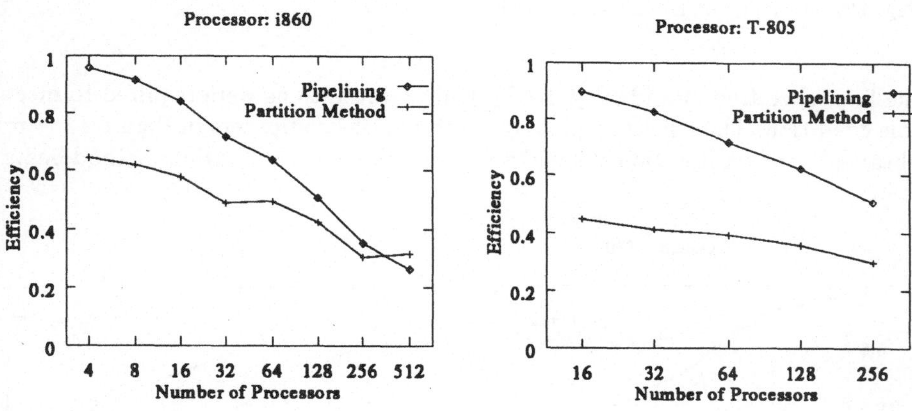

Fig. 11. Efficiency of partition method

shows better results than the cyclic reduction. Detailed investigations on a $1 \times 1 \times 8$ partition confirmed that approximately 40% of the execution time was needed for the communication intensive solution of the reduced systems. For larger processor numbers this part of the solution process causes the loss of efficiency. As the partition method involves more arithmetic operations than the pipelined LU-decomposition, the efficiency on the Transputer system is worse.

Like the partition method, Divide and Conquer can be efficiently used to reduce the size of the tridiagonal system. Therefore, the performance obtained on the Delta system and shown in Figure 12 is almost the same as the performance of the partition method with slightly better results for Divide and Conquer on smaller partitions.

The performance of the iterative tridiagonal solver is closely associated with the accuracy requirements of the approximative solution. On a $1 \times 1 \times 8$ test partition the iteration (7) was stopped after the maximum change of the solution within one iteration dropped one order of magnitude below the requested residual of

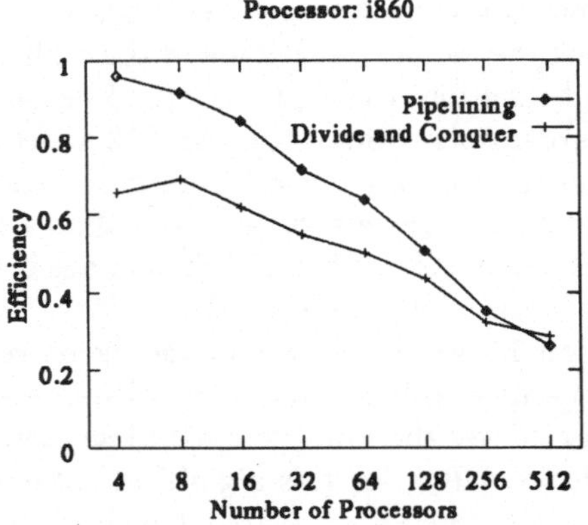

Fig. 12. Efficiency of Divide and Conquer

the line relaxation (Residual $\leq 10^{-5}$). Only six iterations were required to meet this condition. The efficiency plots for both parallel computers in Figure 13 were obtained with six iteration steps. On the i860-system the iteration method beats

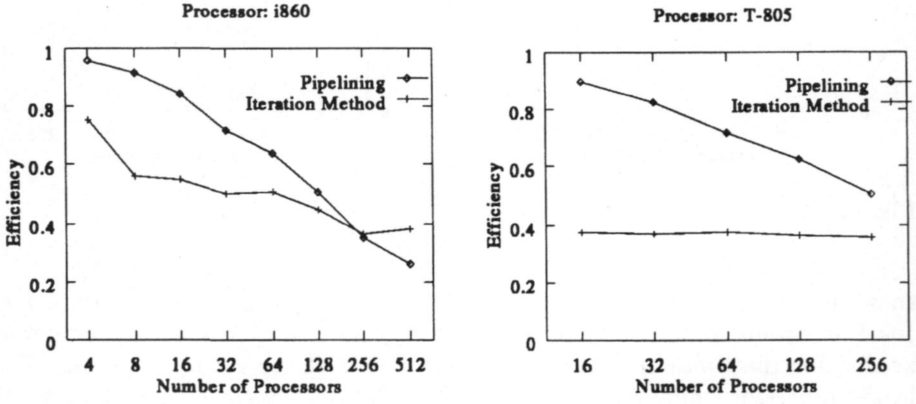

Fig. 13. Efficiency of iteration method

the partition method on more than 32 nodes. For processor numbers higher than 256 processors, this algorithm was the fastest of all tested here. The additional arithmetic and the low performance of the T-805 are once more responsible for the different results on the SC-256. However, a linear speedup and a constant efficiency on all partitions can be observed. Therefore, it can be expected that also the iteration method will show the best results on the Transputer system for more than 256 processors.

The pipelining of the LU-decomposition as well as the approximative solution of the tridiagonal systems with the iteration method have an impact on the numerical method used to solve the system of equations (4). Investigations of the convergence to a steady state in the artificial time τ not reported here, have shown that there is a slight loss in the convergence rate for both methods. The execution time until convergence within a given tolerance is reached, however, confirm, that for this application and problem size the pipelined method is the most efficient tridiagonal solver for smaller partitions. For more than 256 nodes, the iterative solver shows the best results on the i860-based parallel computer while the pipelining remains the most efficient algorithm on the Transputer system.

An efficient tridiagonal solver for this problem is difficult to find because each relaxation step requires the solution of a large number of small sized tridiagonal systems. Depending on the orientation of the relaxation lines these are either 2048 systems with 32 equations or 1024 systems with 64 equations. The solution of tridiagonal equations of this size on systems with large processor numbers is generally inefficient. Other methods for the solution of implicit discretized equation might therefore be better suited for massively parallelization.

5.2.3 Performance of one time step

In Figure 14 the execution times in seconds for one elementary time step including the line relaxations, the evaluation of the right–hand side terms, the boundary conditions, and the communication of the overlapping values are compared. The times were obtained with the most efficient tridiagonal solver on the Delta and the SC–256 system, respectively. For this application one time step is

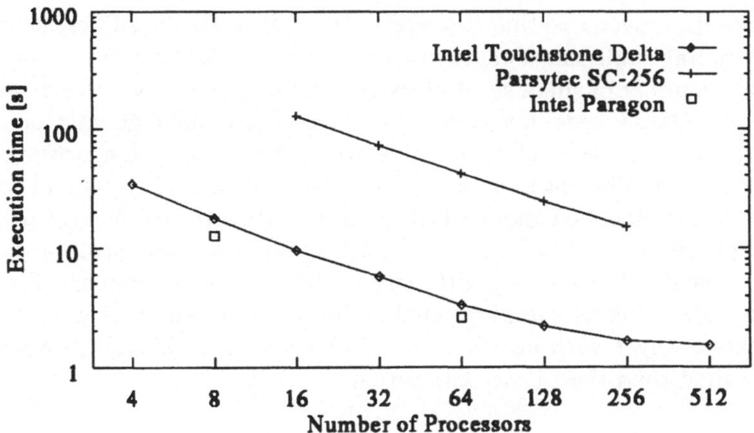

Fig. 14. Execution time for one time step

computed on eight i860 nodes in almost the same time as on 256 T805 Transputer. In addition the times of two runs on the Intel Paragon system on 8 and 64 nodes (i860, 50 MHz) are given. The higher performance of the Paragon system is achieved by an increased clock frequency.

To simulate the spiral-typed vortex breakdown about 20.000 time steps are necessary. The total execution time for some partitions on the different systems are given in Table 4

Parallel Computer	Execution time on			
	8 Processors	64 Processors	256 Processors	512 Processors
Intel Touchstone Delta	97.2 h	18.2 h	9.1 h	8.4 h
Parsytec SC–256	–	235.2 h	84.2 h	–
Intel Paragon	70.8 h	14.3 h	–	–

Table 4. Execution time to simulate spiral–typed vortex breakdown

6　Conclusion

Two algorithms suited for the solution of the Navier-Stokes equations were implemented on massively parallel systems. For both methods considerable execution-time improvements through parallelization could be achieved.

The explicit solution scheme is well suited for an execution on systems with a large number of processors, provided the problem size is large enough. It was demonstrated that programming techniques for vector computers can lead to decreases in the efficiency on parallel machines. The use of partitions with overlapping grid lines in three space dimensions leads to more additional work than in two space dimensions, so that it seems worth to investigate a different approach. The computationally most expensive part in the implicit scheme is the solution of a large number of small sized block-tridiagonal equations for each step of an alternating Gauss-Seidel line relaxation method. Six different solution methods were presented and their efficiency on a grid of fixed size with a growing number of processors on different multi computers was analysed. With a small number of processors the pipelined standard LU–decomposition shows the best performance. For processors with a high ratio of arithmetic-to-communication speed this method remains the best algorithm even high processor numbers. For parallel systems with a higher computational performance, however, it was shown that an iterative solver with an efficiency of about 40% on 512 i860–processors, is better suited than the LU-decomposition.

References

1. S. Bondeli. Divide and conquer: a parallel algorithm for the solution of a tridiagonal system of equations. *Parallel Computing*, 17:419–434, 1991.
2. M. Breuer. *Numerische Lösung der Navier–Stokes Gleichungen für dreidimensionale inkompressible instationäre Strömungen zur Simulation des Wirbelaufplatzens.* Dissertation, Aerodynamisches Institut, RWTH Aachen, 1991.
3. M. Breuer and D. Hänel. A Dual Time-Stepping Method for 3–D, Viscous, Incompressible Vortex Flows. *Computers and Fluids*, 1993.
4. A.J. Chorin. A Numerical Method for Solving Incompressible Viscous Flow. *J. Comput. Phys.*, 2:12–26, 1967.
5. A. Frommer. *Lösung linearer Gleichungssysteme auf Parallelrechnern.* Vieweg Verlag, Braunschweig, 1990.
6. A. Harten. On a Class of High Resolution Total–Variation–Stable Finite–Difference Schemes for Hyperbolic Conservation Laws. *SIAM J. Numer. Anal.*, 21, 1984.
7. R.W. Hockney. A Fast and Direct Solution of Poisson's Equation Using Fourier Analysis. *J. ACM*, 1(12):95–113, 1965.
8. M. Meinke and D. Hänel. Simulation of unsteady flows. In K. W. Morton, editor, *12th International Conference on Numerical Methods in Fluid Dynamics*, pages 268–272. Springer Verlag, July 1990.
9. M. Meinke and E. Ortner. Implementation of explicit navier-stokes solvers on massively parallel systems. In E. H. Hirschel, editor, *Notes on Numerical Fluid Mechanics*, volume 38, pages 138–151. Vieweg Verlag, 1993.
10. P.L. Roe. Approximate Riemann Solvers, Parameter Vectors and Difference Schemes. *J. Comp. Phys.*, 22:357, 1981.
11. H.H. Wang. A Parallel Method for Tridiagonal Equations. *ACM Trans. Math. Software*, 7(2):170–183, 1981.

Quantenchemie auf Workstation-Clustern

Stefan Brode

BASF AG, Zentrale Informatik Anwendungen
ZXA/ZC, KaWi 52
6710 Ludwigshafen/Rhein

Die rapide Entwicklung der Workstation-Hardware, verbesserte Algorithmen und parallele Implementation haben *ab initio* Quantenchemie zu einem praktikablen Werkzeug für Forschung und Entwicklung in der chemischen Industrie gemacht. Anhand von Anwendungsbeispielen aus den Bereichen Wirkstoff-Forschung, Prozessentwicklung, neue optische Materialien und Übergangsmetall-Katalyse wird die Rolle der *ab initio* Quantenchemie im *molecular modeling* beschrieben. Entscheidend für den Durchbruch dieser Methode ist eine kostengünstige Bereitstellung der benötigten Rechenleistung. Dies ist z.B. mit Hilfe von Workstation-Clustern möglich.

1 Quantenchemie in der BASF Forschung

Quantenmechanische Rechenmethoden zur Beschreibung der Elektronenstruktur von Molekülen werden bei der BASF AG seit Jahrzehnten erfolgreich eingesetzt. In der Farbenforschung dienen HMO (Hückel-Molekül-Orbital) - Berechnungen seit den 60er Jahren als zuverlässige Methode zur Vorhersage von UV-Spektren (Farbe) von Farbstoffen. In der Wirkstoff-Forschung (*drug-design*) werden seit mehr als einem Jahrzehnt semiempirische MNDO (*modified neglect of differential overlap*) -Verfahren eingesetzt, um Geometrien und Ladungsverteilungen von Wirkstoff-Kandidaten zu ermitteln.

Parameterfreie quantenchemische Methoden (sog. *ab initio* Verfahren), die prinzipiell eine höhere Vorhersagekraft (Genauigkeit) als die oben genannten Näherungsverfahren besitzen, konnten sich erst in den letzten Jahren durchsetzen. Der Hauptgrund für die Zurückhaltung beim Einsatz von *ab initio* Verfahren war der enorme Rechenaufwand und Plattenspeicherbedarf der traditionellen *ab initio* Rechenprogramme. Für die SCF (*self-consistent-field*) Methode - das *Arbeitspferd* der *ab initio* Quantenchemie - wachsen Rechenzeit- und Plattenspeicherbedarf bei Verwendung traditioneller Rechenprogramme mit der 4. Potenz der Problemgröße (z.B. Anzahl der Elektronen im Molekül), so daß die Verdopplung der Molekülgröße einen 16fachen Ressourcenbedarf zur Folge hat. Deshalb konnten vor fünf Jahren nur relativ kleine Moleküle (mit 5-10 Atomen; z. B. die Aminosäure Glycin) routinemäßig auf Workstations behandelt werden. Für größere Systeme war der Einsatz von (Mini-)

Supercomputern mit deutlich größeren Plattenkapazitäten notwendig. Wegen der höhern Rechenkosten wurden größere *ab initio* SCF-Rechnungen wie z.B. die Untersuchung des Kettenwachstumsschrittes der anionischen Polymerisation von Butadien[1] nur in Ausnahmefällen durchgeführt.

Die schnelle Entwicklung der Leistung von Workstation-CPUs (Faktor 100 in 5 Jahren bei vergleichbaren Preisen) und neue Algorithmen[2] (ohne Plattenspeicherbedarf und einem Anstieg der Rechenzeit nur noch mit der 3. Potenz der Problemgröße) haben den *ab initio* SCF-Methoden jedoch eine Anwendungsperspektive auch für größere Moleküle eröffnet. Entscheidend war auch die Verkürzung der Bearbeitungszeiten durch Verteilung des immer noch enormen Rechenaufwandes auf mehrere Workstations[3].

Bei der BASF AG behandeln wir heute Systeme mit bis 100 Atomen routinemäßig auf einem Cluster von 16 Workstations (IBM RS6000, Modelle 580(1x), 560(1x), 350(4x), 340(4x), 320(6x)) mit dem parallelen *ab initio* Programm TURBOMOLE[4]. Im vorliegenden Beitrag wird über die Entwicklung des parallelen SCF-Verfahrens bei der BASF AG berichtet. Kapitel 2 gibt eine kurze Zusammenfassung der Parallelisierung. Anwendungsbeispiele aus der aktuellen Arbeit zeigen den Nutzen der Parallelisierung für die tägliche Arbeit (Kapitel 3). Zum Abschluß werden Vor- und Nachteile unserer Lösung und Perspektiven für die Zukunft diskutiert (Kapitel 4).

2 Parallelisierung von TURBOMOLE

Eine ausführliche Darstellung der Parallelisierung des SCF-Verfahrens ist publiziert[5]. Hier sollen nur die wichtigsten Aspekte dieser Arbeit zusammengefaßt werden:

-   Der rechenzeitintensive Teil des SCF-Verfahrens ist nahezu ideal zur Parallelisierung geeignet,

-   der Kommunikationsbedarf ist im Vergleich zum Rechenzeitbedarf sehr klein, deshalb ist die Parallelisierung auch für Hardware mit langsamer Kommunikation (z.B. durch Ethernet verbundene Workstations) effizient möglich,

-   mit einem Dutzend Workstations wird routinemäßig eine zehnfache Beschleunigung gegenüber einer Workstation erreicht,

-   das parallele Programm ist innerhalb von Unix portabel (und läuft z.B auf IBM-, SGI- oder HP-Clustern),

- das Konzept der Parallelisierung ist auch auf anderen Architekturen lauffähig (z.B. nCUBE oder Convex),

- Workstation-Cluster erreichen für ab initio SCF-Berechnungen eine zu Supercomputern vergleichbare Leistung[6].

3 Anwendungsbeispiele

Die Supercomputerleistung des Workstationclusters ermöglicht es uns realistisch große Moleküle ohne einschränkende Kompromisse zu behandeln.

Im Bereich der Wirkstoff-Forschung untersuchen wir z.B. die Ladungsverteilung in den aktiven Zentren von Enzymen, indem wir Ausschnitte aus solchen Proteinen mit ca. 100 Atomen behandeln. Die so gewonnene Information leistet einen wichtigen Beitrag zum *de-novo-design* von Wirkstoffen: Nur ein Molekül mit passender (komplementärer) Ladungsverteilung kann ein aktives Zentrum effektiv blockieren.

Bei der Entwicklung polymerer Werkstoffe für optische Computer untersuchen wir die nichtlinearen optischen Eigenschaften solcher neuen Materialien durch quantenchemische Berechnung von molekularen Hyperpolarisierbarkeiten. Diese Simulationsrechungen ermöglichen die Abschätzung von Materialeigenschaften bevor das Material stofflich verfügbar ist. Somit wird teurer und langwieriger experimenteller Aufwand vermieden.

In der Katalyseforschung tragen Rechungen an Modellsystemen zum Verständnis der relevanten Reaktionsmechanismen bei. Dies hilft uns, Katalysatorsysteme optimal für die jeweiligen Erfordernisse maßzuschneidern.

Thermodynamische Daten spielen bei der Entwicklung von chemischen Produktionsverfahren eine wichtige Rolle. Die quantenchemische Berechnung solcher Daten ist der experimentellen Bestimmung in Bezug auf die Genauigkeit teilweise ebenbürtig. Vor allem für Vorstudien ergeben sich Kosten- und Zeitvorteile bei der Berechnung gegenüber Messung der Daten.

4 Zusammenfassung und Ausblick

Für *ab inito* SCF-Berechnungen ist ein Workstation-Cluster meiner Ansicht nach eine gute Hardware-Basis. Die Kosten für ein solches System sind deutlich niedriger als bei einem Abteilungs-Mini-Supercomputer oder bei Nutzung eines zentralen Supercomputers. Auch in Bezug auf die Leistung besteht ein Workstation-Cluster den Vergleich zu konventionellen Lösungen. Es wäre hilfreich, wenn von Seiten der Betriebssysteme Cluster besser unterstüzt würden. Ein Workstation-Cluster ist sicherlich keine Patentlösung für alle rechenintensiven Aufgaben. So läßt sich z.B. die Matrixmultiplikation (eigentlich ein Schulbeispiel für Parallelisierung für *shared-memory* oder eng gekoppelte *distributed-memory* Architekturen) in einem mit Ethernet vernetzten Workstation-Cluster nicht effizient parallelisieren. Auch die Berechnung der Zweikörperwechselwirkungen bei Vielteilchensimulationen (z.B. Molekular Dynamik, MD) wird eine gute Effizienz nur für sehr große Systeme erreicht. In der Quantenchemie und im *molecular modeling* finden sich jedoch viele Aufgaben (z.B. Struktursuche in Datenbanken, Konformationsanalyse, *docking*), die sich in einem Cluster leicht lösen lassen und so kostengünstig bewältigt werden können.

Für die Zukunft sind weitere Leistungssteigerungen im CPU- und Speicherbereich, aber vor allem in der Netzwerktechnologie zu erwarten. Dies läßt hoffen, daß auch kommunikationsintensivere Aufgaben (wie z.B. lineare Algebra oder MD-Simulationen) mit Workstation-Clustern bearbeitet werden können.

---

[1] L. Siggel, K. Knoll, E. Hädicke, S. Brode Makromol. Chem., Macromol. Symp. **65**, 243 (1993)

[2] M. Häser, R. Ahlrichs JCP **10**, 104 (1989)

[3] S. Brode Supercomputer and Chemistry **2**, 61 (1991); S. Brode Future Generation Computer Systems **8**, 27 (1992)

[4] Biosym Tech., San Diego CA, R. Ahlrichs *et al.*, Universität Karlsruhe

[5] S. Brode, H. Horn, M. Ehrig, D. Moldrup, J. Rice, R. Ahlrichs JCP submitted

[6] H. Huber Chimia **47**, 22 (1993)

PARIS - Das Parallel RISC Projekt der IBM, DLR und Universität Stuttgart

Alfred Geiger

RUS, Abt. Numerik für Höchstleistungsrechner,
Allmandring 30, 7000 Stuttgart 80,
e-mail: geiger@rus.uni-stuttgart.de

Abstract. Sind Workstation-Cluster eine Alternative zum Parallelrechner? Wenn ja, für welche Anwendungen gilt dies besonders, für welche weniger? Sind solche Cluster handhabbar?
Um diese und ähnliche Fragen zu beantworten, wurde an der Universität Stuttgart ein Projekt eingerichtet, das von IBM, DLR, RUS und dem Sonderforschungsbereich 259 ('Wiedereintrittsprobleme rückkehrfähiger Raumfahrzeuge') getragen wird. Der Aufbau des dabei eingesetzten Clusters und die darauf verfügbare Software wird erläutert.
Weiter folgt eine Vorstellung der Konzepte, sowohl was den Betrieb, als auch was die Unterstützung der Benutzer angeht. Die Problemstellungen, die mit Hilfe des Clusters angegangen werden sollen, kommen vorwiegend aus dem Bereich der Numerischen Strömungsmechanik. Anhand von Beispielen werden diese, zusammen mit den eingesetzten Parallelisierungsstrategien, vorgestellt.
Da das Projekt bereits einige Monate läuft, liegen die Ergebnisse einiger kleinerer, abgeschlossener Arbeiten, ansonsten Zwischenberichte vor. Diese lassen Schlüsse über günstige und ungünstige Problemklassen zu, aber auch darüber, wie die bestehende Hard- und Softwarekonfiguration noch optimiert werden kann und wo bevorzugt Engpässe auftreten.

1 Workstation-Cluster - Die Alternative?

Die klassischen Mainframes, die ihre Aufgabe hauptsächlich in der Erzielung eines hohen Durchsatzes bei vielen gleichzeitigen Benutzern hatten, sind, zumindest im technisch-wissenschaftlichen Bereich, den Workstations zum Opfer gefallen. Droht den Supercomputern jetzt dasselbe Schicksal durch Cluster von Workstations?

Der Siegeszug der Workstations wurde durch die Vernetzung erst möglich. Eine Folge dieser Entwicklung ist, daß plötzlich bereits in kleinen Firmen oder Forschungslabors eine Gesamtrechenleistung installiert ist, von der mancher Supercomputeranwender nur träumen kann. Diese Tatsache ist lange bekannt, war aber zu Zeiten, als Supercomputer das Synonym für Vektorrechner war, relativ irrelevant. Erst das Vordringen skalierbarer Rechnerarchitekturen mit verteiltem Hauptspeicher, die ja faktisch vernetzte Einzelcomputer sind, ließ den Gedanken reizvoll erscheinen, Workstationnetze formal als Parallelrechner zu betrachten und zu benutzen, während nicht interaktiv mit ihnen gearbeitet wird. Das auf Parallelrechnern dominierende Message-Passing Programmiermodell ließ sich leicht auf solchen Netzen implementieren, und auch die Portierung vorhandener Parallelrechnerapplikationen war nicht schwierig. Die Erfahrungen die gemacht wurden, waren teils vielversprechend, aber teilweise auch enttäuschend. Auf jeden Fall kann man heute beobachten, daß Workstationcluster vom Waggon zur Lokomotive geworden sind und der Entwicklung paralleler Software entscheidende Anstöße geben. Der Grund dafür liegt auf der Hand: Es gibt sehr viel mehr vernetzte Workstations auf der Welt als Parallelrechner, d.h. Software trifft auf einen weitaus aufnahmefähigeren Markt.

Wir müssen aber auch die Unterschiede zwischen Workstation-Clustern und Parallelrechnern betrachten, denn diese spielen für Erfolg oder Fehlschlag bei Parallelisierungsvorhaben, wie sich bei einigen an der Universität Stuttgart durchgeführten Projekten gezeigt hat, die entscheidende Rolle.
Diese Unterschiede liegen primär in der Art, wie die einzelnen Rechner miteinander vernetzt sind. Die einzelnen Knoten eines Parallelrechners unterscheiden sich i.d.R. weder von der Art der eingesetzten Prozessoren (Ausnahme: Transputer), noch von der eingesetzten Technologie (Ausnahme: Cray-MPP) von einer Workstation.
Workstation-Cluster werden meist über lokale Netze vernetzt, die daraufhin optimiert wurden, einer möglichst großen Anzahl von Teilnehmern über möglichst große Distanzen eine möglichst hohe Übertragungsrate (10 bis 800 Mbit/s) zu garantieren. Weiter spielt die leichte Erweiterbarkeit eine große Rolle. Die Topologie ist meist die eines Busses (Ethernet) oder die eines Token-Rings (FDDI). Die Protokolle zur Kommunikation basieren auf den auch für klassische Netzdienste üblichen Standards TCP und UDP. Da Latenzzeiten (die Zeit vom Anstossen eines Kommunikationsvorganges bis zum Eintreffen der ersten Daten beim Empfänger) für klassische Netzdienste (Übertragung von Dateien, Remote-Login) faktisch keine Rolle spielen, wurde an dieser Stelle auch keine besondere Optimierung getrieben. Die Latenzzeiten liegen deshalb im Bereich von 10 - 100ms. Bei den heute üblichen Peak-Leistungen von 10 bis 100 MFLOP/s pro Einzelworkstation, dauert die Kommunikation einer Gleitpunktzahl somit größenordnungsmäßig etwa solange wie 100 000 Gleitpunktoperationen. Dieses Verhältnis ist ein Maß für die Granularität, die demnach hier sehr hoch ist. Der Benutzer muß also darauf achten, möglichst selten (bezogen auf die Anzahl der durchgeführten Rechenoperationen) und dann in großen Blöcken zu kommunizieren. Erwähnt werden muß hier, daß bei IBM-Workstations die Möglichkeit besteht einen serial optical link (SOCC) sehr prozessornah anzuschliessen, was zumindest seitens der Hardware wesentlich bessere Latenzzeiten bietet. Diese kommen allerdings nur zum tragen, wenn speziell angepaßte Kommunikationsbibliotheken verwendet werden. Ausserdem lassen sich auf diese Weise ohne erheblichen Zusatzaufwand (Switch) maximal drei Workstations vernetzen.

Bei Parallelrechnern hingegen ist die Vernetzung bereits konzeptuell auf die Bedürfnisse der Parallelverarbeitung ausgelegt. Große Distanzen spielen hier keine Rolle, die Verbindungen sind in der Regel Punkt- zu Punkt-Verbindungen. Die Netztopologie hat sehr viel mehr Verbindungen als ein Bus oder ein Token-

Ring; man hat entweder feste Topologien hoher Komplexität mit schnellem Routing, oder aber schnelle Switch-Technologien. Die Anzahl der Kommunikationswege skaliert insbesondere mit der Prozessorzahl, was bei Workstation-Clustern nicht der Fall ist. Aus diesem Grund sind in einem Parallelrechner weitaus grössere Prozessorzahlen möglich. Die typischen Übertragungsraten liegen nur wenig höher als in Workstationnetzen (10-50 000 MBit/s), anders jedoch die Latenzzeiten. Diese bewegen sich zwischen nur 0.5 bis 100 μs und sind damit tausendmal kleiner als in Clustern. Bei etwa gleicher Prozessorleistung bedeutet dies, daß sehr viel feinere Granularitäten als bei Workstation-Clustern möglich sind, was das Einsatzspektrum solcher Rechner deutlich erhöht.

Aber den Parallelrechner müssen wir erst beschaffen, die Workstations sind in den meisten Fällen bereits da.

2 Das PARIS-Projekt

Das Projekt PARIS (PArallel RISc) wurde im Laufe des Jahres 1992 im Rahmen einer Kooperation zwischen

- IBM
- DLR
- RUS
- Sonderforschungsbereich 259
  'Wiedereintrittsprobleme rückkehrfähiger Raumfahrzeuge'

an der Universität Stuttgart initiiert. Es werden folgende Ziele verfolgt:

- Einsatz eines RISC-Clusters zur Lösung komplexer Probleme aus den Bereichen Numerische Strömungsmechanik und Strukturmechanik.
- Untersuchung der Eignung verschiedenartiger numerischer Verfahren und Parallelisierungstechniken für den Einsatz auf Workstation-Clustern. Dies schließt Vergleichsstudien mit Parallelrechnern und Vektorrechnern mit ein.
- Erprobung verschiedener Vernetzungstechniken im Cluster (Ethernet, FDDI, SOCC).
- Entwicklung von Einsatz- und Betriebsstrategien für die Parallelverarbeitung mit Clustern.
- Test von Programmieroberflächen (PVM, ...) und Entwicklungswerkzeugen (FORGE 90, ParaGraph, ...) an großen Ingenieurproblemen.
- Ausbildung von Studenten und wissenschaftlichen Mitarbeitern im Umgang mit der Parallelverarbeitung auf Workstation-Clustern.

Für die Zukunft wird die Beteiligung industrieller Anwender angestrebt.

2.1 Der Aufbau des Clusters

Das PARIS-Cluster besteht derzeit aus 6 Maschinen vom Typ RS/6000-550 mit je 128 MB Hauptspeicher und 1 GB Disk. Die Vernetzung erfolgt auf 3 Ebenen:

- Ethernet: Busverbindung mit 10 Mbit/s
- FDDI: Token-Ring-Verbindung mit 100 Mbit/s
- SOCC: Punkt-zu-Punkt Verbindung zwischen 3 Maschinen mit 225 Mbit/s

'm Einflüsse von aussen weitgehend zu eliminieren, wird ein Rechner als Gate-
'ay zwischen inneren und äußeren Netzen benutzt.

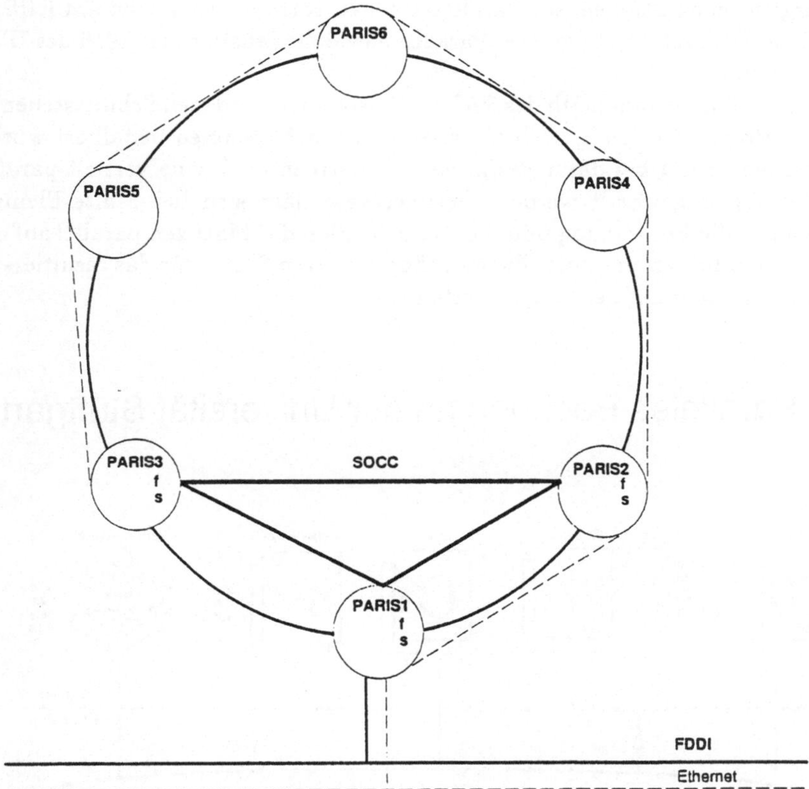

3 Das Umfeld an der Universität Stuttgart

Das Supercomputing-Umfeld an der Universität Stuttgart bietet sowohl von der
Seite der installierten Rechner, als auch seitens der Netzwerkinfrastruktur gera-
dezu ideale Voraussetzungen für Studien mit parallelen RISC-Clustern. Zu Zeiten
in denen kaum Interaktivbetrieb auf den Maschinen des für Durchsatzzwecke und
als Mainframeersatz installierten zweiten Clusters SERVUS des RUS stattfindet

können parallele Rechnungen jederzeit auch auf diese Maschinen (zusätzlich 14) ausgedehnt werden. Die Hinzunahme eigener Resourcen steht dem Benutzer ohnehin offen.

Um die lokalen Platten für I/O-intensive Rechenläufe (insbesondere Rechenläufe mit parallelem I/O), sowie die out-of-core Lösung von Problemen frei zu halten, wird für die Haltung von Benutzerdaten auf den schnellen Fileserver Cray Y-MP/2E zurückgegriffen.

Für vergleichende Studien mit Parallel- und Vektorrechnern stehen am RUS die Cray-2, an IPVR/ICA II die intel Paragon sowie die MasPar MP-1216 des IPVR zur Verfügung.

Da zum Teil die innerhalb des PARIS-Clusters vorhandenen Schnittstellen für parallele Programmierung auch auf allen anderen Maschinen installiert wurden bzw. werden, kann bei dafür geeigneten Problemen auch eine verteilt-parallele Verarbeitung angewandt werden. Beispielsweise läßt sich bei Finite-Element-Rechnungen die Berechnung und die Kondensation der Matrizen parallel auf dem Cluster durchführen und mit einem hochoptimierten Solver für das resultierende Gleichungssystem auf der Cray-2 verbinden.

Paralleles Rechnen an der Universität Stuttgart

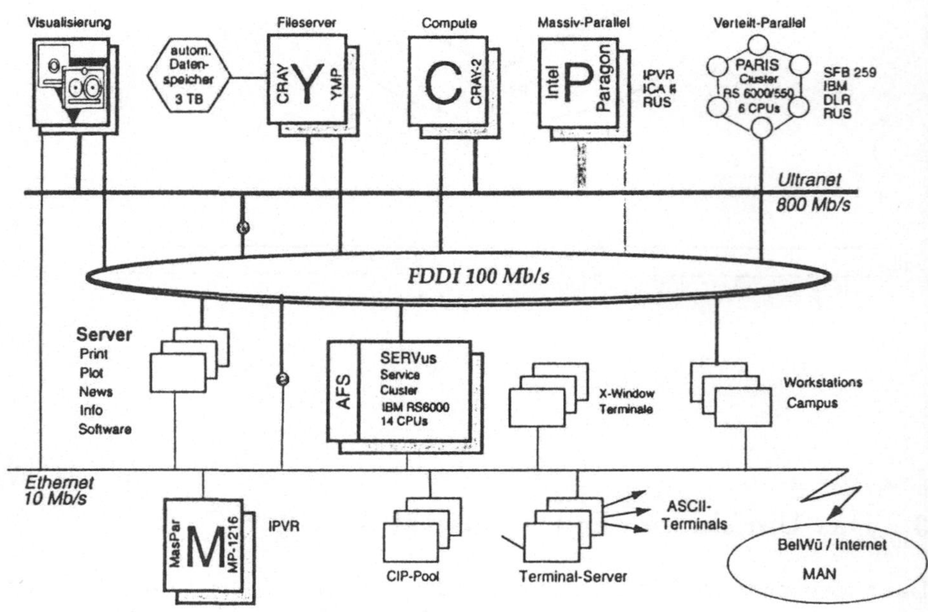

4 Einsatzkonzept

Das PARIS-Cluster ist als Testumgebung für die Parallelverarbeitung in Workstation-Netzen gedacht. Wir wollen in dieser Umgebung künstlich einen Zustand herstellen, wie er in Workstation-Netzen zu Zeiten herscht, in denen kein Interaktivbetrieb stattfindet. Um dies zu erzwingen wird nur auf der Gateway-Maschine des Clusters Interaktivbetrieb erlaubt, alle anderen Maschinen des Clusters können nur als zusätzliche Knoten für die Parallelverarbeitung allokiert werden. Dies gewährleistet in Verbindung mit den dedizierten Verbindungsnetzwerken im Innern die Reproduzierbarkeit von Ergebnisssen. Die Funktion einer Clustermaschine als Gateway-Rechner zur Aussenwelt erzeugt naturgemäß eine Asymmetrie, die entsprechende Verarbeitungsmodelle wie Host-Node bevorzugt. Da wir keine andere Möglichkeit sahen, den gewünschten Effekt zu erreichen, wird das bewußt in Kauf genommen. Wenn andere Verarbeitungsmodelle verwendet werden sollen, z.B. das in EXPRESS mögliche Cubix-Modell, so sollte die als Gateway fungierende Maschine sicherheitshalber ausgespart, bzw. nur zur Steuerung verwendet werden.
Formal sieht der Benutzer also etwas ähnliches wie bei Parallelrechnern früherer Generationen, einen Front-End/Back-End Betrieb. Schöner wäre natürlich ein im Netz verteiltes Betriebssystem wie OSF/1 auf moderneren Parallelrechnern, aber solche Systeme sind heute bestenfalls experimentell verfügbar.

Wie bei parallelen Maschinen ohne verteiltes Betriebssystem üblich, ist für die Lastbalancierung der Benutzer selbst verantwortlich, das heißt, er muß in seinem Anwenderprogramm entsprechende Maßnahmen ergreifen, oder aber sich externer Werkzeuge bedienen.
Letzteres ist insbesondere nötig, wenn eine dynamische Lastbalancierung erforderlich ist. Dies ist dann der Fall, wenn in Netzwerken parallel gerechnet wird, die sich nicht in einem dedizierten Zustand befinden, wenn also z.B. zur normalen Arbeitszeit auf Maschinen verteilt wird, die gleichzeitig auch interaktiv benutzt werden.

Als Programmiermodell kommt, insbesondere wegen der bereits angesprochenen hohen Latenzzeiten, nur Message-Passing in Frage. Zwischenzeitlich stehen hierfür mehrere, portable Umgebungen zur Verfügung.

- **PVM** (Parallel Virtual Machine)
  Diese am ORNL [1] entwickelte Schnittstelle zeichnet sich besonders dadurch aus, daß sie auch in heterogenen Netzen, bei denen Datenkonvertierungen beim Message-Passing nötig sind, eingesetzt werden kann. Dies macht insbesondere auch eine verteilt-parallele Verarbeitung, wie sie oben beschrieben wurde, möglich. PVM steckt zwar in vielerlei Hinsicht noch in den Kinderschuhen, hat aber durch die Entscheidung der Firmen Cray und CONVEX, es als Standardmodell für ihre Parallelrechner zu verwenden, einen großen Auftrieb erfahren.
- **EXPRESS**
  EXPRESS ist ein kommerzielles Produkt der Firma Parasoft und zeichnet sich durch einen sehr großen Funktionsumfang aus. Es unterstützt mehrere

Verarbeitungsmodelle und hat einen eigenen Debugger und Performance-Tools.

- **PARMACS**
  PARMACS [2] ist im Gegensatz zu PVM und EXPRESS keine Bibliothek, sondern ein Satz von Makros. Es ist insbesondere wegen einiger darauf aufsetzender High-Level-Kommunikationsbibliotheken und Softwarepakete interessant.

Auf dem PARIS-Cluster sollen sukzessive möglichst viele dieser Schnittstellen angeboten werden, insbesondere die eben vorgestellten.

Ein noch weitergehender Support wird für PVM geboten, da es auch als Grundlage für einige Projekte im Bereich des verteilten Rechnens dienen wird. Daher wird PVM bereits heute auf der kompletten Rechnerumgebung bereitgestellt.

An sonstigen Werkzeugen zur Unterstützung bei parallelen Anwendungen werden ParaGraph zur graphischen Performanceanalyse und FORGE 90 zur Verfügung gestellt.

Da die beteiligten Institutionen, mit Ausnahme von IBM, sich primär mit Anwendungen und nicht mit Rechnern beschäftigen wollen, wird innerhalb des Projekts großer Wert auf einen guten Informationsfluß gelegt. Informationen werden derzeit über Mailinglisten verbreitet, eine lokale Newsgruppe wird etabliert. Alle Dokumentation, die das Cluster oder darauf bereitgestellte Softwareprodukte betrifft, wird auf dem Informationsserver des RUS bereitgestellt. Publikationen, die in irgendeiner Weise mit dem Cluster etwas zu tun haben, finden, sofern das möglich ist, ebenfalls dort ihren Platz.

Ein sehr wichtiger Bereich ist die Ausbildung. Im Rahmen von mehreren Kursen und einer Vorlesung werden Mitarbeiter und Studenten im Bereich paralleler Applikationen, paralleler Numerik, aber auch einfach im Umgang mit speziellen Softwareumgebungen geschult.

5 Erfahrungsberichte

Trotz der relativ kurzen bisherigen Laufzeit des Projekts liegen bereits einige Erfahrungsberichte vor. Aus dem vorhandenen Material wurden drei charakteristische Beispiele herausgegriffen, die die Chancen, aber auch die Fallen aufzeigen, die beim parallelen Rechnen auf Workstation-Clustern auftreten können.

Für genauere Informationen sei jeweils auf die Originalstudien verwiesen.

5.1 Basismessungen und Benchmark mit 3-D Multigrid

durchgeführt von Franz Eisele [3],
Institut für Kernenergetik und Energiesysteme der Universität Stuttgart

Das Ziel der Arbeit waren Vergleichsmessungen mit einem dreidimensionalen Multigridverfahren zur Lösung von Laplacegleichungen auf PARIS.

Zur Vorbereitung wurden Messungen am Kommunikationsnetzwerk vorgenommen, wobei zum Zeitpunkt der Durchführung dieser Messungen als Netzwerke nur Ethernet und SOCC, nicht jedoch FDDI zur Verfügung standen. Als Message-Passing Schnittstelle wurde für alle Messungen PVM verwendet und zwar die von ORNL herausgegebene Version 2.4. Die speziell für den SOCC entwickelte IBM-Version wurde nicht eingesetzt. Die Maschinen waren frei von anderen Benutzern. Gemessen wurden Startupzeiten zwischen zwei Knoten und Übertragungsraten.

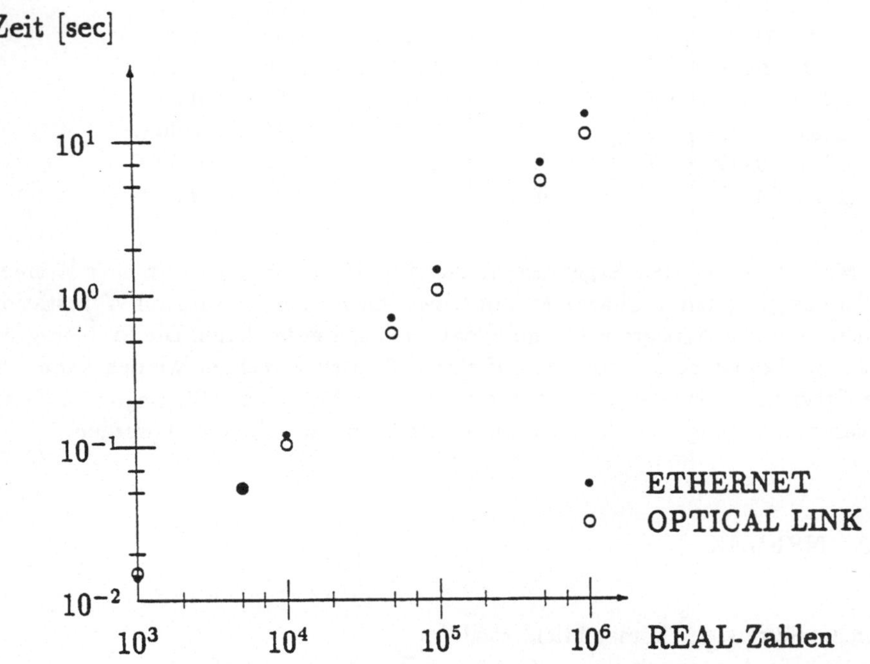

Kommunikationsdauer ohne Startupzeit, Quelle [2]

Da die Kommunikationsdauer in diesem doppelt-logarithmischen Maßstab nahezu eine Gerade ergibt, kann von einer konstanten Übertragungsrate ausgegangen werden.

Netzwerk	Ethernet	SOCC
Startup	0.035s	0.035s
Übertragungsrate	2.16 Mbit/s	2.88 Mbit/s

Die fast gleichen Startupzeiten und Übertragungsraten zeigen, daß hier nicht die Hardware der limitierende Faktor ist, sondern der erhebliche Softwareoverhead (PVM über TCP/IP). Speziell über den SOCC sollte also kein Public-Domain PVM verwendet werden.

Bei den Tests mit dem dreidimensionalen Multigridverfahren wurde eine konventionelle Gebietszerlegung durchgeführt und auf der für jedes Untergebiet maximalen Anzahl von Gitterebenen (Levels) gerechnet.

Problemgröße	Levels	Prozessoren	Rechenzeit	Speedup	Effizienz
65x65x33	5	1	7.91s	1.00	1.00
65x65x33	5	2	7.27s	1.09	0.55
65x65x33	5	4	7.55s	1.05	0.26
129x129x65	6	1	91.55s	1.00	1.00
129x129x65	6	2	57.67s	1.59	0.80
129x129x65	6	4	44.61s	2.05	0.51
129x129x129	7	1	91.55s	1.00	1.00
129x129x129	7	2	57.67s	1.59	0.80
129x129x129	7	4	44.61s	2.05	0.51

Man sieht aus den Ergebnissen, daß für derartige Algorithmen mit einem vollständig impliziten Charakter, nur schwer die für den Einsatz auf Workstation-Clustern notwendige grobe Granularität erreicht werden kann. Die Problemgröße 129x129x129 ist die größte, die auf einem Knoten gerechnet werden kann. Um die Effizienz zu steigern, müßten wesentlich aufwendigere Strategien, z.B. zur Zusammenfassung von Gebieten auf einem Prozessor eingesetzt werden.

5.2 NSFLEX

durchgeführt von Thomas Michl et.al. [4]
Institut für Aerodynamik und Gasdynamik der Universität Stuttgart

NSFLEX ist ein Navier-Stokes-Code in Finite-Volumen-Diskretisierung aus dem Hause MBB. Über seine Parallelisierung und seinen Aufbau wird in [4] berichtet. Es wird dabei Datenparallelität durch Gebietszerlegung ausgenutzt. Die Zeitschritte in dem an sich impliziten Verfahren bekommen durch Linearisierung der Flüße einen expliziten Charakter, was den Kommunikationsaufwand klein hält und somit einem effizienten parallelen Arbeiten sehr entgegenkommt. Die Parallelisierung wurde ursprünglich für einen intel iPSC/860 durchgeführt, der, was das Verhältnis von Kommunikationsleistung zu Prozessorleistung betrifft, mit RISC-Clustern sehr viel Ähnlichkeit hat.

Der Testfall der mit NSFLEX auf dem RISC-Cluster gerechnet wurde ist die Umströmung eines CAST-7 Tragflügelprofils mit einer Anströmmachzahl von 0.7 unter einem Anströmwinkel von 2 Grad. Es wurden 2000 Iterationen gerechnet. Hier einige Ergebnisse:

Maschine	Prozessoren	Parallelisierung	Rechenzeit
IBM RS/6000-550	1	-	15596s
IBM RS/6000-550	5	PVM	2105s
Cray-2	1	-	995s
Cray-2	4	autotasking	412s
Paragon XP/S-5 (Beta T6)	66	NX-OSF/1	330s
Cray C-90	1	-	232s
Cray C-90	8	autotasking	55s

Der Speedup auf dem PARIS-Cluster ist mit 7.4 auf 5 Knoten sogar superlinear. Dies liegt ganz einfach an einer besseren Nutzung des Caches der Prozessoren. Aus diesem Beispiel sehen wir, daß Algorithmen, deren impliziter Charakter sich in Grenzen hält und die (im Gegensatz zu Multilevel-Verfahren) einen konstanten Arbeitsaufwand auf den Teilgebieten haben, für RISC-Cluster hervorragend geeignet sind.

5.3 HPSplit

durchgeführt vom Autor [5]
Rechenzentrum der Universität Stuttgart

HPSplit ist ein paralleles FD-Verfahren für die Lösung der zeitabhängigen Navier-Stokes-Gleichungen mit Turbulenzmodell. Es kann in zweidimensionalen, mehrfach zusammenhängenden und insbesondere instationären Geometrien benutzt werden, wie z.B. Rotor-Stator-Kombinationen in Turbomaschinen.

Klassische Methoden für die Lösung derartiger Probleme sind wegen der gemischt hyperbolisch/parabolischen Natur der Navier-Stokes-Gleichungen sehr teuer, da sowohl in Zeit- als auch in Raumrichtung eine sehr hohe Auflösung gebraucht wird. Der Grund sind die feinen Zeitskalen der konvektiven und die feinen Längenskalen der diffusiven Effekte. Andererseits benötigen konvektive (hyperbolische) Effekte keine hohe räumliche und diffusive (parabolische) Effekte keine hohe zeitliche Auflösung.

Das HPSplit-Verfahren macht von diesen Eigenschaften gebrauch und bietet folgende Lösungen:

- Das Gleichungssystem wird in den parabolischen und den hyperbolischen Teil zerlegt und beide Teile werden problemgerecht gelöst. Formal ist dies ein Zweigitterverfahren, bei dem auf jeder Gitterebene eine andere Gleichung gelöst wird.
- Zur Parallelisierung wird eine Gebietszerlegung durchgeführt, mit der Besonderheit, daß die Teilgebiete in einer Relativbewegung zueinander stehen können.

Das Programm wurde speziell auf instationäre Anfahrvorgänge zugeschnitten. Dabei wird von dem Modell einer in das Rechengebiet hineinlaufenden Verdichtungswelle ausgegangen. Der noch ruhende Teil muß nicht berechnet werden, was auf Skalarrechnern einen erheblichen Zeitvorteil bringt, auf Parallelrechnern jedoch dazu führt, daß bei statischer Gebietsaufteilung die Knoten erst sukzessive ihre Arbeit aufnehmen können. Dies beschränkt den möglichen Speedup.

Als Testfall wurde ein vereinfachtes Modell für eine Turbinenstufe gewählt, nämlich ein gerader Schaufelgitterkanal mit einem Stator und einem Rotor. Die Gebietsaufteilung erfolgte in vier Gebiete, nämlich Einlaufbereich, Stator, der sich bewegende Rotor und Auslaufbereich. Die Anzahl der Rechenpunkte war in allen Teilgebieten gleich, was bei voll angefahrener Rechnung eine gleichmäßige Lastverteilung bedeutet. Durch den Anfahrvorgang wird diese Balancierung jedoch gestört und somit der theoretisch erzielbare Speedup beschränkt. In diesem Beispiel errechnet er sich auf 4 Knoten zu 3.4. Da das Verfahren, trotz impliziter Teile, für die Parallelverarbeitung aufgrund von Linearisierungen einen expliziten Charakter hat, wird nur nach kompletten Zeitschritten einmal zwischen zwei Teilgebieten kommuniziert, wobei ein Zeitschritt auf einem Teilgebiet recht lange (ca. 2.5s auf RS/6000) dauert. Auf den meisten Hardwareplattformen konnte der theoretisch mögliche Speedup deshalb erreicht werden.

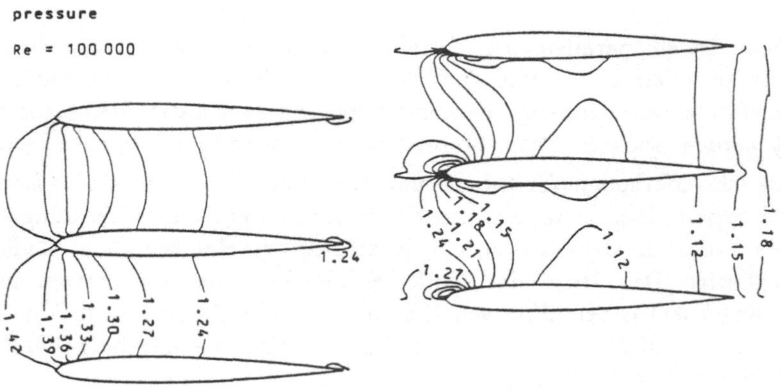

Wie sieht es auf dem Cluster aus? Zunächst wurde das parallele Programm mit Kommunikation über UNIX-IPC auf einem Knoten gerechnet. Anschliessend wurde dasselbe mit Kommunikation über PVM getan. Dieser Test diente dazu, den Overhead von PVM gegenüber direkter Kommunikation über Sockets oder Pipes herauszufinden. Der letzte Lauf schließlich wurde parallel auf 4 Knoten durchgeführt. Hier die Ergebnisse (gemessen wurde die reale Dauer der Rechnungen):

Knotenzahl	Kommunikation	Rechenzeit
1	Named-Pipes	9213s
1	PVM	10372s
4	PVM/Ethernet	13336s

Der Vergleich der ersten beiden Läufe zeigt uns, daß PVM einen ganz erheblichen Overhead verursacht. Wenn man die geringe Kommunikationstätigkeit bei diesem Programm zugrundelegt, sind über 11 Prozent eine Menge.

Daß wir aber statt des erwarteten Speedups von 3.4 einen Speeddown von 0.69 auf vier Knoten bekommen verwundert und mußte natürlich Anlaß zu eingehenden Untersuchungen sein.

Der Grund für den Mißerfolg ist genau so trivial, wie einfach zu beseitigen:
Da wirklich zeitabhängige Anfahrvorgänge berechnet werden, müßen alle Zeitschritte für spätere filmische Auswertungen abgespeichert werden. Bei 1000 Zeitschritten sind das bereits mehrere Gigabyte, weshalb, trotz parallelem I/O die lokalen Platten zu klein waren und auf den Fileserver ausgewichen werden mußte. Da noch dazu die Ergebnisse eines Zeitschritts herausgeschrieben werden, während bereits der nächste berechnet wird (wir wollen ja alles parallelisieren was irgendwie geht), ist klar was passiert ist:
Auf dem Netzwerk haben sich I/O über NFS und das Message-Passing gravierend gegenseitig behindert.
Als Abhilfe gibt es zwei Möglichkeiten:

- Message-Passing und I/O über getrennte Netze. Beim PARIS-Cluster heißt dies Message-Passing über FDDI und NFS über Ethernet.
- Verwendung puffernder Filesysteme, wie AFS.

6 Schlußbemerkung

Das Rechnen in Workstation-Clustern wird, schon weil es in den meisten Infrastrukturen umsonst (wenn man Arbeitszeit unberücksichtigt läßt) zu haben ist eine weite Verbreitung finden. Durch die außerordentlich grobe Granularität sind aber natürliche Grenzen gesetzt, sowohl, was die Anzahl der für die Parallelverarbeitung einsetzbaren Workstations betrifft (Skalierbarkeit), aber insbesondere was den Einsatz moderner numerischer Verfahren geringer numerischer Komplexität betrifft.
Spezielle und teure Verbindungsnetzwerke die diese engen Grenzen erweitern könnten (wie IBM's SOCC mit NSC-Switch) sind skeptisch zu beurteilen, da diese Lösungen preislich nicht mit Parallelrechnern konkurrieren können.

References

1. Al Geist et. al., PVM 3.0 User's Guide and Reference Manual, ORNL/TM-12187.

2. L.Bomans, R.Hempel, The Argonne/GMD Macros in FORTRAN for Portable Parallel Programming and their Implementation on the Intel iPSC/2, Arbeitspapiere der GMD 406, 1989.

3. Franz Eisele, Einsatz eines Mehrgitterverfahrens auf einem RISC-Cluster, IKE 4D-180, Institut für Kernenergetik und Energiesysteme der Universität Stuttgart 1993.

4. A.Bode, M.Lenke, T.Michl, S.Wagner, Implicit Euler Solver on Alliant FX/2800 and Intel iPSC/860 Multiprocessors, in E.H.Hirschel, Flow Simulation with High-Performance Computers I, Notes on Numerical Fluid Mechanics, Vol. 38, Vieweg 1993.

5. A.Geiger, Process-Parallel Navier-Stokes-Simulations in transient Geometries, in K.G.Reinsch, W.Schmidt, A.Ecer, J.Häuser, J.Periaux, Parallel Computational Fluid Dynamics '91, North-Holland 1992.

Parallelrechner versus Workstation Cluster
– Positionspapier –

Reinhart Ahlrichs

Universität (TH) Karlsruhe
Lehrstuhl für Theoretische Chemie

Der dominierende Aspekt des Rechnermarktes der letzten Jahre ist die rasante Entwicklung der Arbeitsplatzrechner oder Workstations (WS). Die Idee der RISC–Architektur (Reduced Instruction Set Computer) und der Durchbruch des Konzepts offener Systeme haben das Preis–Leistungs–Verhältnis dieser Rechner in ca. 6 Jahren um mehr als einen Faktor 100 verbessert. Diese Dynamik fehlt bei den Super– oder Vektorrechnern: eine 50 kDM WS erreicht heute spielend 1/5 der Leistung einer Cray YMP; und Mainframes scheinen auszusterben. Es ist erfreulich, daß dieses Tempo der WS–Entwicklung auch in den nächsten 5 Jahren sicher anhalten wird.

Dennoch ist in unserer CPU–hungrigen Zeit – "der Bedarf an Rechenleistung ist unendlich" – die WS keine Lösung aller Probleme. Die Zukunft gehört den Parallelrechnern! Es ist nur sehr schwer zu sehen, wie diese Zukunft im Detail aussehen wird: wie es gelingen soll, das unbestreitbare Potential geplanter Parallelrechnerarchitekturen praktisch nutzbar zu machen. Es ist derzeit nicht klar, welches der vielen vorgeschlagenen Konzepte sich bewähren und durchsetzen wird. Das gilt natürlich für die Hardware und, wichtiger noch, für die Software, die bereitgestellt werden wird.

Trotz des Potentials von Parallelrechnern ergibt sich so ein mehrfaches Dilemma für die typischen Konsumenten von CPU–Leistung. Die Entwickler von Rechnern neigen zur Realisierung dessen, was ihnen einfällt und sinnvoll erscheint – ohne die Realitäten angemessen zu berücksichtigen. Programmsysteme bestehen derzeit typischerweise aus 105 bis 106 Zeilen Fortran–Code, der in vernünftiger Zeit nicht auf einem Parallelrechner mit 105 oder 106 Bit– oder Byte–Prozessoren zu portieren ist: ein primitiver Prozessor ist schlecht – tausend solcher Prozessoren sind tausendmal schlechter!

Eine realistische Chance zur parallelen Nutzung von Prozessoren besteht vor allem für Parallelrechner auf der Basis der jeweils schnellsten in größerer Serie (und damit preiswert) produzierter CPUs. Dieses Konzept war bisher jedoch fruchtlos: wenn es 3 – 5 Jahre Entwicklung braucht, bis ein Rechner dem Wissenschaftler in Forschung und/oder Industrie benutzbar zur Verfügung steht, haben WS – stets an der Spitze der Entwicklung –bereits einen Faktor 10 – 100 an Leistung gewonnen.

Für eine optimale Strategie empfiehlt sich das Motto: "Nutze die Gegenwart und beachte die Zukunft". Zukunft und Entwicklung der Rechner erscheinen fast grenzenlos – aber kaum vorhersehbar über einen Zeitraum von mehr als 3 – 5 Jahren. Kalkulierbar ist derzeit sicher die Entwicklung der WS und deren Fähigkeit zum

Datentransfer, die die effiziente Nutzung von Clustern von 10 – 100 WS (mit 50% Effizienz) realistisch erscheinen läßt. Diese Strategie gewährt die Sicherheit, die jeweils neueste Technik benutzen zu können. Das ist bei den Parallelrechnern im allgemeinen nicht zu erwarten. Ferner sind die Probleme von "message passing" und Datentransfer für mehr als 1000 Knoten derzeit kaum als gelöst anzusehen.

Parallelrechner versus Workstation Cluster

– Positionspapier –

Andreas Reuter
Universität Stuttgart
Institut für Parallele und Verteilte Höchstleistungsrechner

Bei diesem Streitgespräch kommt mir die interessante Position zu, begründen zu müssen, warum es neben Fahrrädern auch noch Autos, Flugzeuge, Eisenbahnen und Schiffe geben muß. Da diese Notwendigkeit schon in der Metapher nicht für jeden einsichtig sein mag, will ich mein Bestes tun, einige plausible Gründe anzuführen.

Um die Diskussion auf den Punkt zu bringen, vergleiche ich die folgenden zwei Konfigurationen: Die Workstation–Farm besteht aus leistungsfähigen Arbeitsplatzrechnern der jeweiligen Technologie mit ausreichender lokaler Plattenkapazität; die Workstations sind untereinander durch ein breitbandiges lokales Netz vom Typ FDDI bzw. einer entsprechend schnelleren Nachfolgetechnologie verbunden. Die MIMD–Parallelrechner haben in den Knoten dieselben Prozessoren wie die Arbeitsplatzrechner, und sie verfügen auch über lokale Hauptspeicher in derselben Größenordnung. Darüber hinaus sind sie über ein Verbindungsnetzwerk miteinander verbunden, das im Vergleich zu einem lokalen Netz wesentlich höhere Bandbreite, höhere Konnektivität und geringer Nachrichtenverzögerungen aufweist. Da die Prozessoren nicht räumlich weit von einander entfernt, sondern im selben Cabinet untergebracht sind, ergeben sich außerdem geringere Signallaufzeiten. Weiterhin verfügt der Parallelrechner über verschiedenartige Hardware-Unterstützung zur effizienten Nachrichtenvermittlung, zur Fehlererkennung und –eingrenzung, zur Überwachung der Kohärenz der lokalen Speicher, zur Durchführung von Ein–/Ausgabe-Operationen usw.

Basierend auf diesen Annahmen möchte ich nun begründen, warum unter Leistungsaspekten Parallelrechner nicht dadurch ersetzt werden können, daß man einfach eine ausreichend große Workstation-Farm einsetzt. Ich sehe hierfür im wesentlichen vier Gründe.

1. Ein wichtiges Maß zur Charakterisierung von Parallelrechnern ist das Verhältnis der Zeitdauer für einen nicht–lokalen Speicherzugriff und der Ausführungszeit für eine Instruktion. Je kleiner dieses Verhältnis ist, desto flexibler ist man bei der Zuordnung von Teilaufgaben, bei der Partitionierung von Datenstrukturen usw. Wird dieses Verhältnis sehr groß (und bei Workstation–Farms ist es um Größenordnungen höher als bei typischen Parallelrechnern), dann kann hohe Leistung nur erzielt werden, wenn das gege-

bene Problem in eine ausreichende Zahl stabiler Partitionen zerlegt werden kann und praktisch alle Referenzen lokal auf den Partitionen erfolgen. Selbst wo dies möglich ist, stellt die Erzeugung derartiger Partitionen sehr hohe Anforderungen an den Compiler bzw. den Lastbalancierer, oder – was wahrscheinlicher ist – an den Programmierer. Abgesehen davon weisen wichtige Problemklassen wie adaptive Verfahren, Probleme mit unregelmäßigen, dünn besetzten Matrizen u.ä. die erforderlichen Eigenschaften gar nicht auf.

2. Parallele Programmierung nach dem Prinzip des Message Passing ist bekanntermaßen schwierig, und die Möglichkeiten der Unterstützung durch Compiler und Laufzeitsysteme sind eng begrenzt. Es wird daher an vielen Stellen versucht, die Idee des "Virtual Shared Memory" für Parallelrechner so effizient zu implementieren, daß sie auch für große Probleme unterschiedlicher Art benutzbar wird. Die hierzu erforderlichen Techniken der dynamischen Adreßumsetzung, der Kohärenzkontrolle, der lokalen Speicher der einzelnen Prozessoren, der Realisierung von Sperren zur Gewährleistung des wechselseitigen Ausschlusses usw. lassen sich freilich nur mit Hardware–Unterstützung effizient implementieren. Man könnte alle diese Dinge auch auf einer Workstation–Farm in Software tun, doch würde dies wenig mehr erbringen, als die Funktionsfähigkeit des Konzeptes zu demonstrieren; man bedenke hier die offensichtliche Analogie zur virtuellen Speicherverwaltung.

3. Es gibt eine zunehmende Zahl großer Probleme im Bereich des wissenschaftlichen Rechnens, der Texterschließung, des "Data Mining" usw., die nicht nur sehr rechenintensiv sind, sondern auch sehr große Mengen an Ein– bzw. Ausgabedaten benötigen oder erzeugen. Die Datenmengen liegen hier im Bereich von 100 Giga–Byte bis zu einigen Tera–Byte. Die für eine effiziente Verarbeitung derartiger Datenmengen erforderlichen Bandbreiten sind deutlich jenseits dessen, was man bei Workstation–Farms annehmen kann. Akzeptables Verhalten ergäbe sich nur dann, wenn die benötigten Daten bereits gleichmäßig partitioniert über die lokalen Platten der Workstations vorliegen – dies mag für ein gegebenes Problem zutreffen, schließt dann aber alle anderen Probleme der gleichen Art aus. Für die Anbindung an einen sehr breitbandigen Datenserver ist eine Workstation–Farm der hier unterstellten Art nicht geeignet.

4. Dieser Punkt betrifft ein Problem, das nach dem gegenwärtigen Stand der Technik weder bei Workstation–Farms noch bei typischen Parallelrechnern nur ansatzweise gelöst ist: Ich meine die Fehlertoleranz und die Verfügbarkeit. Auch die parallele Berechnung großer Probleme dauert lange (in vielen Fällen immer noch zu lange), und so sollte auf jeden Fall sichergestellt sein, daß nicht durch Ausfälle eines Knotens, durch Versagen einer Kommunikationsverbindung, durch Absturz eines lokalen Prozesses o.ä. eine ganze Berechnung invalidiert wird. Bei vielen heutigen Systemen ist aber genau dies der Fall. Manche bieten als (einzige) Vorkehrung das Schreiben globaler Sicherungs-

punkte an, doch daß dies bei großen Systemen auch nicht mehr akzeptabel ist, braucht hier nicht ausgeführt zu werden. Bei Workstation–Farms tritt das Problem in seiner schärfsten möglichen Ausformung auf. Das fängt damit an, daß normalerweise auf Betriebssystemebene kein Überwachungsprotokoll für die insgesamt im Netz vorhandenen Prozessoren und Prozesse betrieben wird, d.h. allein das Erkennen eines für die laufende parallele Berechnung bedeutsamen Ausfalles erfordert zusätzlichen Aufwand. Wenn der Ausfall erkannt ist, muß eine Fehlereingrenzung vorgenommen werden, d.h. es muß festgestellt werden, welcher Teil der Berechnung durch die verlorene Komponente berührt wurde, welche Zustandsinformation rekonstruiert werden muß. Die hierfür erforderliche Redundanz ist weder in der einen noch in der anderen Parallelrechner–Architektur a priori vorhanden. Der dritte Schritt schließlich besteht in der Zuweisung von Ersatzkomponenten; dies kann die Aktivierung von Reserveprozessoren bedeuten oder aber einfach das Starten weiterer Prozesse auf bereits vorhandenen Prozessoren. Abhängig von der nach dem Ausfall noch vorhandenen Konfiguration muß die Last neu verteilt werden usw. Alle diese Vorkehrungen lassen sich bei dedizierten Parallelrechner–Architekturen durch Hardware–Unterstützung effizient gestalten. So kann man etwa zusätzliche, unabhängige Kommunikationspfade zwischen den Prozessoren zur Fehlerüberwachung, zum Austausch von Zustandsinformationen u.ä. vorsehen. Entsprechendes gilt für die laufende Mitführung von Zustandsinformationen zur Unterstützung des automatischen Wiederanlaufes. Bei Workstation–Farms ist zunächst einmal das Risiko für das Eintreten von Fehlern der genannten Art wesentlich höher, da eben Arbeitsplatzrechner in ihrem Verhalten sehr viel autonomer sind als Einschübe in einem Cabinet. Darüber hinaus müssen die erforderlichen Maßnahmen zur Fehlerbehandlung sehr viel aufwendiger und ausschließlich in Software realisiert werden. Es ist völlig klar, daß gerade in diesem Bereich für beide Architekturen noch erhebliche Arbeit zu leisten ist.

Will man die obigen Argumente zusammenfassend stark vereinfachen und zuspitzen, so kann man etwa folgendes festhalten: Unter der Annahme, daß die Prozessoren immer schneller werden, die lokalen Speicher immer größer und daß die Kommunikationsbandbreite beliebig erhöht werden kann, bleibt als bestimmende Größe für die parallele Bearbeitung eines Problems die Signallaufzeit zwischen den Prozessoren. Diese ist bei Workstation–Farms um den Faktor 10 bis 100 größer als bei Parallelrechnern, und man wird aus genau diesem Grund in Zukunft bemüht sein, die Prozessoren nicht nur im selben Cabinet unterzubringen, sondern auf dem selben Waver. Darauf könnte jemand entgegnen, daß man einen solchen Parallelrechner ja dann ohne weiteres in ein Workstation-Gehäuse einbauen könne. Das stimmt. Nur ist dann der Gegenstand dieses Streitgespräches obsolet.

Autorenverzeichnis

Ahlrichs, Reinhart, Dr. rer. nat., ist Professor für Theoretische Chemie an der Universität Karlsruhe. Seine Arbeitsgebiete sind: Entwicklung und Anwendung quantenchemischer Rechenmethoden, d.h. Berechnung von Moleküleigen— schaften auf Basis der Quantenmechanik. Er ist Mitglied der Kommission für Rechenanlagen der DFG.

Bez, Wolfgang, promovierter Physiker der Universität Stuttgart, viele Jahre bei Control Data Corporation tätig, führt jetzt Industrieberatungen für Höchstleistungsrechenanlagen im Auftrag der NEC Corporation durch.

Brode, Stefan, Dr. rer. nat., studierte Chemie an der Universität Karlsruhe. Seit 1988 ist er bei BASF für die Anwendungen von *ab initio* Quantenchemie—Methoden im *molecular modelling* zuständig. Im Rahmen dieser Tätigkeit betreibt er seit drei Jahren ein Workstation—Cluster, auf dem ein von ihm parallelisiertes Quantenchemie Programm routinemäßig eingesetzt wird.

Burkhardt III, Henry , gründete 1986 Kendall Square Research und ist Chairman, President & CEO. Zuvor war er aktiv an der Gründung von Encore Computer als auch von Data General beteiligt.

Esser, Rüdiger, Dr. rer. nat. in Mathematik, ist Leiter der Abteilung Informationszentrum im Zentralinstitut für Angewandte Mathematik des Forschungszentrums Jülich (KFA).

Frank, Steven, ist Vice President Architecture bei Kendall Square Research (KSR), die er mitgegründet hat. Seine Spezialgebiete sind Multi—Prozessor— Systeme und Speicherhierarchien. Er hat zwei Patente bei KSR und acht zusätzlich beantragt. Derzeit ist seine Hauptaufgabe die Definition zukünftiger KSR—Rechner.

Geiger, Alfred, Dr.—Ing., war nach dem Studium der Luft— und Raumfahrttechnik von 1983 bis 1988 am Institut für Aerodynamik und Gasdynamik an der Universität Stuttgart tätig. Seit 1989 ist er am dortigen Rechenzentrum beschäftigt, wo er die Projekte im Bereich des parallelen Rechnens leitet.

Hertweck, Friedrich, promovierter Physiker der Universität Göttingen, ist Direktor des Bereichs Informatik am Institut für Plasmaphysik (IPP), Garching, und Honorarprofessor für Informatik an der TU München.

Hofhaus, Jörn, Dipl.–Ing. der Fachrichtung Maschinenbau der RWTH Aachen, fertigte seine Diplomarbeit am CALTECH, Los Angeles an. Er ist seit April 1993 wissenschaftlicher Assistent im Aerodynamischen Institut der RWTH Aachen unter der Leitung von Prof. E. Krause, PhD.

Knecht, Renate, Dipl.–Inf. der RWTH Aachen, ist im Zentralinstitut für Angewandte Mathematik der KFA Jülich tätig und dort an der Entwicklung paralleler nichtnumerischer Algorithmen und der Anwenderunterstützung beteiligt.

Lehmann, Karl–Jürgen, Dr. med, Arzt für Radiologie, ist seit 1987 am Institut für klinische Radiologie, Klinikum der Stadt Mannheim tätig. Wissenschaftlicher Schwerpunkt: Digitale Radiographie, neue Techniken in der Thoraxdiagnostik und Geburtshilfe Radiologie.

Kosch, Bernd, Dipl.–Math., Dr. rer. pol, ist Leiter des Competence Center Scientific Computing der Siemens Nixdorf Informationssysteme AG, München.

Mehlhorn, Rainer, Dipl.–Ing., ist wissenschaftlicher Mitarbeiter am Lehrstuhl für Flugmechanik und Flugregelung der TU München unter der Leitung von Prof. Dr. G. Sachs.

Meinke, Matthias, Dr.–Ing., ist seit 1988 wissenschaftlicher Assistent im Aerodynamischen Institut an der RWTH–Aachen unter der Leitung von Prof. E. Krause, Ph.D.

Möller, Holger, Dipl. Ing., ist wissenschaftlicher Assistent am Lehrstuhl für Flugmechanik und Flugregelung der TU München unter der Leitung von Prof. Dr. G. Sachs.

Miura, Kenichi, PhD der University of Illinois, ist Vice President und General Manager der Supercomputer Gruppe von Fujitsu America Inc. Zusätzlich leitet er dort die Computational Research Division.

Nalepa, Ernst, Dr.–Ing. ist Professor für technische Mechanik im FB Maschinenbau der Fachhochschule Darmstadt. Er ist beratender Ingenieur bei Electronic Data Systems Deutschland für Finite–Element–Systeme.

Nelson, Steve, MSSEE der New York University, ist Vice President Technology von Cray Research. Seit 1990 ist er für das Cray MPP System verantwortlich, davor hat er das C90 Project geleitet.

Panzer–Steindel, Bernd, Dr. rer. nat. in Physik, ist Fellow am europäischen Zentrum für Hochenergiephysik CERN in Genf und seit 1991 Systemadministrator des SHIFT Projektes im Experiment OPAL.

Reuter, Andreas, Dr.–Ing., ist Professor für Praktische Informatik an der Universität Stuttgart. 1983 und 1984 war er als Gastforscher im Forschungslabor der IBM in San Jose, USA. Seit 1985 ist er an der Universität Stuttgart und leitet seit 1989 das neugegründete Forschungsinstitut für Parallele und Verteilte Höchstleistungsrechner.

Rothnie, James B., Ph.D., ist Executive Vice President von KSR (Kendall Square Research) und Leiter der Entwicklungsabteilung für KSR Hard– und Softwareprodukte. Zuvor war er für die Computer Corporation of America tätig.

Roweth, Duncan, Dr., promovierte in Theoretischer Physik an der Edinburgh University. Seit 1987 ist er bei Meiko, derzeit für Entwurf und Implementierung der Meiko Supercomputer–Produkte verantwortlich.

Sachs, Gottfried, Prof. Dr.–Ing., ist Leiter des Lehrstuhls für Flugmechanik und Flugregelung der TU München. Er ist Sprecher des Sonderforschungsbereiches "Transatmosphärische Flugsysteme" und Vorstandsmitglied des Bayrischen Forschungsverbunds für Technisch–Wissenschaftliches Höchstleistungsrechnen "FORTWIHR".

Szelenyi, Ferenc, Dipl.–Inf. der Universität Linz, war von 1987 bis 1989 am ECSEC der IBM in Rom auf dem Gebiet der effizienten Nutzung von Parallelrechnern tätig. Seit 1989 ist er bei der IBM Deutschland als Berater im Bereich des technisch–wissenschaftlichen Rechnens tätig, jetzt ist sein Schwerpunkt die Markteinführung von IBM Parallelrechnern.

Wallach, Steven J., ist Mitbegründer der CONVEX Computer Corp., Senior VP of Technology und Mitglied des CONVEX Board of Directors, er ist Inhaber von 33 Patenten auf dem Gebiet Computerdesign.

Wischnik, Arthur, Prof. Dr. med. ist stellvertretender Direktor der Frauenklinik des Klinikums Mannheim und arbeitet seit 1987 an der Möglichkeit der computergestützten Geburtsplanung zur Vermeidung geburtsbedingter Schädigungen von Mutter und Kind.